侠の歴史

士は己を知る者のために死す、「侠」に生きた勇者たち

日本編 下

大石 学◆編著

清水書院

はしがき

本編は、近世・近代の「俠《きょう》」をテーマとする。

「俠」と近い語に「義」がある。「義俠《ぎきょう》」という語もある。

『広辞苑』(第三版)(岩波書店、一九八三年)は、「俠」は「おとこぎ、おとこだて」と説明する。この説明は、ジェンダー視点からすると問題があるが、「おとこだて」の項目を見ると、「男子としての面目を立てるために、強きをくじき弱きを助け、仁義を重んじ、そのためには身をすてても惜しまぬこと。また、そういう人」と説明される。

他方、「義」の第一義は、「道理、条理、物事の理にかなったこと、人間の行うべきすじみち」とあり、「義俠」については、「強きをくじき弱きを助けること」とある。

これらを編者なりに、ジェンダー的要素を排し、両語の違いに注目して整理すると、「俠」は「強者に抗し、弱者を救うこと」、「義」は「道理、条理」ということになる。一見似ているが、必ずしも一致しない。「俠」は、状況により違法・非法・脱法にもなりうるのである。

ここで「侠」を歴史的に追うと、江戸時代前期に近世的秩序が形成されると、儒教《じゅきょう》を基礎とする「義」が「正義」「大義」の基本となる。忠孝《ちゅうこう》はその代表的徳目であり、法体系や社会秩序もこれに基づく。

この法体系・社会秩序を指示する最高権威・権力が「公儀《こうぎ》」＝幕府《ばくふ》である。

しかし、この体系・秩序は、もちろん万全ではない。法や秩序のもとの強者が、常に正しく慈悲深いとは限らず、また体系や秩序の矛盾・限界もある。たとえば、「殉死《じゅんし》」は「義」か、「生類憐《しょうるいあわれ》みの令」違反は「不義」か、「赤穂浪士《あこうろうし》」は「義士」か、無勅許《むちょっきょ》の条約締結は「大義」に悖《もと》るか、などなど、江戸時代においても、種々の議論が展開されている。

そして、合法・非合法を問わず、この体系や秩序の矛盾・限界に「異議申し立て」を行う行為、行う人が「侠」であった。その意味では、本来「義」は歴史的・論理的に形成されるが、「侠」は超歴史的・感情的に存在するといえる。

本編で取り上げるのは、たとえ社会の指導者であっても、逆に社会をはずれた「アウトロー」であっても、その時代の体系や秩序に矛盾・限界を感じ、新しい秩序や枠組みを生み出す役割を果したり、弱者を救い強者を正すなどの役割を果たした人々である。その意味では、彼らが歴史上に名を残したのは、その正当性よりも弱者へのまなざしや行為が共感を呼んだのであろう。

現代の私たちも、災害、環境、感染症などさまざまな問題と向き合わなければならない。法や秩序の論理のみでは、十分な解決に至らないことも多い。法や秩序の矛盾・限界を補い、未来に向けてこれらを修正するのは、「侠」の思いとエネルギーかもしれない。

二〇二〇年三月二〇日

大石　学

「侠の歴史」日本編【下】

目次

❖本書に掲載した各人物論におきましては、各執筆者の考えや意向を尊重し、年代・数字の表記などを除いて、論説や人物評価などの内容上の統一は一切はかっておりません。年代は「西暦○○（元号○○）年」のように表記しましたが、歴史的名辞（「八月十八日の政変」など）や日本人の歴史的記憶（「赤穂義士の討ち入りは十二月十四日」とすることなど）を重視し、月日については和暦のままとしました。そのため、明治五年十二月三日（西暦一八七三年一月一日）以前は、西暦と和暦にはずれがあります。また、各テーマにおける重要人物に生没年や在職年を付記しましたが、これも別のテーマで重複して付記した場合があることをお断りします。

（清水書院編集部）

対照地図

国は廃藩置県（1871年）の前
）は現在の都道府県
※1868 年に設定された国

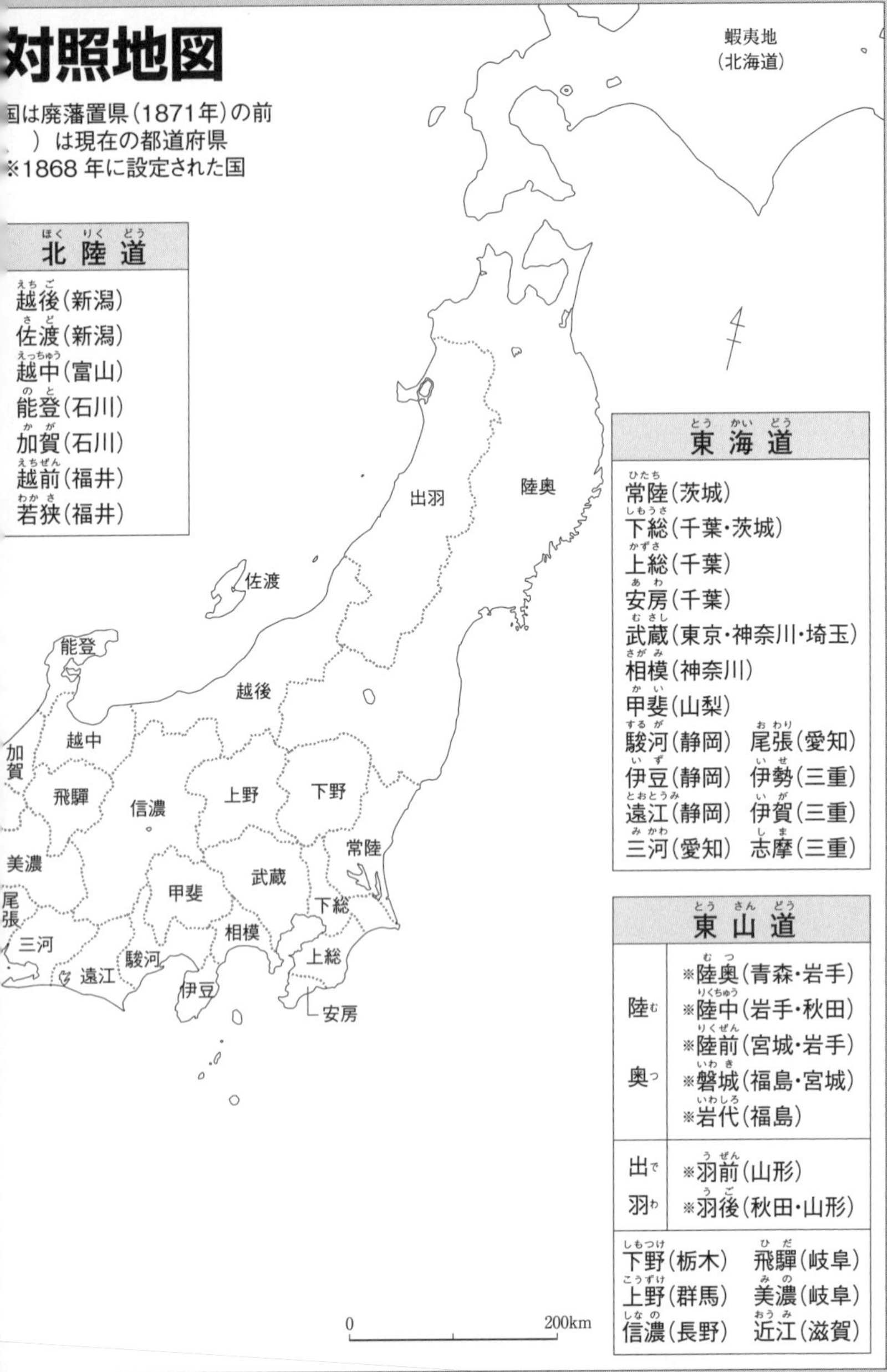

北《ほく》陸《りく》道《どう》
越後《えちご》（新潟）
佐渡《さど》（新潟）
越中《えっちゅう》（富山）
能登《のと》（石川）
加賀《かが》（石川）
越前《えちぜん》（福井）
若狭《わかさ》（福井）

東《とう》海《かい》道《どう》	
常陸《ひたち》（茨城）	
下総《しもうさ》（千葉・茨城）	
上総《かずさ》（千葉）	
安房《あわ》（千葉）	
武蔵《むさし》（東京・神奈川・埼玉）	
相模《さがみ》（神奈川）	
甲斐《かい》（山梨）	
駿河《するが》（静岡）	尾張《おわり》（愛知）
伊豆《いず》（静岡）	伊勢《いせ》（三重）
遠江《とおとうみ》（静岡）	伊賀《いが》（三重）
三河《みかわ》（愛知）	志摩《しま》（三重）

東《とう》山《さん》道《どう》	
陸《む》奥《つ》	※陸奥《むつ》（青森・岩手）
	※陸中《りくちゅう》（岩手・秋田）
	※陸前《りくぜん》（宮城・岩手）
	※磐城《いわき》（福島・宮城）
	※岩代《いわしろ》（福島）
出《で》羽《わ》	※羽前《うぜん》（山形）
	※羽後《うご》（秋田・山形）
下野《しもつけ》（栃木）	飛騨《ひだ》（岐阜）
上野《こうずけ》（群馬）	美濃《みの》（岐阜）
信濃《しなの》（長野）	近江《おうみ》（滋賀）

国県名

西《さい》海《かい》道《どう》

筑前《ちくぜん》(福岡)
筑後《ちくご》(福岡)
豊前《ぶぜん》(福岡・大分)
豊後《ぶんご》(大分)
肥前《ひぜん》(佐賀・長崎)
肥後《ひご》(熊本)
日向《ひゅうが》(宮崎・鹿児島)
薩摩《さつま》(鹿児島)
大隅《おおすみ》(鹿児島)
壱岐《いき》(長崎)
対馬《つしま》(長崎)

琉球《りゅうきゅう》(沖縄)

山《さん》陽《よう》道《どう》

播磨《はりま》(兵庫)
美作《みまさか》(岡山)
備前《びぜん》(岡山)
備中《びっちゅう》(岡山)
備後《びんご》(広島)
安芸《あき》(広島)
周防《すおう》(山口)
長門《ながと》(山口)

南《なん》海《かい》道《どう》

紀伊《きい》(和歌山・三重)
淡路《あわじ》(兵庫)
阿波《あわ》(徳島)
讃岐《さぬき》(香川)
伊予《いよ》(愛媛)
土佐《とさ》(高知)

山《さん》陰《いん》道《どう》

丹波《たんば》(京都・兵庫)
丹後《たんご》(京都)
但馬《たじま》(兵庫)
因幡《いなば》(鳥取)
伯耆《ほうき》(鳥取)
出雲《いずも》(島根)
石見《いわみ》(島根)
隠岐《おき》(島根)

畿《き》内《ない》

山城《やましろ》(京都)
大和《やまと》(奈良)
河内《かわち》(大阪)
和泉《いずみ》(大阪)
摂津《せっつ》(大阪・兵庫)

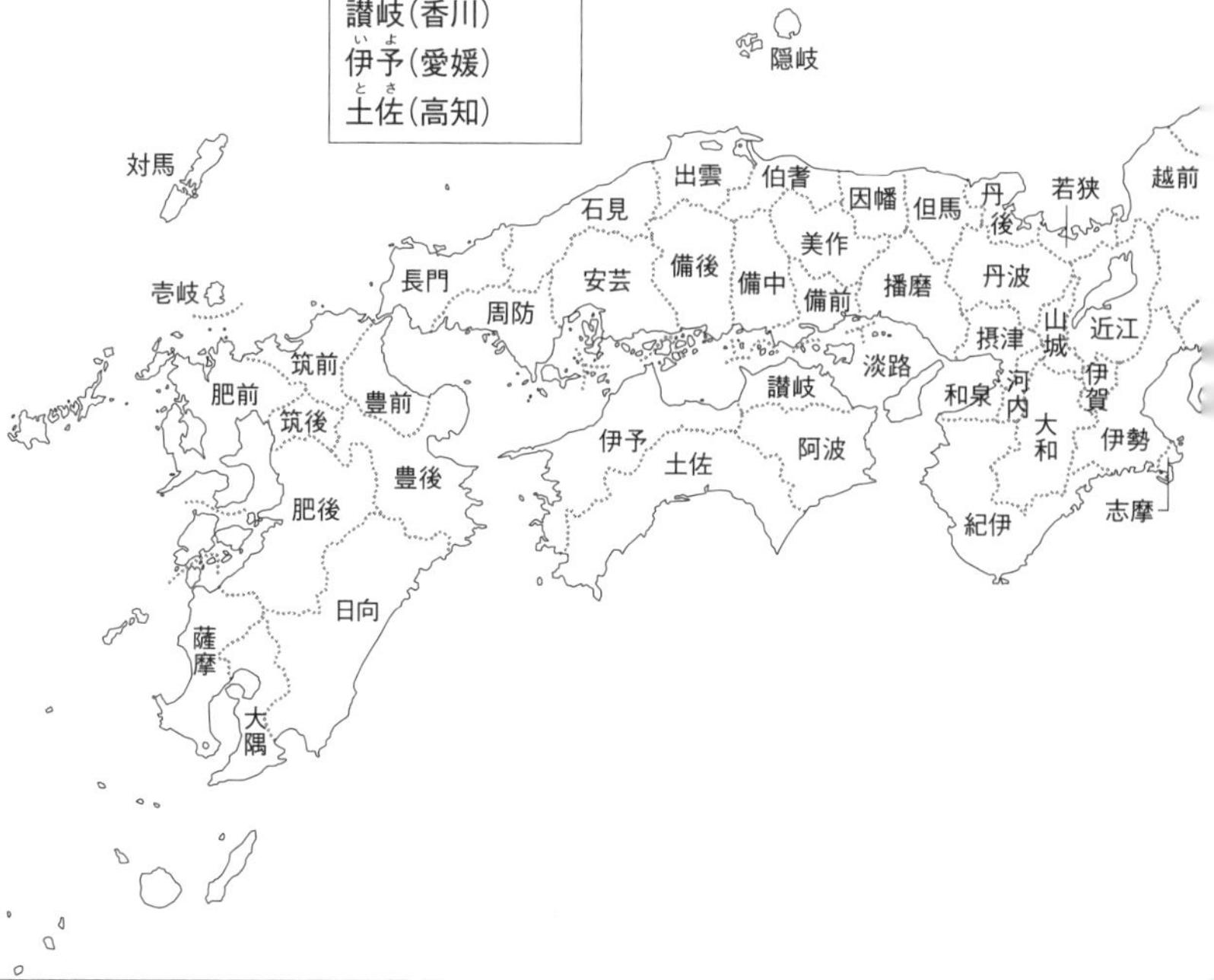

「侠の歴史」

日本編

【下】

二人の天下人に背いた「俠」の論理

明智光秀
…あけちみつひで…

小川雄

明智光秀《あけちみつひで》（?—一五八二）はその生涯で二度の裏切りをおこなった。一度目の裏切りで、室町《むろまち》将軍足利義昭《あしかがよしあき》（在職一五六八—九七?）に背き、織田信長《おだのぶなが》（一五三四—八二）の幕下《ばっか》に参じ、二度目の裏切りでは、信長を京都本能寺《ほんのうじ》で討ち果たした。

足利義昭と織田信長は、いずれも天下人（広義には武家政権の首班《しゅはん》、狭義には京都・畿内《きない》の支配者）であって、明智光秀の二度の裏切りは、受動的（義昭への裏切り）・能動的（信長への裏切り）の違いはあれども、足利氏・織田氏を中心とする天下（秩序）を瓦解《がかい》へと導いていくことになった。それでは、光秀が二人の天下人に背いた論理とは何だったのであろうか。

なぜ足利義昭に背いたのか

明智光秀のたしかな出自《しゅつじ》は不分明（美濃土岐《みのとき》一族の明智氏の庶流《しょりゅう》とされる）だが、一五六〇年代後半に足利将軍家の継承をめぐる動乱のなかで、歴史の表舞台に姿をあらわすことになった。

一五六五（永禄《えいろく》八）年に足利義輝《よしてる》（在職一五四六—六五）が殺害されると（永禄の政変）、次期将軍の地位をめぐって、義輝側近に擁立《ようりつ》された義昭（義輝実弟）と、義輝殺害を主導した三好《みよし》三人衆に擁立された義栄《よしひで》（義輝従兄弟、在職一五六八）が抗争を展開していった。まず優位に立ったのは、義栄の陣営であり、義昭は畿内から退去して、越前《えちぜん》朝倉氏の庇護《ひご》下に入り、巻き返しの機会を窺《うかが》った。

足利義昭は越前国で雌伏《しふく》していた時期に、将軍家直臣《じきしん》や大名の名簿として「光源院殿御代当参《こうげんいんでんとうさんしゅう》衆并《ならびに》足軽《あしがる》以下衆覚《おぼえ》」を作成した。光源院とは、亡兄義輝の院号であり、義昭は名簿作成を通じて、自分が再建すべき義輝時代の序列や秩序を再確認したのである。そして、この名簿の中に足軽衆として記載された「明智」こそ、明智光秀その人であったと考えられている。

当時、「足軽」という言葉は、兵卒《へいそつ》・傭兵《ようへい》などを意味するばかりではなく、先陣の表現として用いられることもあった。足利将軍家の場合も、戦国時代の動乱に適応していくなかで、実戦能力の高い足軽衆を編制しており、明智光秀もその中に参加していた模様である。

もっとも、明智光秀の場合、義輝時代から足軽衆の身分にあったわけではなく、義昭の流浪期《るろうき》に召し抱えられて、義輝の存命中に遡《さかのぼ》る形で、足軽衆に参加することになったのが実態だろう。

明智光秀の動向が明確となるのは、一五六八（永禄十一）年に足利義昭が織田信長の支援を取り付け、義栄の政権（同年二月に将軍任官）を打倒して入京し、将軍家の継承を実現させる前後からである。入京に先行して、越前国の義昭と美濃国の信長が連絡を取り合うなかで、明智光秀が使者として活動していたことを確認できる。義昭を支える直臣は、義輝殺害と越前国流寓《りゅうぐう》によって、陣容《じんよう》が著しく薄くなっており、光秀はその才覚を義昭から見込まれ、政治的折衝《せっしょう》にも関わることを求められたのである。また、こうした使者としての活動を通じて、光秀は信長の知遇《ちぐう》と信頼も得るようになった。

一五六九（永禄十二）年正月には、三好氏勢力が京都に攻め寄せて、足利義昭が宿所としていた本《ほん》圀寺《こくじ》を襲撃した。義輝殺害の二の舞となりかねない事件だったが、今回は将軍家直臣《じきしん》の奮戦《ふんせん》や、畿内の義昭与党の来援によって、義昭は難を逃れることができた。織田信長の家臣太田牛一《おおたぎゅういち》（一五二七—一六一〇?）がまとめた『信長公記《しんちょうこうき》』における明智光秀の初出もこの本圀寺合戦であり、義昭を守った直臣の一人として記載されている。

その後、明智光秀は一五七一（元亀《げんき》二）年から近江坂本城《おうみさかもとじょう》を拠点として、志賀《しが》郡の領域支配を委《ゆだ》ねられた。これによって、光秀の立場は、将軍家直轄軍《ちょっかつぐん》（足軽衆）の一構成員から、郡単位ながら、「一国一城の主」に転じることになった。また、ほぼ同時期に、足利義昭の腹心だった細川藤孝《ほそかわふじたか》（幽斎《ゆうさい》、一五三四—一六一〇）も、山城勝竜寺《やましろしょうりゅうじ》城に入り、京都盆地の桂川以西を「西岡領」として経営するようになった。

当時、戦国大名においては、領国の拡大に応じて、信頼する家臣に特定の支配領域を分与し、当該範囲の軍事・行政などを管轄させる傾向にあった。従来の足利将軍家は、戦国大名のように、一《いち》円的《えんてき》な領国を経営しておらず、直臣への領域分与もおこなわなかった。しかし、義昭政権の場合、織田信長に対して、畿内周辺に盤踞《ばんきょ》する敵性勢力の平定を委任しており、その信長の指示によって、将軍家直臣の中から、とくに明智光秀・細川藤孝が領域権力に取り立てられたのである。つまり、信長を介して、戦国大名の手法が足利将軍家に導入されたことになる。これは、光秀・藤孝が信長との間に封建的《ほうけんてき》論理（所領の授受）に基づく主従関係を成立させる始点でもあった。

また、明智光秀の坂本領と、細川藤孝の西岡領の成立は、一五七一（元亀二）年の段階で、足利義昭・織田信長が越前朝倉氏と阿波《あわ》三好氏と敵対関係にあったことに対応していた。前年の野田・福島合戦から志賀の陣に至る流れで、両氏の挟撃《きょうげき》によって窮地《きゅうち》に陥ったことを踏まえ、義昭・信長は京都の防衛体制を整備するうえで、坂本の明智光秀に東北、西岡の細川藤孝に西南の備えを担わせたのである。

将軍家直臣の中で、とくに明智光秀・細川藤孝に白羽の矢が立ったのは、両人が軍事や周旋《しゅうせん》などの諸活動を通じて、織田信長の信頼を得ていたことによる。しかし、光秀・藤孝の領域支配への転出は、義昭周辺で信長に反感を抱く側近（上野秀政《うえのひでまさ》など）を抑え難くする副作用もともなった。

実際、一五七三（元亀四、天正《てんしょう》元）年に入ると、足利義昭は織田信長との連携を解消し、朝倉氏・三好氏と結ぶことで、与党大名の入れ替えをはかった。前年十二月には、反織田氏勢力に加入した甲斐武田《かいたけだ》氏が三《み》方ヶ原合戦《かたがはらがっせん》で織田・徳川《とくがわ》連合軍に大勝し、美濃国（織田氏本国）に侵入しつつあった。そのため、義昭は反信長

明智光秀像（大阪府岸和田市、本徳寺蔵）

派側近の進言を容れ、信長を切り捨てることで、政権の維持をはかったのである。

しかし、武田信玄《しんげん》が病死したことから、足利義昭の見込みは外れ、かえって織田信長の報復に敗れ、京都から退去することになった。一般に、「室町幕府の滅亡」と捉《とら》えられている事態である。この義昭政権の崩壊劇に際して、明智光秀と細川藤孝は、織田信長の攻勢に呼応して、京都や山城国の制圧に協力している。義昭を見限り、信長との主従関係を確定させる行動であった。

明智光秀にしても、細川藤孝にしても、「一国一城の主」に取り立てられたことで、家中・領民を基礎とする「国家」を形成する立場となっていた。そして、足利義昭が戦況を見誤り、織田信長との敵対を軽率《けいそつ》に選択して、その報復を招くと、信長に帰順《きじゅん》して、成立してまもない「国家」の保全を果たしたのである。あるいは、「一国一城の主」としてもつべき「侠」の論理(家中・領民の存立保証の責任)こそが、光秀・藤孝の裏切りを正当化したともいえるだろう。

なぜ織田信長に背いたのか

明智光秀が本能寺の変(織田信長の打倒、一五八二年)に奔《はし》った理由として、現在、学問的に相応の水準に達していると認められているのは、①四国外交の転換、②足利義昭の指嗾《しそう》(そそのかし)、③斎藤《さいとう》利三《としみつ》(一五三八—八二)の身上問題である。このうち、①と③は、密接な関係にあったと考えられている。

明智光秀はまず近江国坂本領で領域支配を開始し、一五七〇年代中頃から丹波《たんば》国の経略《けいりゃく》も委ねられた。織田氏が抱える各戦線にたびたび駆《か》り出されながら、ついに丹波国を平定してみせたことは、信長から「天下の面目をほどこした」（佐久間信盛《さくまのぶもり》への折檻状《せっかんじょう》）と評価されたほどである。

そして、明智光秀は坂本入城以来、所領経営や軍事行動を進めるうえで、家中の充実につとめてきた。この光秀家臣団において、筆頭格の地位にあったのが斎藤利三であった。

本来、斎藤利三は稲葉一鉄《いなばいってつ》（美濃国衆、一五一九―八九）の女婿《じょせい》として、その家中に属していたが、ある時期から一鉄のもとを離れ、明智光秀に仕えるようになった。当時の主従関係は多分に流動的で、自己実現のために、より有利な奉公先を求めることには、相応の普遍性があった。光秀が短期間で織田氏家中でも有数の軍団を編制できた背景には、利三のような「渡り歩く武士」たちの存在があった。

また、明智光秀は丹波国平定が進捗《しんちょく》し、強敵だった赤井氏を降すと、その本拠の黒井城に斎藤利三を配置して、氷上《ひかみ》郡の支配を委任している。かつて光秀が織田信長から坂本領を分与されたように、明智氏分国の内部でも、領域権力が新規に創出されたのである。こうした状況は、他の織田氏重臣（羽柴秀吉《はしばひでよし》など）の分国でも生じており、織田氏領国の全域で下降的分有が繰り返されていた。これを近世幕藩体制の雛形《ひながた》と位置付けることもできるだろう。

さらに斎藤利三は、明智光秀の外交活動でも重要な役割を果たしていた。

足利義昭は京都から退去すると、反織田氏勢力を糾合《きゅうごう》して、政権回復の機会を窺っており、とくに安芸毛利《あきもうり》氏・大坂本願寺《ほんがんじ》の提携は、織田氏の畿内支配・西方進出を妨げ脅《おびや》かす最大の障壁となっていた。また、阿波三好氏も四国から安芸国・大坂間の長大な連絡線を支えていた。

その一方で、織田信長は毛利氏・本願寺の提携を打破するうえで、土佐長宗我部《とさちょうそがべ》氏に阿波三好氏を討たせる戦略を展開しており、明智光秀を長宗我部氏に対する取次（交渉担当）とした。光秀が長宗我部氏の取次となったのは、斎藤利三が有する人脈を前提としていた。

そもそも、斎藤利三は美濃守護代斎藤氏の庶流《しょりゅう》とされ、兄の頼辰《よりとき》（?—一五八七）は、奉公衆の石谷《いしがい》光政《みつまさ》（生没年不詳）の婿養子《むこようし》となっており、足利義昭の京都退去後は、弟と同様に明智光秀に仕えていた。そして、長宗我部元親《もとちか》（一五三九—九九）の正室は、石谷光政の息女（頼辰室の姉妹）であった。こうした縁戚《えんせき》関係から、光秀は長宗我部氏の取次をつとめ、斎藤利三・石谷頼辰に交渉の実務を任せたのである。

ところが、一五八〇（天正《てんしょう》八）年に本願寺が降伏すると、織田氏は四国をめぐる外交方針も転換させていく。反織田氏勢力（義昭陣営）の劣勢が明確となった結果、阿波三好氏も織田氏に帰順した。これは、織田氏には与党大名となった三好氏の存立を保証する責任が生じたことも意味した。

そこで、織田氏は長宗我部氏に阿波国からの撤退を求めたが、長宗我部氏は容易に承知しなかった。明智光秀も一五八二（天正十）年正月に石谷頼辰を土佐国に下向させ、長宗我部元親に対し、信長が提示する三好氏との国分案を受け容れるように説得したが、交渉妥結には至らなかった。

こうした和平調停の不調をうけて、織田信長は同年五月に四国に出兵して、三男信孝《のぶたか》に三好氏の家督を継承させ、土佐国はしかるべく処理するという方針を打ち出した。実質的には、三好氏を一門に取り込んで保護し、長宗我部氏を武力制裁の対象とする決定であった。調停失敗から軍事介入という流れは、後に豊臣《とよとみ》政権が全国統一のなかで踏襲《とうしゅう》していくパターンでもある。

それでも、明智光秀は四国出兵を回避すべく、同月に再び石谷頼辰を派遣し、長宗我部元親に国分案の受容を勧告した。元親も事態に危機感を抱き、五月二一日付で、斎藤利三宛てに土佐国との境目の拠点を除き、占領地の明け渡しに応じる旨の書状を発送している。しかし、六月二日には、本能寺の変が起きたため、元親の書状が光秀・利三のもとに届いたかどうかは不分明である。

このように、織田氏・長宗我部氏の外交が難航《なんこう》し、織田氏の四国出兵が迫りつつあるなかで、明智光秀は謀叛《むほん》に踏み切った。武力制裁の発動は、長宗我部氏を説得できなかった光秀の失態と同義であって、以後、織田氏家中における立場の悪化は避けられなかった。そのため、光秀は信長を打倒して、自己を新たな天下人とする体制(あるいは、足利義昭の政権回復)を志向するようになったという点で、多くの論者の見解は概《おおむ》ね一致している。

また、斎藤利三は事件後に「信長打ち談合衆《だんごうしゅう》」(『晴豊公記《はれとよこうき》』)や「今度謀叛随一也」(『言経卿記《ときつねきょうき》』)と称され、当時から信長討滅の首謀者《しゅぼうしゃ》と認識されていた。長宗我部氏との外交を主導してきた経緯から、調停失敗の責任も負わされかねず、決起に積極的になる理由があったとみなされたのだろう。

但し、明智光秀は五月段階でも長宗我部氏を説得すべく、努力を重ねており、元親の回答に接しないうちに、本能寺襲撃の挙《きょ》に出た可能性も高い。そのため、四国問題の他に、光秀に謀叛を選択させた要因として指摘されているのが、那波直治《なわなおはる》の進退問題である。

稲葉氏の伝承によると、那波直治は斎藤利三と同じく、稲葉一鉄の家臣であったが、一五八二(天正十)年五月に利三に勧誘されて、明智光秀の家中に転じたという。そして、一鉄は利三の行為を織田信長に訴え出て、信長も光秀に利三の処断を求めたところ、光秀の抗弁に立腹して暴行に及び、翌月に本能寺の変が起きたとする筋書《すじがき》である。信長による光秀への暴行については、同時代の宣教師《せんきょうし》も記録しており、何らかの事実はあったと考えられている。

また、那波直治の引き抜きに関する稲葉氏の訴訟は、当時の史料でも確認され、五月下旬の段階では、稲葉氏の勝訴とする方向(直治の帰参)で調整中だった。四国政策の転換による明智光秀の地位低下がすでに顕在化していたと理解することもできる。成り上がり者の明智光秀が家中・軍団を充実させるには、有能な被官《ひかん》を召し抱える必要があり、斎藤利三のように、引き抜きもおこなわれていた。だが、過度の引き抜き工作は、他家との紛争が生じるリスクをともない、光秀の地位低下も相俟《あいま》って、織田氏家中の総和を乱す行為として、容認され難くなりつつあったのだろう。

かかる状況では、斎藤利三・石谷頼辰が長宗我部氏から引き出した妥協案(しかも境目の城郭は確保)が到来したとしても、織田信長が四国出兵の方針を取り下げる見込は薄かった。光秀はともかく、利三は那波直治の進退問題も含めて、何らかのペナルティを課された可能性すらある。

仮に明智光秀が斎藤利三を切り捨てたとしても、光秀は主君として「頼り甲斐がない」ということとなり、家中の動揺は避けられない。これでは、従来のように、戦場で十分な働きをみせることは難しい。そして、佐久間信盛が本願寺攻略の不首尾《ふしゅび》を責められて改易《かいえき》されたように、織田信長は大身家臣の働きの悪さに寛容ではなかった。つまり、四国政策の転換と斎藤利三の身上問題によって、光秀の進退は窮《きわ》まろうとしていたのである。

そこで、明智光秀は織田信長を討ち果たし、自らが天下人となることで、窮状の打開をはかり、斎藤利三をはじめとする家臣たちも同調したというのが、現在の本能寺の変に関する最大公約数的な理解だろう。家中を基礎とする「国家」の保全という意味では、かつて足利義昭を裏切った「侠」の論理と共通する。また、盟友《めいゆう》であった細川藤孝が光秀の謀叛に同調しなかったのも、この局面では「侠」の論理を共有しえなかったこと(明智家中の問題で、藤孝の「国家」とは無関係)によると考えられる。

明智秀満の最期からみえる「侠」

明智秀満《ひでみつ》(弥平次《やへいじ》・左馬助《さまのすけ》、一五三七—八二)は、もともと「三宅」名字だったが、光秀から「明智」名字を与えられ、さらに女婿になったとされる。光秀は家中を急造していくなかで、幾人かの家臣に「明智」名字を授与して、擬性的《ぎせいてき》な親族関係を構築するという方法も採っていた。とくに秀満は出色の存在であり、丹波福知山《ふくちやま》城の城代に起用されるなど、明智家中で斎藤利三に並ぶ立場にあった。

山崎合戦において、明智秀満は光秀が信長討滅後に占領していた近江安土《あづち》城(信長本拠)の守備を託されており、光秀の敗報に接すると、安土城の天守を焼き払い、琵琶湖を渡って、坂本城(光秀本拠)に入った。そのうえで、秀満は光秀と自身の妻子を介錯《かいしゃく》したうえで、ここでも天守《てんしゅ》に火をかけて自害した。安土城への放火は、織田信長の権力の象徴を破砕するもの、坂本城への放火は、光秀に代わって明智氏の幕を引くものだった。

一部には、明智秀満が自害を前にして、坂本城に迫った敵勢に光秀秘蔵の名物を引き渡した逸話《いつわ》をあげ、秀満による安土城放火を否定する意見もある。しかし、仇敵《きゅうてき》の栄光を失墜させようとする行為と、主君の遺産を一部なりとも世に残そうとする行為は、いずれも光秀股肱《ここう》の臣下の意識に基づくものとして整合的に説明できる。

羽柴秀吉が側近の大村由己《おおむらゆうこ》（一五三六？―九六）に本能寺の変と山崎合戦の顛末《てんまつ》をまとめさせた『惟任《これとう》退治記《たいじき》』は、明智秀満の最期について、「敵味方共に相感ずるところなり」と論評しており、一連の行動は、当時の世間に鮮烈な印象を与えたようである。ある意味で、光秀以上に「侠」として際立った振舞をみせたといえよう。

⦿主要参考文献
高柳光寿『明智光秀』（吉川弘文館、一九五八年）
藤田達生『証言本能寺の変』（八木書店、二〇一〇年）
柴裕之『図説 明智光秀』（戎光祥出版、二〇一九年）
桐野作人『明智光秀と斎藤利三』（宝島社、二〇二〇年）

ヴァリニャーノ

…Valignano, Alexandro…

ヘンドリッキ・リンデラウフ

「侠」の心をもって日本での布教を進める

辞書によると、「任侠」とは、弱い者を助け強い者をくじき、義のためならば命も惜《お》しまないといった気性に富むこと。つまり、善を起こすため、掟《おきて》やルールを破ることが必要な時もあるということでもある。

イエズス会の宣教師として一五七九(天正《てんしょう》七)年に来日したヴァリニャーノ(Valignano, Alexandro、一五三九―一六〇六)は、次のような、任侠と繋《つな》がる、つまり掟を破る四つのエピソードをもって、ミッションに成功した。その四つを挙げてみよう。

一、当時、ヨーロッパの宣教師らは、ヨーロッパの文化のほうが優れていると思っていて、相手の文化に合わせた布教活動を行わなかった。しかし、ヴァリニャーノは布教のやり方を変えた。日本人もヨーロッパ人と同じように優秀な国民と考えられたことから、日本の文化に合わせようとしたのである。

二、そうした日本の文化に合わせた布教活動に反対し、日本文化を軽蔑《けいべつ》したカブラル(Cabral, Francisco、一五二八?―一六〇九)神父と対立した。

三、日本の貴族層(大名)に近付けるよう、日本の宗教と同じ「贅沢《ぜいたく》」な行為を取るように指示して、托鉢《たくはつ》修道会とヨーロッパのイエズス会に厳しく批判された。

四、宣教師が日本文化に適用するためには、長い時間と経験がとても必要だったため、ローマ教皇に他の修道会を日本に入らせないようにお願いをした。

イエズス会とヴァリニャーノ

「自分と同じように相手を愛しなさい」というのは、キリスト教の最大の掟である。こういったキリストのメッセージを日本にも届けるために、一五四〇年九月二七日にパウロ三世の教書(Regimini militantis Ecclesiae)をもって、イエズス会が正式に認可されることになった。ローマ教皇への服従、貧しさ、そして貞操《ていそう》の誓いが主なイエズス会の掟である。

イエズス会の設立をうけて、一五四一年四月、同会士フランシスコ・ザビエル(Xavier, Francisco、一五〇六―五二)は、リスボンを発ち、翌一五四二年五月にインドのゴアに上陸し、その後、マラッカ、モルッカ諸島へと進んだ。そして、一五四七年にマラッカで日本人のアンジローと会ったことによって、日本への強い関心を抱くことになった彼は、一五四九年に神父コスメ・デ・トーレスと修道士ホアン・フェルナンデスとともに、日本へ向けて出航することになった。こうして彼ら一行は、その年の八月十五日(西暦、以下同)に鹿児島へ到着したのである。

アレッサンドロ・ヴァリニャーノは、一五三九年、イタリアのキエーチで生まれ、パドゥア大学で法律を学び、一五六六年にイエズス会に入会した。一五七〇年に司祭になったあと、マセラタ大学の学長になった。そして一五七三年、総長エヴェラルド・メルクリアンによって東洋地域を回る東インド管区の巡察《じゅんさつ》師《し》に任命された。巡察師とは、修道会の総長から、布教先における会員を指導し、現地の布教事情を調査・報告するために派遣される者の職名であるが、ヴァリニャーノの時代においては、現行のイエズス会の会則に見られるよりも、その権限ははるかに大きいものであった。

ヴァリニャーノの肖像
（*Il cernimniale per i missionaridel Giappone*,1946. より）

三回の日本訪問と作成した史料

アレッサンドロ・ヴァリニャーノは巡察師として三回来日した。最初は一五七九(天正七)年から一五八二(天正十)年まで、二回目は一五九〇(天正十八)年から九二(文禄《ぶんろく》元)年まで、そして最後に一五九八(慶長《けいちょう》三)年から一六〇三(慶長八)年までである。一回目の離日の際には四人の少年(天正遣欧使節)をゴアまでともなっている。三回の滞在とも日本は戦国時代であり、そのなかで彼は、大きな時代の変化に気付き、以後のキリスト教の布教に多大な影響を与える活動を行っている。

❶織田信長との謁見

ヴァリニャーノは初めての滞在の時、何度も織田信長《おだのぶなが》(一五三四—八二)と安土城《あづちじょう》で謁見《えっけん》する機会があった。一五八〇(天正八)年に一緒に信長に謁見したロウレンソ・メシア神父の手紙によると、信長は、地球儀のようなものを使いながら三時間ほどの間に色々質問し、神父たちの辿《たど》ったヨーロッパから日本へのルートについて尋ねたという。信長は、とても驚いて、心の強い人でないと、あんな長い旅をすることはできないと言った。

宣教師たちは日本で見たことがない品物や海外の情報を日本に持ってきたので、信長だけではなく、他の大名たちにも宣教師たちの存在はとても大事であった。ヴァリニャーノは、肥前国の有馬と同じように安土でもセミナリオを築きたかった。そこでオルガンティノ(Organtino, Gnecchi Soldo、一五三三―一六〇九)神父を仲介人として願うと、信長は安土でもセミナリオを築く許可を与えた。信長は宣教師のミッションにさまざまな協力をしたが、ルイス・フロイス(Frois, Luis、一五三二―九七)は、自分で執筆した『日本史』で、「信長公は傲慢《ごうまん》な人間で神様のように崇拝されたい」といっている、と、たびたび厳しく批判している。

❷豊臣秀吉との謁見

一五九〇(天正十八)年七月にヴァリニャーノは二度目の来日をした。すでに一五八七(天正十五)年には豊臣秀吉《とよとみひでよし》(一五三七―九八)が伴天連追放令《ばてれんついほうれい》を出していて、宣教師たちの立場はますます厳しくなっていた。そのような環境で、一五九一(天正十九)年三月三日、ヴァリニャーノは秀吉と京の聚楽第《じゅらくてい》で謁見することができた。オルガンティノ神父も同行している。ちょうどそのころ、オルガンティノ神父、フランシスコ・ペレス神父と日本人修道士三人が京都に滞在していたのである。この謁見のお陰で、秀吉のヨーロッパ人に対する印象が変わり、キリシタンと神父たちの滞在に対して、もっとフレキシブルな体制になった。因《ちな》みに、この二度目の来日の時、ヴァリニャーノが活版印刷機をはじめて日本に持って来て、それから日本で「キリシタン版」という書物が印刷され始めた。

一五九二年、ヴァリニャーノは再びマカオとゴアへ引き返していった。

❸三回目の滞在

一五九八(慶長《けいちょう》三)年十月五日にヴァリニャーノは三回目の来日をした。秀吉が死去してからおよそ一ヶ月後のことである。

ヴァリニャーノが三回目の来日をしたとき、キリシタンたちに対する大きな社会的な変化があった。一五九三(文禄二)年に初めてスペインからフランシスコ会修道師たちが来日し、イエズス会の布教活動の独占がなくなったのである。

伴天連追放令からおよそ十年あと、一五九六(慶長元)年にマニラからメキシコへと向かうサン・フェリペ号が四国の土佐《とさ》沖に漂着した。この事故によって、スペインが日本を侵略する意図をもっているという噂が広がり、その結果、同じ年、長崎で二六人のキリシタンが刑死・殉教《じゅんきょう》した。その刑罰はフランシスコ会員だけが対象だったが、誤って三人のイエズス会員も含められて一緒に殉教した。

また、ヴァリニャーノが日本に滞在した間に、一六〇〇(慶長五)年には関ヶ原の戦いも行われ、日本の歴史は大きな変化をみせつつあった。同じ年、初めてオランダ船が日本(豊後《ぶんご》国臼杵《うすき》)に漂着した。

インドでの失敗とヴァリニャーノの適応性

一五四九（天文《てんぶん》十八）年に、フランシスコ・ザビエルが来日してから、キリスト教の普及のために、イエズス会が日本で大きな活躍を始めた。その際、庶民から布教を始めて失敗したインドでの布教活動の過ちを繰り返さないように、日本では庶民ではなく貴族層（大名）から布教活動を始めたのである。大名が改宗すると、宣教師たちが領内での布教活動の許可を得られるし、領主の影響で家臣たちなども洗礼を受ける可能性が強くなる。九州では、幾人もの大名がポルトガルとの貿易の機会を見逃さないようにと、宣教師を歓迎した。

ヴァリニャーノは、一五八一年にイエズス会員のための宣教のマニュアル『Advertimentos acerca dos custumes e catangues de Jappao（日本の風習と流儀に関する注意）』を書き、まず、宣教師たちが日本社会での地位にどう位置づけられるかについて説明した。ヴァリニャーノが、このマニュアルでキリスト教の教えと宣教師たちの行動を日本社会に合わせる方法を書いたことは、ヨーロッパのイエズス会を驚かせ、ヨーロッパのイエズス会員と他の修道会から反対意見がたくさん出されたという。なぜなら当時の会員たちにとっては、異教徒の文化に布教活動を合わせることは考えられなかったからである。しかし、ヴァリニャーノは、イエズス会員たちも地位の高い日本人僧侶たちと同じように振る舞うべきだと考えた。マニュアルには、服装や食事のこと、従者を使うことなどが書かれてあった。

ルイス・フロイスは一五八〇年に次のように記している。

巡察神父さん（ヴァリニャーノ）が日本の習慣、流儀そして生き方に関する適切な行動を指示してくれて、日本人たちも私達に同じことを望んでいた……日本人たちに認められるためにとても大事なことである。

彼ら（日本人）の習慣や流儀がヨーロッパとは違って真逆であるから、今まで私達が日本人に対してどのように行動を取るか分からず、混乱が多かった。誤解を招くことも頻繁《ひんぱん》にあったため、傷ついた日本人がたくさんいた。習慣の違いが沢山あったので布教活動に刺激にならず大きな障害であった。

他の修道会員にとっては、高位の日本人僧侶たちと同じ振る舞いを取ることはとても贅沢《ぜいたく》で、清貧の誓いと矛盾したため、ヴァリニャーノは厳しく批判された。ヴァリニャーノは、日本におけるイエズス会のよりよい方法として後で適応主義と呼ばれる方法をとった。それはヨーロッパのキリスト教の習慣にとらわれずに、日本文化に自分たちを適応させるという方法であった。彼のやり方はヨーロッパのやり方を押し付けるフランシスコ会やドミニコ会などの托鉢修道会の方法論の逆をいくもので、ヴァリニャーノはこれを理由としてイエズス会以外の修道会が日本での宣教を行うことを辞めさせようとして、後のイエズス会と托鉢修道会との対立の原因となった。

托鉢修道会との対立

一五九〇年代から、イベロ連合の影響で、スペインに支えられたドミニコ会やフランシスコ会などの托鉢修道会が来日することになった。これは、それまでイエズス会がキリスト教布教に試《ため》した方法と努力にとって大きな危機になってしまった。これは、それまでイエズス会と異なった布教のやり方をして、日本人を下の民族だと思い、日本の文化に適用しようとはしなかった。ただ托鉢修道会員たちが歓迎された理由は、日本がスペインとの貿易をしたかったことである。スペインの修道会員たちは、イエズス会と違う布教のやりかたで、まずは上の地位にいる大名たちからではなく、下の貧しい民衆から、布教活動を始めたかった。彼らはしばしばイエズス会の布教のやり方を批判し、改宗した侍は欲望や利益のために改宗したと見なした。これに対して、日本のイエズス会員たちは、そのやり方が贅沢であるとして、ヨーロッパで非難された。そのような非難は托鉢修道会からだけでなく、イエズス会内部でも行われた。

他の修道会が日本に入らないように

ザビエルが来日してからヴァリニャーノが日本に滞在するまで、約三〇年が経っていた。その間、新しい修道会が創立された。そのなかでイエズス会をはじめ他にいくつかの修道会が日本で布教活動を行っていた。フランシスコ会、アウグスチノ会そしてドミニコ会などが有名である。

修道会とは教会の正当な権威によって認可された修道士たちが修道と活動に励む団体である。修道士は貞潔《ていけつ》、清貧、従順の三誓願をし、独身で生涯を神と人への愛にささげる。このような新しい修道会の修道員が日本に入ったら、日本文化に適応しているイエズス会の布教活動の大きな障害になるし、そして、今まで一本化されていたキリスト教にいきなりさまざまな修道会が出てくることで、仏教と同じようにキリスト教も色々な宗派に分けられていると、日本人に思われる恐れもあった。

そういった問題が起こらないように、ヴァリニャーノはローマ教皇にイエズス会以外の他の修道会を日本に入らせないようにお願いした。次の史料をみてみよう。

日本人の資質、慣習、生活方法などが大きく我々と異なり、私たちのやり方とは違うため、日本人はヨーロッパの宗教を理解できない。長い時間と多くの経験がないとうまくいかないことが分かった。彼ら(ほかの修道会)は日本に到着したら、私たちが最初に犯した誤りを繰り返し、今まで経験になった我々の困難や努力を台無しにする……。

ヴァリニャーノの布教方法に大きな壁を作った司祭――フランシスコ・カブラル神父

托鉢修道会だけではなく、フランシスコ・カブラル司祭が日本布教区の責任者になったとき、彼は、日本人と日本文化に対して差別的であったため、ヴァリニャーノ巡察師の適用的布教のやり方に同意しなかった。カブラルにとって日本人は低能力な民族であり、宣教師が自分の教えを日本文化に合わせるのではなく、ヨーロッパに合わせるべきだとした。カブラルは宣教師たちに日本語を習得させないで、日本人にもラテン語とポルトガル語を習得させなかった。なぜなら、日本人がそれらを理解し宣教師たちの話していることが分かるようになったら、宣教師に対する尊敬がなくなるし、教えているカトリック教が色々な宗派に分裂するとも考えていた。一五八〇年にはヴァリニャーノが日本人司祭育成機関の設置を決定したが、カブラルは反対だった。

ヴァリニャーノとオルガンティノ神父はカブラル神父のやり方を厳しく批判した。カブラル神父は、一五八一年に布教責任者をやめ、その代わりにガスパル・コエリョ神父が任命された。カブラル神父は、一五八三年に日本を離れて、一六〇九年、インドのゴアで死去した。

布教のやり方の変化と神道との関係

フランシスコ・ザビエルが日本で布教活動を開始したとき、五〇年後のフランシスコ会の修道会員たちと同じように、慈善、謙譲《けんじょう》と清貧の精神を布教活動に含めて活動をした。しかしながら、こういう活動のやり方では、各大名(貴族)まで辿《たど》り着くのは非常に難しかった。それは、当時の大名が宗教的な儀式などにおいても、お洒落《しゃれ》な服装や適切なマナーをとても大事にしていたためで、謁見の時にも、大名に捧げる高価な贈り物が不可欠であった。

エリゾナス・ジュルジス(Elisonas Jurgis)学者によって、イエズス会の布教活動の最初の頃は、托鉢修道会と同じように、ミッションの中心の目的は病人と貧しい人々を助けることだった。例えば、ルイズ・デ・アルメイダ(Almeida, Luis de、一五二五—八三)宣教師は、一五五五(弘治《こうじ》元)年に間引《まびき》から幼い生命を助けるために、豊後府内(大分市)で育児院を設け、翌五六年に負傷者やハンセン病人のために病院を建てた。こういった慈悲をもった布教活動は、当時貴族が属していた神道と接触したあとに大きく変わった。当時の神道は病人(特にハンセン病)や貧乏人との暮らしを厳しく制限させて、神道の信者がこのような人たちと接触すれば、しばらく神社にお参りすることができず、清める儀式をすることも必要であった。当時の貴族の病気や貧困で困っている人に対する慈悲と接触はいい目で見られなかった。こうしたなかで、ミッションが成功ができるように、宣教師らはまず上の人たち(貴族)にも近寄らなければならなかった。それで、特にヴァリニャーノが来日したあと、神道のような行為が少しずつ、イエズス会の活動に組み込まれた。そのため、当時イエズス会総長クラウディオ・アクアヴィーヴァ宛てに批判の報告書がたびたびあったといわれている。

⊙参考文献

ELISONAS, Jurgis. *The Jesuits, The Devil, and Polluitio in Japan: The context of Syllabus*. In COSTA, Joao Paulo Oliveira e. *Bulletin of Portuguese Japaneses Studies*. Lisboa, Portugal:Universidade Nova de Lisboa, 2000.

Luis Frois, Jose Wiki ed, *Historia de Japam Lisboa*,1976-1984.

Ruiz-de-Medina ed., *DOCUMENTOS DEL JAPON 1547-1557*, Roma, 1990.
CARNEIRO, Mario Scigliano, *A adaptacao jesuitica no Japao no final do seculo XVI*. Anais do XXVI Simposio Nacional de Historia-ANPUH Sao Paulo, julho, 2011.
JORIBEN, Engelbert, *ALESSANDRO VALIGNANO E O JAPAO DUAS VISITAS E TRES DOCUMENTOS"Os Advertimentos" (1581/82) "Sumario del Japon (1583) "Adiciones del Sumario del Japon (1592)* Portugal e o Japao seculos XVI e XVII o retrato do encontro, Revista cultura,1993.
松田毅一 他訳『日本巡察記』（「平凡社東洋文庫」、一九七三年～）
『日本諸事要録（Sumario de las Cosas de Japon）』（一五八三年）と『日本諸事要録補遺（Adiciones del sumario de Japon）』（一五九二年）
片岡弥吉『日本キリシタン殉教史』（智書房、二〇一〇年）

権力者に屈せず、
信仰を貫いた
キリシタン武将

高山右近

…たかやまうこん…

下川雅弘

摂津高槻《せっつたかつき》、ついで播磨明石《はりまあかし》の領主となった高山右近《たかやまうこん》(一五五二頃―一六一五)は、戦国時代の畿内《きない》において下剋上《げこくじょう》により台頭した武将であるとともに、日本史上もっとも有名なキリシタン大名の一人である。教科書などでは、一五八七(天正《てんしょう》十五)年の九州平定直後にバテレン(宣教師)追放令を発した豊臣秀吉《とよとみひでよし》(一五三六―九八)が右近に棄教を迫ったところ、右近はこれを拒否したため播磨明石の領地を取り上げられたと説明されている。また、その後の右近は、加賀《かが》の前田家に寄食《きしょく》するのであるが、江戸幕府の出した禁教令が全国におよぶと、一六一四(慶長《けいちょう》十九)年にマニラへ追放となり、まもなく現地で病死する。このことについても、教科書では必ず触れられている。

洗礼を受ける右近

高山右近の生年は定かではないが、「一五八一年度日本年報」の中で、宣教師のガスパル・コエリョが、右近について「二八歳の若者」と伝えていることから、一五五二(天文《てんぶん》二一)年頃に誕生したと考えられている。右近の幼名は、一五七三年のルイス・フロイス書簡に「ficogonro」とあり、「ヒコゴロー

（後世の記録では彦五郎の字を当てるが不明）」であったことが確かめられる。なお、後世の記録では「友祥《ともなが》」「長房」「重友」などの諱《いみな》がみられるが、いずれも一次史料には登場せず、諱はまったくわからない。そのため同時代史料にみられる官途の「右近」が、彼の通称として定着しているものの、発給文書からは「右近允《じょう》」「右近助《すけ》」「右近亮《すけ》」「大蔵少輔《しょうゆう》」といった官途名の変遷が確認できる。

高山右近の出生地についても諸説あるが、摂津国能勢《のせ》郡高山（大阪府豊能《とよの》町）がもっとも有力である。高山氏は同地の土豪《どごう》と考えられ、一五四九（天文十八）年に勝尾寺《かつおうじ》（大阪府箕面《みのお》市）の奥坊で火災が起こり、「守護代衆」が同寺を見舞った際には、勝尾寺が「高山殿」なる人物に礼をしている。一五五三（天文二二）年に摂津の芥川山城《あくたがわやま》（大阪府高槻《たかつき》市）を本拠地と定めた三好長慶《みよしながよし》（一五二二―六四）が、一五五九（永禄《えいろく》二）年に家臣の松永久秀《まつながひさひで》（一五〇八―七七）を大和《やまと》侵攻の主将とすると、翌一五六〇（永禄三）年十一月、久秀は摂州衆を率いて大和国宇陀《うだ》郡を攻撃し、与力《よりき》の結城忠正《ゆうきただまさ》（生没年不詳）らが沢城《さわ》（奈良県宇陀市）などを攻め落とした。右近の父で、久秀に従軍していたと思われる高山飛騨守《ひだのかみ》（？―一五九五）は、その後この沢城を任されたのである。

同一五六〇年には、イエズス会が室町幕府第十三代将軍足利義輝《あしかがよしてる》（在職一五四六―六五）と三好長慶から許可を得て、畿内でキリスト教の布教を開始している。一五六三（永禄六）年、比叡山延暦寺《ひえいざんえんりゃくじ》が宣教師《せんきょうし》の追放を松永久秀に要望すると、久秀は結城忠正を担当者として宗論《しゅうろん》を行わせようとした。忠正は宣教師を奈良に召還し、公家《くげ》の清原枝賢《きよはらしげかた》とともにキリスト教の教義を聞くと、彼らはかえって宣教師の答弁に敬服し受洗《じゅせん》したのである。二人の受洗を聞いた高山飛騨守も洗礼を受け、ダリヨ

(太慮)という受洗名を授けられた。後に宣教師を沢城へ招いた飛騨守は、妻子や家臣たちに洗礼を受けさせる。その中には十二歳ほどの高山右近も含まれており、彼には洗礼名ジュスト(重出・寿須・寿子)が与えられたのである。

高槻城主への道

一五六五(永禄八)年になる頃、もとの沢城主である沢氏が城を奪還しようと企てたため、高山飛騨守はその対応に腐心していた。一方で同時期の飛騨守は、京都の教会で幕臣の和田惟政《わだこれまさ》(一五三〇?—七一)と出会っていたとされる。

同一五六五年五月、その京都では、三好長慶の後継者である三好義継《よしつぐ》や松永久秀の嫡子《ちゃくし》久通《ひさみち》らが、将軍足利義輝を討つという大事件(永禄の政変)が起こった。奈良では義輝の弟である覚慶《かくけい》(一五三七—九七、後の足利義昭《よしあき》)を久秀が保護していたが、覚慶は身の危険を感じて脱出し、和田惟政の本拠地である近江甲賀《こうか》の和田城へと逃れた。その後の惟政は、還俗《げんぞく》した足利義昭(当初は義秋《よしあき》)の使者として諸国を奔走《ほんそう》する。そして、一五六八(永禄十一)年九月、義昭が織田信長《おだのぶなが》(一五三四—八二)とともに上洛し、第十五代将軍(在職一五六八—七三?)として室町幕府を再興すると、これに供奉《ぐぶ》していた惟政は、かつて三好長慶の本拠であった芥川山城を与えられた。

この間の高山飛騨守は、敵の攻撃により沢城を放棄し、摂津に帰還していたようである。そして、和田惟政の芥川山城入城に際して、飛騨守は旧知の惟政に登用されることとなった。一五六九(永禄十二)年四月、摂津の高槻城主入江氏が織田信長によって謀殺《ぼうさつ》されると、惟政は高槻城を与えられ、やがてここを居城に定める。

さて、一五七〇(元亀《げんき》元)年四月の浅井長政《あざいながまさ》の離反をきっかけに、織田信長は苦境に立たされていく。摂津では同年九月、信長に敵対していた三好三人衆に本願寺が加勢し、翌一五七一(元亀二)年になると、信長とともに将軍足利義昭を支えていた松永久秀が、主君の三好義継とともに三人衆らと手を結び、七月には高槻城の和田惟政を攻撃している。この頃、三人衆方の池田氏との境目の地に、惟政が二つの城を築いて高山飛騨守・右近父子に守らせた。同年八月、池田家中で台頭していた荒木村重《あらきむらしげ》(一五三五—八六)が出陣して、摂津の郡山で和田勢との戦い(いわゆる白井河原《しらいがわら》の合戦)に及び、惟政は討ち取られてしまう。白井河原の合戦後、和田氏の家督は子息の和田惟長《これなが》(一五五一?—七三)が継承し、高槻城をどうにか確保する。けれども、惟長が叔父の和田惟増《これます》を殺害するなど和田家中は動揺し、高山飛騨守・右近父子が次第に頭角を現していった。

一五七三(元亀四)年はじめ、織田信長との溝を深めていた足利義昭が、反信長の兵を挙げる。和田惟長が義昭に同調して三人衆方に与《くみ》する一方で、荒木村重は信長に接近していく。同年三月、和田家中の惟長派が、高山飛騨守・右近父子の殺害を企てると、これを察知した高山父子は、村重に近づいて反撃を決意し、右近が高槻城内で惟長に斬りかかった。重傷を負った惟長は城から逃れ、近江甲賀を目指したものの息絶えたとされている。こうして高山父子は、高槻城を掌握したのである。同年七月に信長が義昭を追放すると、村重は摂津支配を任され、高槻城を右近に安堵《あんど》した。当初は飛驒守が当主であったが、ほどなく右近に家督を継承したようである。

信長と右近

一五七四(天正《てんしょう》二)年頃、高山飛驒守は、高槻領内のかつて神社のあった場所に、大きな教会と宣教師の宿舎を建立した。その後二年のうちに、高槻では五〇〇名が洗礼を受けたという。高山飛驒守・右近父子は、ある貧しいキリシタンの葬礼に際して、自ら棺《ひつぎ》を担いで参列している。やがて右近の領内の人びとは、身分を問わず多くがキリスト教に入信し、高槻が畿内における布教の拠点となっていった。なお、発掘調査によって高槻城内からは木棺墓群が発見されているが、十字架が墨書《ぼくしょ》された木棺やロザリオを身に付けた人骨などから、この木棺墓群はキリシタン墓地であると考えられている。見つかった人骨は、男女や年齢の別なく同様の方法で埋葬されており、死者を平等に扱おうとする意思が感じ取れる。

ところで、織田信長の武将として播磨方面に出陣していた荒木村重が、一五七八(天正六)年十月、本願寺と連携して摂津支配を安定化する道を選び、信長への謀反を決意した。高山右近は村重に異を唱えたが、遠国での戦いに疲弊《ひへい》した重臣たちに説得され、村重は居城である有岡城(兵庫県伊丹市)に籠《こ》もり、反信長の兵を挙げる。

同年十一月、摂津に攻め入った織田信長は、高槻城を見下ろす安満山《あまやま》に陣を置き、宣教師のオルガンティノ(Organtino.Gnecchi Soldo, 一五三〇?―一六〇九)らを使者として、荒木村重に味方をすればキリスト教を弾圧すると、高山右近を脅迫した。村重の有岡城に姉妹や子息を人質として取られていた右近は、悩み抜いた末に、「伴天連沙弥《ばてれんしゃみ》」と号して出家し、高槻城を開城して信長に従った。信長は右近に高槻城と所領を安堵し、出家を思い止まらせている。これに対して父の高山飛騨守は、人質を心配して有岡城に向かった。なお、村重に属し信長への謀反を勧めたとされる中川清秀《なかがわきよひで》（一五四二?―一五八三）は、同月に信長へ投降し、茨木《いばらき》城（大阪府茨木市）の城主となる。

一五七九（天正七）年九月、荒木村重は有岡城を家臣に任せると、本願寺らとの連携を強化するため尼崎《あまがさき》城（兵庫県尼崎市）に移った。織田勢に包囲された有岡城は、同年十一月に開城し、京都に連行された村重の妻子や一族らが、十二月に惨殺されている。けれども、人質となっていた高山右近の姉妹や子息は、無事に右近のもとに戻され、高山飛騨守も助命されて柴田勝家《しばたかついえ》（一五二二?―八三）に預けられた。

一五八〇（天正八）年になると、織田信長と本願寺は和睦《わぼく》し、荒木村重も逃走して尼崎城などは落とされ、摂津に束の間の平穏が訪れた。ところが、毛利氏《もうりし》を攻めていた羽柴《はしば》秀吉の援軍として、高山右近や中川清秀が備中に向かう途中の一五八二（天正十）年六月、明智光秀《あけちみつひで》の謀反《むほん》により信長が本能寺で自害する。秀吉は毛利氏と和議を結んで引き返し、書状で清秀に協力を要請するなか、右近は高槻城に戻って光秀との合戦に備えた。秀吉が右近や清秀と合流すると、先陣を望む右近は清秀を出し抜いて明智勢と戦い、羽柴勢が勝利を収めることとなる（山崎《やまざき》の戦い）。その後の清洲《きよす》会議では、右近に加増がなされている。

秀吉と右近

羽柴秀吉が、織田信孝《のぶたか》を擁《よう》した柴田勝家と対立すると、一五八三(天正十一)年三月に、秀吉は近江・越前《えちぜん》の国境付近へ出陣し、高山右近が岩崎山砦《いわさきやまとりで》(滋賀県長浜市)に、中川清秀が大岩山砦(滋賀県長浜市)に陣取った。翌四月、秀吉が信孝を攻撃するため岐阜城に向かうと、柴田勢が大岩山砦を急襲し、清秀は徹底抗戦の末に自害、右近は清秀を助けるべく奮戦するも、撤退を余儀なくされる。引き返した秀吉の反撃により、結果的には羽柴勢が勝利した(賤ヶ岳《しずがたけ》の戦い)。

同一五八三(天正十一)年八月から、羽柴秀吉が大坂城の築城を始めると、高山右近は大坂に屋敷を構えた。そして、オルガンティノを通じて秀吉に教会用地を乞い、右近は私財を投じて大坂に教会を建設したのである。その後の右近は秀吉の側近として、小牧《こまき》・長久手《ながくて》の戦いや紀州征伐・四国征伐にも従軍している。

一五八五(天正十三)年七月に関白任官を果たした羽柴秀吉は、畿内周辺で大規模な国替を行い、瀬戸内の海上交通の要衝《ようしょう》である播磨明石に高山右近を、播磨室津《むろつ》(兵庫県たつの市)にキリシタンの小《こ》西行長《にしゆきなが》(?—一六〇〇)を配置した。三万石を領したとされる右近は、船上城《ふなげ》(兵庫県明石市)に入り、城下町の整備とともに教会も建設したという。

バテレン追放令と右近

一五八七(天正十五)年の九州征伐では、遠隔地との交易に携わっていた小西行長が水軍を率い、豊臣秀吉は高山右近とともに瀬戸内海を経由して九州を目指した。右近の軍勢は、クルス(十字架)の旗指物《はたさしもの》をたなびかせていたという。

九州征伐を終えた豊臣秀吉は、同年六月に博多でバテレン(宣教師)追放令を出し、宣教師の国外退去を命じた。ただし、現実には宣教師による目立った布教が抑制されたに過ぎない。この法令では民衆によるキリスト教への信仰は容認されたものの、大名に対しては棄教が迫られた。秀吉はキリシタン大名が神よりも自分の命に服従するかを試したようである。たとえば小西行長は、秀吉の命令に表面上従うものの、その後も信仰を続けていく。多くのキリシタン大名が棄教か面従腹背《めんじゅうふくはい》かを選択するなか、高山右近だけは秀吉の命を断固として拒絶し、頑《かたく》なに信仰を貫いたのである。こうして播磨明石の所領を没収され、大名の地位を失った右近は、行長に匿《かくま》われて彼の所領である小豆島《しょうどしま》に潜伏した。

以上のように高山右近を処断した豊臣秀吉であるが、実のところは右近の才能を惜しんでいたようで、彼を復帰させる機会をうかがっていた。一五八八(天正十六)年、右近は秀吉の計らいにより、加賀の前田利家《としいえ》(一五三八―九九)に預けられることとなる。当初の右近は前田家から歓迎されていなかったようであるが、次第に信頼を獲得していった。

一五九〇(天正十八)年、豊臣秀吉の小田原征伐において、高山右近は前田利家に従軍し、八王子城攻めではクルスの旗を翻《ひるがえ》して奮戦している。同年、巡察使のヴァリニャーノ(Valignano.Alexandro, 一五三九―一六〇六)と会った右近は、武将としての再起に前向きになっていく。翌一五九一(天正十九)

年、ヴァリニャーノの謁見《えっけん》に応じた秀吉は、いずれ右近の謁見をも受け入れることを約束した。

一五九二(天正二〇)年、豊臣秀吉の朝鮮出兵に動員された前田利家とともに、高山右近は肥前名護屋《ひぜんなごや》に滞在していたが、ここで秀吉に謁見している。一五九四(文禄三)年の秀吉による伏見《ふしみ》の前田邸への御成《おなり》においても、右近は前田家の重臣として列席しており、秀吉が右近を許容していたことがうかがえる。宣教師のコエリョは、右近が二万石、父が六〇〇〇石の知行を与えられていたと書き残しているが、この頃までには右近が客将として破格の俸禄を得ていたことは確かであろう。なお、一五八八(天正十六)年以来、利家の嫡子利長《としなが》(一五六二—一六一四)のもとに身を寄せていたとされる右近の父高山飛驒守は、一五九五(文禄四)年に京都で天寿を全うしている。

禁教令とマニラへの追放

一五九八(慶長《けいちょう》三)年八月に豊臣秀吉が、翌一五九九(慶長四)年閏《うるう》三月には前田利家がこの世を去った。利家は利長に対して、「右近は世間に迎合しない律儀者であるので、情をかけるように」と遺言を残している。

一六〇〇(慶長五)年の関ヶ原《せきがはら》の戦いで前田利長が東軍に属すると、右近もこれに従軍して北陸を転戦した。翌一六〇一(慶長六)年、右近は私財を投じて金沢に教会を建設し、一六〇四(慶長九)年には宣教師を迎えて常駐させている。利長は右近に好意的であったようである。一六〇五(慶長十)年に利長は異母弟の利常《としつね》(一五九三—一六五八)に家督を譲って富山城に隠居するが、一六〇九(慶長十四)

年に富山城が焼失すると、利長は高岡《たかおか》城（富山県高岡市）の築城を決め、右近に命じて縄張《なわばり》を担当させたと伝えられる。

前田利常のもとでも、高山右近は加賀藩の民政に関わっており、前田家の重臣として活躍の場を広げている。ところが、貿易統制を図りたい江戸幕府が、一六一三（慶長十八）年十二月に全国へ禁教令を発すると、翌一六一四（慶長十九）年正月には右近らを引き渡すよう前田家に迫ってきた。右近は棄教を勧める声に耳を傾けることなく、前田利長・利常に今生の別れを告げて金沢を後にした。京都所司代の板倉勝重《いたくらかつしげ》が右近らの身元を引き受けるはずであったが、幕府が右近の長崎追放を決定したため、右近は家族らとともに長崎に向かうこととなる。

長崎に到着後、高山右近らにはマニラへの国外追放処分が下された。右近が交流のある細川忠興《ほそかわただおき》に宛てた一六一四（慶長十九）年九月十日付の書状には、楠《くすの》木《き》正行《まさつら》の辞世の句を引用した上で、「彼（正行）は戦場に向かひ命を堕《お》とし、名を天下に挙《あ》ぐ、是《これ》（右近）は南海に趣き、命を懸けて天に名を流す（広める）、いかん、六十年の苦、たちまち散り申し候」と記されており、新天地に向かう彼の

高山右近像
（カルディム『日本血染めの花束』〔1643年刊〕より）

心情がうかがえる。

一六一四(慶長十九)年十月、高山右近らを乗せた船は長崎を出航し、多くの苦難を乗り越えてマニラにたどり着いた。自らの地位に執着せず信仰を貫いた右近は、マニラの市民たちから温かく迎え入れられている。ルソン総督のファン・デ・シルヴァは、右近をキリシタンの勇士として、スペイン国王の名のもとに手厚くもてなしたいと申し出たが、質素な生活を望む右近はこれを丁重に辞退した。

長い航海で疲れ果てていた老齢の高山右近は、マニラ到着から四〇日余で熱病にかかり、一六一五(慶長二〇)年正月、六三年の生涯を閉じた。右近の死は殉教と受け止められ、彼に対する畏敬《いけい》の念は高まり、その名はやがてヨーロッパにまで届いていくのである。

⊙参考文献

海老沢有道『高山右近』(吉川弘文館、一九五八年)
神田宏大・大石一久・小林義孝・摂河泉地域文化研究所編『戦国河内キリシタンの世界』(批評社、二〇一六年)
下川雅弘「織田権力の摂津支配」(『織田権力の領域支配』岩田書院、二〇一一年)
中西祐樹『中世武士選書　四一　戦国摂津の下剋上――高山右近と中川清秀』(戎光祥出版、二〇一九年)
中西祐樹編『高山右近――キリシタン大名への新視点』(宮帯出版社、二〇一四年)

「侠」「侠客」イメージの原型、「町奴」「かぶき者」

幡随院長兵衛

…ばんずいいんちょうべえ…

大石 学

秩序形成への抵抗

「侠」「侠客」イメージの代表的人物の一人が、幡随院長兵衛《ばんずいいんちょうべえ》（一六二二—五〇）である。幡随院は、近世国家・社会のシステム、秩序の形成過程に出現した歴史的存在であった。

江戸時代前期、徳川幕府の武力による強圧的な政治＝「武断《ぶだん》政治」により形成・確立しつつある近世的秩序に対して、さまざまな抵抗が見られた。一六五〇（慶安《けいあん》三）年七月九日、三河《みかわ》国刈谷《かりや》（愛知県刈谷市）二万石の藩主松平定政《まつだいらさだまさ》（一六一〇—七三）は、幕府の圧政を批判し、刈谷城の兵器などを幕府に返上すると述べ、出家して、江戸市中で托鉢《たくはつ》を行った。一門の大名の異議申し立てにあわてた幕府は、七月十八日これを「狂気の所為《しょい》」として処理し、伊予《いよ》松山藩主の兄松平定行《さだゆき》に預けて落着させた（松平定政事件）。

しかし、定政の処置が決定した五日後の七月二三日、より深刻な事件が起きる。牢人《ろうにん》で軍学者の由井正雪《ゆいしょうせつ》（一六〇五—五一）を首謀者《しゅぼうしゃ》とする幕府転覆《てんぷく》計画が発覚したのである。計画は、正雪が牢人二〇〇〇人を率い、自らは駿府久能山《すんぷくのうざん》（静岡県）に割拠《かっきょ》し、江戸・大坂・京都の三都で牢人らが一斉蜂《ほう》起《き》するという大胆なものであった。しかも、正雪は、幕府が先の松平定政の忠諫《ちゅうかん》を「狂人」として処置したことを批判し、御三家紀州《きしゅう》藩徳川頼宣《よりのぶ》との関係も噂されていた。しかし、正雪一味から内通者《ないつうしゃ》が出たため、正雪を含む首脳部は全員処罰され、反乱は未然に防がれた(慶安事件)。この事件に衝撃を受けた幕府は、大名取り潰《つぶ》しによる強圧的な「武断政治」から、教化・教育を基礎とする秩序化＝「文治《ぶんち》政治」へと幕政を大きく転換したのである。

かぶき者の出現

これら武士による秩序形成への政治的批判と同時に、社会では反社会的行動によって不満を表明する若者たちが出現した。彼らは、当時「かぶき者」とよばれた。「かぶく」の原義は「傾《かぶ》く」であり、彼らは派手《はで》な異形《いぎょう》の風体《ふうてい》で、市中で存在を誇示した。

一六〇四(慶長《けいちょう》九)年八月の豊国《ほうこく》大明神の臨時祭礼を描いた「豊国祭礼図屏風《ほうこくさいれいずびょうぶ》」には、「いきすぎたりや廿三」(長生きしすぎた二三歳)と記した太刀《たち》をもち、喧嘩《けんか》をするかぶき者が描かれている。また、一六一二(慶長十七)年には、江戸のかぶき者のリーダー大鳥一兵右衛門《おおとりいちひょうえもん》(大鳥逸平《いっぺい》、大鳥一兵衛とも)が処罰されたが、その太刀の鞘《さや》にも、「廿五までいきすぎたりや一兵衛」と記されていたという(『慶長見聞集』)。戦国時代が終わり、社会秩序が確立するなかで、活躍の場を失った当時の若者の閉塞感《へいそくかん》、意地、見栄《みえ》が示されている。

一六四八(慶安《けいあん》元)年七月二一日、幕府は町人に対し、長刀や大脇差《おおわきざし》を帯び、武家奉公人のまねをして「かぶく」姿をし、粗暴で無作法《ぶさほう》な者がいる場合は、目付衆《めつけしゅう》が見回り、見つけしだい捕らえ、罰することを市中に触《ふ》れている(『徳川禁令考』三一四五号)。

一六五二(承応《じょうおう》元)年正月二〇日、幕府は、かぶき者について次のように触れている。すなわち、大目付の命により市中に役人を向かわせ、かぶき者を捕らえるので、かぶき者をかくまうことを禁じたうえで、「かぶきものといふは、中小姓以下の者にて、天鵞絨の襟《えり》ある衣を着し、大撫付、立髪、大鬚をつくり、太刀、大脇差をさして、遊行《ゆぎょう》するものなりとぞ」と、天鵞絨(ビロード)の襟のついた衣服を着て、髪を大撫付(おおなでつけ、総髪《そうはつ》)や立髪(たてがみ、長髪)にし、大鬚(おおひげ)をたくわえ、太刀や大脇差を帯びて遊び歩く、中小姓以下の者で、武家奉公人と定義した。しかし、これをまねる町人たちも大勢あらわれた。彼らは、その派手な姿をもって、「奴(やっこ)」「男伊達(おとこだて)」などとよばれた。

同年六月二〇日、幕府は、当時歓楽街として賑《にぎ》わっていた堺町《さかいちょう》(東京都中央区)の少年たちの前髪をすべて剃《そ》らせた。そして、最近大名や旗本の男色《だんしょく》が横行し、かぶき者を集め酒の酌《しゃく》をさせ、競って遊ぶことは法を逸脱《いつだつ》していると警告した。そして、大坂では保科忠正《ほしなただまさ》の屋敷で、少年たちが盃を交わし、闘争に及ぶ寸前になったことをあげ、幕閣は相談のうえ、京都・大坂でも同様に、かぶき者の少年たちの取り締まりを発布している。

一六五七(明暦《めいれき》三)年七月二二日には、「かぶきもの」と称する游侠たちが、半なでつけ(髪を結わずにときつけて後方に流したままにすること)にし、下髭《したひげ》(口の下の髭)をたくわえ、草履取《ぞうりと》りなどの下僕《げぼく》に絹布《けんぷ》の襟や帯など着付けさせて、町を徘徊《はいかい》する風俗を禁ずる「かぶき者禁制」を出している。近世前期、武士・町人の身分の違いを越えて、「かぶき者」が市中に横行していたことが知られるのである。

幡随院長兵衛と水野十郎左衛門

彼ら「かぶき者」は、集団で「かさつなる」行為をおこない、喧嘩などをくり返した。『徳川実紀』明暦三(一六五七)年七月二九日の記事によれば、先の一六四八(慶安元)年「かぶき者禁制」が出される四日前の七月十八日、「此十八日寄合水野十郎左衛門成之《よりあいみずのじゅうろうざえもんなりゆき》(一六三〇―六四)のもとに、侠客幡随(院)長兵衛といへるもの来り、強て花街に誘引《ゆういん》せんとす、十郎左衛門けふはさりがたき故障《さしさわり》ありとて辞しければ、長兵衛大に怒り、そはをのれが勇に恐怖せられしならんとて、種々罵《のの》しり無礼をふるまひしかば、十郎左衛門も怒りにたえず討すてゝ、其《その》よし町奉行のもとに告しかば、奉行よりも老臣にうたへしに、長兵衛処士《しょし》の事なれば、そのまゝたるべきむね老臣より令せられしとぞ」と、旗本奴《はたもとやっこ》の水野成之のもとに侠客の幡随院長兵衛が来て、強引に花街(遊廓《ゆうかく》)に誘った。水野が今日は都合が悪いというと、長兵衛は大いに怒り、それは私の勇気を怖がっているからだとさんざん罵倒《ばとう》し無礼を働いた。そのため十郎左衛門は怒り、長兵衛を斬り殺し、町奉行のもとに訴えた。町奉行は幕閣に報告したが、幕閣は被害者の長兵衛は牢人なので、十郎左衛門はそのままにするよう命じた。

罪を問われなかった十郎左衛門であったが、その素行《そこう》は改められず、ついに幕府から罰されることになる。すなわち、一六六四(寛文《かんぶん》四)年三月二七日、「小普請《こぶしん》水野十郎左衛門成之無頼の聞えるにより、昨日評定所に召て、松平阿波守光隆《あわのかみみつたか》に預らけんとせしに、被髪《ひはつ》して袴《はかま》も着せず、其様《そのさま》尤《もっとも》不敬なればとて、切腹せしめらる、其母弟は光隆に預らる」と、十郎左衛門は、幕府の評定所に呼び出されたさい、被髪（髪を結わずに解き乱した状態）で袴も着けなかったため、「尤不敬」として切腹させられたのである（『徳川実紀』四・四九六）。

三月二八日、「此日水野十郎左衛門成之が二歳の男子を誅《ちゅう》せらる。女子は松平阿波守光隆にあづけらる」（『徳川実紀』四・四九六）と、水野の男子は殺され、女子は阿波徳島藩主松平光隆に預けられた。

この時期流行した「かぶき者」であったが、幕府の支配体制が確立し、彼らへの統制が強化されるとともに、活動は急速に終息していった。五代将軍綱吉《つなよし》（在職一六八〇―一七〇九）の時代の一六八六（貞享《じょうきょう》三）年、火付盗賊改《ひつけとうぞくあらため》の中山勘解由《やまなかかげゆ》が旗本奴二百数十人をいっせいに検挙し、厳重な処分をして以後、「かぶき者」の活動は、すっかり影をひそめた。派手な衣装で「異義申し立て」をおこなった武士・町人などの若者たち、「かぶき者」もまた、徳川秩序の確立・編成のもと、歴史の舞台から去ったのである。

以上が史料から確認されるリアル幡随院である。彼らの喧嘩騒動は、いわば町の不良グループ同志のいざこざ、暴力集団のトラブルであった。しかし、これが時代とともに、フィクションのヒーロー、侠客幡随院として知られていくことになる。

「傾き」から「歌舞伎」へ

一八八一(明治十四)年に河竹黙阿弥《かわたけもくあみ》(一八一六―九三)が書いた歌舞伎「極附幡随院長兵衛《きわめつきばんずいいんちょうべえ》」は、まず「序幕・村山座木戸前の場」「同舞台喧嘩の場」で旗本奴の一人が、「おれを誰だと思やアがる、憚《はばか》りながら天下の直参白柄組《じきさんしらつかぐみ》の頭と呼ばれる水野(十郎左衛門)様の中間様《ちゅうげんさま》だぞ」と、水野一味を名乗り、無《む》体《たい》な言いがかりをつけるのを町奴の幡随院が懲《こ》らしめる。つづく「二幕目・花川戸《はなかわど》幡随内の場」では、白柄組と町奴の和解を名目に、幡随院は水野邸での宴会へ招待される。これを陰謀《いんぼう》と心配する家族や子分たちに対して、幡随院「弱い者を助けるが男達《おとこだて》の性根《しょうこん》ゆえ、ずいぶんこれまで人を助け、礼をいわれたこともあるが、そのかわり又強い者ならたとえ大名旗本でも後へ引かねぇ町奴、売る喧嘩なら何時《いつ》でも買うので、いくら遺恨《いこん》を受けるか知れねえ、それゆえこうして達者でいても、明日も知れねえおれが体」(河竹登志夫他監修『名作歌舞伎全集十二・河竹黙阿弥集三』東京創元社、一九七〇年)と啖呵《たんか》をきり、町奴の心意気を示す。そして、「三幕目・水野邸酒宴の場」「同湯殿《ゆどの》殺しの場」では、水野が策をめぐらし、ついに幡随院に深手を負わす。そこへ死ぬ覚悟の幡随院の命《めい》を受けた子分たちが、早桶(棺桶《かんおけ》)をもって駆けつけるが、水野は、「殺すは惜しき」と言いつつとどめをさす。

「大切返し・水道端仕返しの場」では、幡随院の死をめぐり、白柄組と町奴が入り乱れて斬り合いとなる。そこへ使者として、乗馬の三浦小次郎《みうらこじろう》が、提灯《ちょうちん》を持つ部下とともに登場し、両者を分けて言う。

三浦「かく止めしはほかならず、今日幡随長兵衛が水野の邸へ参りしは、元より死する覚悟にて、あとへ難儀をかけまじと計らいたるに相違なし、しかるに水野は明け六ツ時支配頭へ呼び出され、揚《あが》り屋入りと事極まれば、日ならず切腹仰せつけらるゝ趣き、只今《ただいま》伺い参ったれば、最早《もはや》天下の科人《とがにん》に手出しを致す事相ならず」

と、幡随院が自ら犠牲《ぎせい》となることで両者の対立を収めようとしたこと、水野は今朝上司に呼び出され、入牢が決まったこと、したがって、ここにいる白柄組の面々も罪人となり、町奴たちは天下の罪人に手出しはできないと諭《さと》す。史実とは異なり、水野の白柄組を壊滅させる迅速《じんそく》な裁きが示される。

明治維新による江戸幕府瓦解《がかい》から十年、旗本不良集団と抗争した町の不良集団のリーダー幡随院は、このの ち歌舞伎や講談を通じて、強きをくじき、弱きを助ける「侠客」イメージを確立し、広く庶民の人気を集めていくのである。

錦絵に描かれた幡随院長兵衛と水野十郎左衛門（国立劇場蔵）

社会的弱者を捨ておけず、
自らと家族の「命」を犠牲に

佐倉惣五郎

…さくらそうごろう…

大石 学

「代表越訴」の時代

近世において、領主に対して、年貢減免《げんめん》や役人不正を訴える百姓一揆《ひゃくしょういっき》は、時期とともに特徴を変化させた。近世初期（十七世紀初頭）、農民たちは中世以来の既得権を奪われることを警戒する地域有力者の土豪《どごう》などが主導する「土豪一揆」に結集するとともに、村から逃亡する「逃散《ちょうさん》」によって自らの要求を訴えた。逃散は、一見消極的な抵抗であるが、農民の逃亡はそのまま労働力・年貢量の低下を意味し、領主にとっては大きな痛手となった。

続く近世前期（十七世紀前半）、行政組織の「藩《はん》」と、生産・生活基盤の「村《むら》」が成立し安定すると、村や地域の代表が、藩主の圧政・苛政《かせい》を、藩を越えて直接幕府（公儀《こうぎ》）に訴える「代表越訴《おっそ》」が特徴となった。代表越訴は、違法であったため代表者は厳刑《げんけい》に処されたが、領主もまた処罰された。本稿で取り上げる佐倉惣五郎《さくらそうごろう》（?―一六五三）や、同時期、上野国《こうずけのくに》利根郡《とねぐん》月夜野村《つきよのむら》の農民で、藩主真田《さなだ》家の苛政を将軍に直訴《じきそ》し、一六八一（天和《てんな》元）年真田家を改易《かいえき》に追い込み、自らも磔刑《たっけい》に処された杉本茂左《すぎもともざ》衛門《えもん》（磔《はりつけ》茂左衛門、?―一六八六）などは、「義民」として知られる。

他方、代表越訴は、農民が幕府に対して、不正な領主を罰する「公儀」として存在することを期待する証拠でもあり、幕府もまたこれに応じたのである。

しかし、近世中期(十八世紀前半)、将軍吉宗《よしむね》(在職一七一六―四五)による享保《きょうほう》改革が幕府財政の再建のため増税路線に転ずると、農民は集団で幕府代官所などに訴える「惣百姓《そうびゃくしょう》一揆」や「強訴《ごうそ》」を展開した。つづく近世後期(十八世紀後半)の田沼時代には、流通・経済の発展とともに、幕府領や私領の違いを越えて連携する「広域一揆」や、格差拡大により、貧困層が富裕層を襲う「打ちこわし」が増加した。これらは幕末・明治期(十九世紀中期)には、格差是正を訴える「世直し一揆」へと展開していった。

惣五郎一件と前期堀田家

さて、杉本茂左衛門とともに、「代表越訴」の典型とされる佐倉惣五郎の一揆は、伝説・講談《こうだん》・歌舞伎《かぶき》などで社会に広く知られている。しかし、その実態については不明な部分が多い。かつて、児玉幸多《こだまこうた》『佐倉惣五郎』(「人物叢書」、吉川弘文館、一九五八年)は、農村史料と佐倉《さくら》領主堀田《ほった》家史料を調査し、物語の発端となる下総《しもうさ》国印旛《いんば》郡公津台方《こうづだいかた》村が一六五三(承応《じょうおう》二)年四七三石余であり、名主《なぬし》を務めたとされる惣五郎家(子孫は木内《きうち》姓を名乗る)が、持高二六石九斗《と》三升《しょう》、田畑面積約三町《ちょう》六反《たん》、屋敷地八畝《せ》であったことを明らかにした。他方児玉は、佐倉堀田藩政の苛政についても、改易後、幕府が減免措置を公表したことから史実と断定した。

当時の佐倉藩主堀田正盛《まさもり》(一六〇六―五一、大老酒井忠勝《たいろうさかいただかつ》娘を正室にする)は、三代将軍家光《いえみつ》(在職一六二三

—五二)に寵愛《ちょうあい》され、一六三四(寛永《かんえい》十一)年二七歳で老中《ろうじゅう》に昇進した。一六五一(慶安《けいあん》四)年四月二〇日将軍家光が没すると、正盛は殉死《じゅんし》し、子の正信《まさのぶ》(一六三一—八〇)が二〇歳で跡を継いだ。そしてこの翌一六五二(承応元)年惣五郎の事件が起きたのである。この事件の原因、経過については不明であるが、一六五三(承応二)年八月惣五郎は刑死し、子ども四人も同時に殺された。その後、惣五郎の祟《たた》りがあるとの噂が起こり、村人が石の祠《ほこら》を建てた。翌年、藩主堀田正信が平将門《たいらのまさかど》を祭る神社がある将門山《まさかどやま》に惣五郎のために石の鳥居を寄進し、のち「惣吾の宮」と呼ばれるようになった。

しかし、その七年後の一六六〇(万治《まんじ》三)年、藩主堀田正信は、老中に諫書《かんしょ》を提出した。内容は、幕政の乱れと庶民の困窮《こんきゅう》を憂《うれ》い、先に刈谷《かりや》藩主の松平定政《まつだいらさだまさ》が幕府を批判したように、正信も十二万石の領地を幕府に返上するかわりに、旗本《はたもと》に加増することを希望したのである。しかも、正信は幕府の許可を得ずに帰国したため、堀田家は改易とされ、子の正休《まさやす》に一万俵の俸禄《ほうろく》が与えられたのである。正信は、配流先を信濃《しなの》、播磨《はりま》、若狭《わかさ》、阿波《あわ》と移され、一六八〇(延宝《えんぽう》八)年に将軍家綱《いえつな》(在職一六五一—八〇)が没したことを聞くと、配流地の阿波徳島で自殺した。

後期堀田氏の惣五郎顕彰

さて、佐倉ではその後、一七四六(延享《えんきょう》三)年、正信の一族の堀田相模守正亮《さがみのかみまさすけ》(一七一二—六一)が山形から入封し十万石藩主となった。正亮は、正盛の子正信の弟で、大老に就任した正俊《まさとし》(一六三四—八四)の子孫である。

翌一七四七(同四)年、正亮は先の将門山の「惣五の宮」を再建した。一七五〇(寛延《かんえん》三)年佐倉藩の農民は、年貢を理由に一揆を起こしたが鎮圧《ちんあつ》された。しかし、一七五一(宝暦《ほうれき》元)年藩主正亮は困窮者の救済政策を実施した。翌年八月四日、正亮は惣五郎百回忌の法要を営み、正式に「宗吾(涼風とも)道閑居士」の戒名《かいみょう》を贈った。一七九一(寛政《かんせい》三)年の百四十回忌には藩主堀田正順《まさなり》(一七四九―一八〇五)が徳満院《とくまんいん》の号を贈り、口明神《くちのみょうじん》に碑を建て、さらに東勝寺《とうしょうじ》の墓前に石塔を建てた。一八〇六(文化三)年堀田正時《まさとき》(一七六一―一八一一)もまた、惣五郎の子孫の台方村利訴衛門《りそえもん》に五石余の田地を与えた。新たに領主となった後期堀田家は、代々藩主が領内統治の安定化のために惣五郎を大きく顕彰《けんしょう》し、これが先の惣五郎の祟りなどの地域信仰とリンクし、惣五郎伝説が形成されたのである。

以上から確認される史実は以下の四点である。

①近世前期、佐倉藩領に惣五郎という人物がいた
②惣五郎一家は、藩によって処刑された
③藩主堀田正信は惣五郎を祭ったが、その後幕政を批判し改易となり、配流先で自殺した
④近世後期、一族堀田家が藩主となり、歴代藩主が惣五郎を顕彰した

惣五郎伝説の成長

惣五郎伝説の成長・展開をみると、まず処刑から約五〇年後の一七一五(正徳《しょうとく》五)年の序がある佐倉藩士の磯部昌言《いそべまさこと》編『総葉概録』には、公津村の農民惣五郎が処刑される時、冤罪《えんざい》だと藩主を罵《ののし》っ

た話や、惣五郎の祟りが堀田家を滅ぼしたため、堀田家は惣五郎の霊を将門山に祭り、惣五宮と呼んだとの話を伝えている。今日、将門山には平将門を祭る神社とともに、一六五四（承応三）年に堀田正信が寄進した石の鳥居が存在する。

このの ち一八一四（文化十一）年に旗本小田《おだ》又蔵《またぞう》彰信《あきのぶ》が編纂《へんさん》した『廃絶録《はいぜつろく》』（藤野保校訂、近藤出版社、一九七〇年）によれば、当時の説として、「正信が臣に聚斂《しゅうれん》の者ありて、土民これが為に苦しむ事　甚《はなはだ》し、時に名主惣五（佐倉惣五郎）といへるもの江戸に来り、上野に成《なら》せらるゝ時、三枚橋にて訴状を捧《ささげ》て、よりて彼《かの》ものを正信に引渡さる」と、佐倉藩の役人が農民を苦しませたため、名主佐倉惣五郎が、将軍家綱が上野御成《おなり》のさいに直訴《じきそ》し、藩主正信に引き渡された。「正信怒り甚敷《はなはだしく》、領主を蔑如《べつじょ》にせし罪軽からずと、向後《きょうこう》見懲《みせしめ》のためとて、かの妻子五人を誅戮《ちゅうりく》し、のち惣五郎を磔《はりつけ》に行ふ」と、正信は、領主を侮蔑《ぶべつ》したと激怒し、見せしめとして惣五郎一家五人を斬罪とし、惣五郎を磔にした。「惣五刑に臨み、此怨を報ぜんと怒り罵りて死す、後正信狂気して滅亡せしハ、惣五が怨念のいたす所なるにや、其のちも家に祟《たた》れる事あるにより、惣五を□（郷）明神『佐倉の入口にある故なりと』とあがめ、年々その祭り今に怠らずといふ」（二七三頁）と、処刑にあたり惣五郎は、怨みをはらすと怒り叫んだという。この後正信は心を病み藩が改易となったのは惣五郎の怨念によるという。のちも堀田家には祟りが続いたことから、惣五郎を明神として祭り、毎年祭っているという。

この社会に流布《るふ》した説が、伝説・講談・歌舞伎などで、農民仲間のために一家の命を捨てた「義民惣五郎」のイメージを高め、「佐倉義民伝」として広く知られるようになったのである。

そして、幕末期の一八五一(嘉永《かえい》四)年、三世瀬川如皐《せがわじょこう》作・歌舞伎『東山桜荘子《ひがしやまさくらのそうし》』が江戸中村座で上演され、大評判となった。翌一八五二(嘉永五)年、惣五郎二百回忌にあたり、歌舞伎『鐘は上野か浅草か、花雲佐倉曙《はなぐもりさくらのあけぼの》』が大坂竹田芝居《たけだしばい》で上演され、これも評判を得た。一八五九(安政《あんせい》六)年信州《しんしゅう》の百姓一揆では、惣五郎の話で仲間を集め士気を高めたという。明治期、惣五郎は国民的英雄となり、自由民権運動では民権家として扱われるようになっていった。

惣五郎伝の典型

次に、多数ある惣五郎伝のうち、スタンダードとされる「地蔵堂通夜物語《じぞうどうつやものがたり》」「堀田騒動記」「佐倉義民伝」、さらには歌舞伎「東山桜荘子」などをもとに、惣五郎伝説のストーリーを追うことにする。

慶安四年(一六五四)下総国佐倉藩の藩主堀田加賀守正盛が没し、子の上野介正信が跡を継いだ。佐倉藩の国許《くにもと》の役人は、農民に重税を課し難題を押し付けた。農民たちは田畑を売り、奉公に出たりしたが、困窮は極まった。たまりかねた佐倉藩領の村々名主約三〇〇人は堀田家の江戸屋敷に出訴《しゅっそ》することにした。ところが、一同が船橋(船橋市)に集合したさい、公津《こうづ》村の名主惣五郎が来ないので迎えに行くと、惣五郎は急病で遅れるという。そして、惣五郎から堀田家の江戸屋敷では悪口雑言はしないよう伝えられる。

歌舞伎「東山桜荘子」は、ここから始まる。序幕「堀田家門外の場」の冒頭、堀田家の江戸屋敷門外で名主たち皆々「御願いでござります、御願いでござります」と、くり返し口々にいう。リーダーの一人半十郎は、「何と皆の衆、斯《こ》うして心を一致して、在所《ざいしょ》を出て来たからは、願ひの叶わぬ内は、一寸も動かぬ気でいさっしゃれ」、半十郎「喰うや喰わずの境じゃ、サアサア、皆の衆願わっしゃれ、願わっしゃれ」と、名主中に呼びかける。しかし、堀田家との交渉は失敗に終わり、そこに惣五郎が到着する。「東山桜荘子」序幕第二場「堀田家門内の場」では、農民の立場に同情的な佐倉藩江戸家老の植村要人《うえむらかなめ》が、実は御家乗っ取りを目論《もくろ》み一揆勢に厳しくあたる国許家老《かろう》の金沢勘解由《かげゆ》を説得し、一揆勢と会い、「ヤア、それに控《ひか》えし多勢の中に、高津新田名主木内宗吾と申す者、相詰《あいつめ》おるか」と尋ねる。高津＝公津と村名を同音にしている。宗吾が「ハッ、村役宗吾罷《まか》り居りまする」と答えると、要人「願ひの趣き取次ぎ得させん。早う門内へ這入《はい》りませい」と指示する。第三場「堀田家門外の場」では、惣五郎が単身入ることを心配する名主たちに対して、「昨夕《ゆうべ》宿で書いたその訴状は、惣吾が一身をかけてのもの……真っ先に命を捨て、百姓の苦しみを助け、二百二十九ケ村の礎《いしずえ》ともなろうと、昨夜宿屋で誓い合うたのは、半十郎、麦作、米次、そなたたちではなかったか」と、命がけの訴訟であることをあらためて確認する。しかし、藩との交渉は再度失敗し、惣五郎は、老中で聡明とされる久世《くぜ》大和守《やまとのかみ》に駕籠《かご》訴《そ》することを提案し、名主たちの賛同を得る。

一六五四(承応三)年十一月二六日(十月二三日とも)惣五郎ら六人の惣代は、久世の駕籠が西の丸下の屋敷から出てくる機会をとらえ、惣五郎が願書を提出した。願書が受理されたことから、代表六人を残して、名主たちは帰村した。十二月二日（十一月二日とも）久世の屋敷から呼び出しがあったが、結果は下げ戻しとなった。

その後、六人はついに四代将軍家綱《いえつな》（在職一六五一—八〇）への直訴を決意する。その決行の直前、惣五郎は父親の命日に家族と会うため秘かに佐倉に向かう。「東山桜荘子」二幕目「印旛《いんば》沼渡《ぬまわたし》小屋《ごや》の場」では、公津村周辺は厳しい警戒網がしかれているが、渡し守がかつて惣五郎の家に奉公していた甚兵衛《じんべえ》であったことから、協力を受け再会を果たす。惣五郎は甚兵衛に対して「とても一ト通《ひととおり》の手段では、二百八十四ケ村の安穏は思ひも寄らぬ。数万人の難儀《なんぎ》ゆえ、大勢の人に成り替り、此《この》惣吾が身にかえて、やかて村々里々まで、盆正月をさせましょう。かならず案じさっしゃるな」「おゝさ、もしも願ひの叶わぬ時は、命一つをさし出す了簡」と、決意を語る。

つづく三幕目第一場「木内宗吾内の場」は、家族と

舟を繋《つな》ぐ鎖を鉈《なた》で断つ甚兵衛（明治時代初期の錦絵より。埼玉県個人蔵）

の再会である。妻さんから、地域の困窮ぶりを聞く。惣五郎は、罪が及ぶのを避けるためにさんに離縁状を差し出す。惣五郎が「訴え出るは領主の非違《ひい》、利を持つ身にて非に落ちる。殊に高貴のおん方へ、下《げ》賤《せん》の身で近付かば、法を乱すの大罪人、たとい願いは叶うとも其身は重きとがめを受け」と、違法行為をするからには、必ず罰されることを述べると、さん「そりゃうらめしいぞえこちの人……おなじお前は此国隣国迄《まで》、支配なさんす御領地の、多くの人を助けんと、身をいけにえに今度の願い。わたしもつれそう上からは、そのとが罪を受くるなら、女房のわたしもともどもに」と、離縁を拒絶し、ともに罰せられることを望む。

そして、ついに将軍への直訴決行となる。十二月二〇日(十一月二〇日とも)五つ時(午前八時)家綱が上野《うえの》寛《かん》永寺《えいじ》に参詣《さんけい》するさい、惣五郎は単身で下谷広小路《したやひろこうじ》黒門前の三つ橋の一つ、中の橋の下に隠れ、行列が通

将軍に直訴する惣五郎（明治時代初期の錦絵より。埼玉県個人蔵）

りかかったとき、竹の先に訴状を挟《はさ》み提出する。供《とも》の者が訴状を受け取ったため、惣五郎は安堵《あんど》して宿に戻り、待っていた五人とともに祝杯をあげる。

「東山桜荘子」第四幕「東叡山《とうえいざん》直訴之場」では、供の老中松平伊豆守信綱《のぶつな》(知恵伊豆《ちえいず》)が対応する。伊豆守は惣吾の願書を読み上げる。惣吾「二百八十九ケ村の者御憐愍《れんみん》の程願わしう存じまする」。伊豆守「驚き入ったる佐倉の暴政、(卜扨《さて》はといふ思入《おもいいれ》有って、気をかえ)下賤の身を以て、恐れ多くも上様へ対し直訴なすとは不届至極《ふとどきしごく》、取り上ぐる事罷《まか》り成らぬ」、トこなし有って願書を懐中になし、包み紙だけ平舞台へ放る。惣吾はかたじけなしと云うことなし、と、伊豆守は包紙だけを返すことによって、暗に受理したことを示す。

物語によれば、将軍家綱は、帰城後、願書を老中の井上河内守に渡した。懸案は殿中《でんちゅう》で評議され、願書は堀田上野介に下げ渡された。上野介は面目を失い屋敷に戻り、減免を命じ、家臣の責任を問おうとした。しかし、家臣は抵抗し、惣五郎一人に罪を負わせ、妻子まで極刑に処することにした。一六五五(明暦《めいれき》元)年二月十一日、夫婦と男子四人は処刑され、財産を没収された。女子二人はすでに結婚して家を出ており罪を免れた。惣五郎夫妻は、子が討ち首となるのを見て、自分たちは万民のために死ぬので悔いはないが、幼な児まで殺すのは非道の限りと怒り、のちのち上野介夫妻を修羅道《しゅらどう》に引きこむと叫んだ。その後、上野介の妻が懐胎中《かいたいちゅう》に変異が起こりついに病死する。上野介は惣五郎の霊を弔《とむら》うが、自らも乱心して領地を没収され、ようやくその子に名跡の相続が許される。

「東山桜荘子」大詰第一場「堀田家詰所廊下の場」では、惣五郎の祟りを御家騒動とからめて描く。

近習一「何といずれも、此《この》お廊下の行燈《あんどん》は、薄暗い事ではござらぬか」。同二「されば、此程より御殿の中に怪しき取沙汰《とりざた》、剰《あまつ》さえ我君様には御不例（病気）との仰せ出され」。同三「なお承る所に依れば、夜な夜な物の怪《け》現われて、不思議の事ども打続き、御悩みも烈《はげ》しき由」、同四「それ故にこそ我々が、宿直《とのい》なすとは申し乍《なが》ら、思えば不気味な」と、堀田家が物の怪に悩まされる状況を述べる。つづけて、この騒動に乗じて堀田家乗っ取りを企む国家老の金沢勘解由の腹心三橋五平次が語る。五平次「今日俄《にわ》かに国許より、金沢勘解由御出府ありしは、豫《かね》て申し合せし通り、堀田のお家を横領なす、大望成就は即ち目前、此五平次が出世の蔓《つる》、愈々《ますます》左様《さよう》相成る時は、差詰《さしづ》め拙者《せっしゃ》は家老職」ト、懐中より一味の連判状を取出し、五平次「何にいたせ此連判状、一味加担の者共が、血判なしたる秘密の一巻、少しも早く勘解由殿に、お手渡し致したいものじゃ」ト、本舞台へ来る、薄ドロドロになり、鉄網行燈の灯が明滅して、舞台暗くなる。五平太は何者かに遮《さえぎ》られて進み得ぬ思入、手を振ってあたりを払い、五平次「其処《そこ》に居るのは誰だ。退かぬか、退け退け」ト、行き掛けて、尚も進み兼ねる仕科《しぐさ》、じっと目を定めて見詰め、五平次「ヤッ、わりゃ宗吾か。ウム――」ト、驚いて花道を逃げ出す、大ドロドロになり、鉄網行燈の中より二つの陰火《いんか》が現われて空中を飛ぶ。
すなわち、御家乗っ取りを企む五平次らが、惣五郎の亡霊（二つの陰火は惣五郎夫妻）により阻止され、秘密の連判状は正義派の上村隼人《はやと》（要人）の手に入る。とぼけようとする五平次に対して、蔭で惣五郎の声「堀田のお家を横領なさんと、金沢勘解由が企てにて、一味加担の連判状」と、内容を明らかにされ、五平次は捕えられる。

ラストの第二場「堀田家寝所快異の場」では、病気に倒れた藩主堀田上野介の寝所に惣五郎と妻子の亡霊が現れ、そこで堀田一族の分家で惣五郎を理解する堀田式部が、上野介の苛政を糺《ただ》す。式部は松平伊豆守からの、上野介の直訴への対応について、将軍の命に背き、惣五郎を罰したことを責める通達を示し、式部「宗吾が民の困苦を憂い、命を掛けたる義心を察し、領主の仁政あらざる時は、佐倉の領地は没収の御沙汰……民を思いて罪科を受けし、その妄執《もうしゅう》を晴らさせらるゝが、即ち仁慈《じんじ》の御政事かと、憚《はばか》り乍ら存じまする」と問い詰めると、藩主上野介「ア、誤ったり誤ったり、斯《か》かる企みのありとも知らず、国の政事を任かせしは返す々々も我が不念（ト、思入あって）コレ隼人、佞人讒者《ねいじんざんしゃ》の甘言《かんげん》に、一時の迷いは身の不肖《ふしょう》、今こそ夢の覚めたる心地、宗吾の霊を神とあがめ、跡懇《ねんごろ》ろに弔い得させよ」と、深く反省し、惣五郎の神格化を命ずる。式部「ハッ、有難き其仰せ、如何《いか》に惣五郎、霊あらばよッく聞け、汝《なんじ》数千の民を憐《あわれ》み、身命を捨てし其赤心《せきしん》、今ぞ全く貫徹して、悪人亡び御領主にも先非を後悔ありし上は、課役《かえき》を免じて来世末代、佐倉領の守護神と、其名を記録に留め申さん」と、霊になった惣五郎に語りかける。そして最後のセリフ、上野介「オ、民は国家の宝じゃなァ」で幕になる。

架空《かくう》の御家騒動をベースに、史実にある堀田上野介の幕府への抵抗、惣五郎の神格化、さらには堀田家の改易などが、合理的に展開されている。「東山桜荘子」の面白さの一つは、点在する史実を、ストーリーに仕上げていく構成力にあるといえる。

「義」と「侠」と

「東山桜荘子」は、「大義」「正義」を軸に、藩の悪政を正す「義民」惣五郎の話として、広く受け入れられていった。しかし、改めて見直すと、農民たちの信頼関係を基礎に、惣五郎が彼らのために行動するという「侠」の側面があることに気づかされる。

「義」の第一義が、「道理、条理、物事の理、人間の行うべきすじみち」(『広辞苑』)とすると、違法行為である藩主、幕府老中、将軍へと繰り返す「越訴」や、「祟り」による復讐《ふくしゅう》・報復は微妙な側面となる。

他方、「侠」の意味が「おとこぎ、おとこだて」、侠客「強きをくじき弱きを助けることをたてまえにする人、任侠・仁侠「弱きをたすけ強きをくじく気性に富む人」(『広辞苑』)とすると、惣五郎の思想と行動は、「義」のみならず、より広い意味をもつ「俠」の側面からも捉えられる。幕末・明治期、近世から近代へと価値が転換する時期に成立し、庶民の間に広く受け入れられた「東山桜荘子」は、旧支配体制《アンシャンレジーム》の「悪」を超法規的活動により懲《こ》らしめた「義民惣五郎」の評価とは別に、社会的弱者を捨てておけず、自らと家族の「命」を犠牲にして救おうとした「俠民惣五郎」の物語として読み解く方が、これを支持してきた庶民感覚に近いといえる。

「俠気」の人？
迎合しない人、
慎みの人

柳沢吉保

…やなぎさわよしやす…

福留真紀

柳《やなぎさわよしやす》沢吉保（一六五八―一七一四）は、五代将軍徳川綱吉《とくがわつなよし》（在職一六八〇―一七〇九）の側近。一六七五（延宝《えんぽう》三）年七月に、綱吉付きの小姓《こしょう》となり、一六八〇（延宝八）年に綱吉の将軍就任にともない本丸入りし、同年十一月三日に小《こ》納戸《なんど》に就任する。一六八八（元禄《げんろく》元）年十一月十二日に、いわゆる「側用人《そばようにん》」となり、若年寄《わかどしより》の上座に位置付けられる。一六九四（元禄七）年一月七日には武蔵《むさし》国川越《かわごえ》城主になる。一七〇一（元禄十四）年十一月二六日の綱吉の柳沢邸御成《おなり》の際に、綱吉の諱《いみな》の一字「吉」と「松平」の称号を賜り、「美濃守《みののかみ》吉保」に改める。一七〇四（宝永《ほうえい》元）年十二月二一日には甲府《こうふ》城主となり、十五万石を駿河《するが》・甲斐《かい》国に与えられ、一七〇五（宝永二）年三月十二日には、駿河国の領地を甲斐国に移され、山梨・八代《やつしろ》・巨摩《こま》の三郡を領する。六代将軍家宣《いえのぶ》（在職一七〇九―一二）が将軍宣下を受けた翌月の一七〇九（宝永六）年六月に致仕《ちし》。一七一四（正徳《しょうとく》四）年十一月二日に、五七歳で死去した。

「俠気」の人？

柳沢吉保が、「俠」の人、というと意外に思われるかもしれない。

歌舞伎《かぶき》や時代劇、時代小説などに登場する吉保は、「悪徳政治家」として描かれることが多い。吉保は、いわゆる「柳沢騒動」というフィクションのなかで、将軍家の乗っ取りを企み、御落胤《ごらくいん》や女性、金の問題にまみれ、また莫大な政治権力を握る人物である。

しかし、実際の吉保は、「江戸幕府日記」や大名家史料などの一次史料の分析によると、老中《ろうじゅう》を筆頭とする幕府官僚組織の職務領域を侵すことはなかったことがわかる。例えば、当時の前橋《まえばし》藩主《はんしゅ》で、吉保の嫡男吉里《ちゃくなんよしさと》(一六八七―一七四五)の正室の父親でもある酒井忠挙《さかいただたか》(一六四八―一七二〇)は、一六九九(元禄十二)年に、その年の災害対策への提案を記した吉保宛の書状の中で、「あなた様がどれほどお考えになっても、老中方がそれほどにもお思いにならず、おっしゃっても取り上げられない場合は、どうにもならないということは、察しております」などと述べている。つまり、災害対策などという、いつの時代にも幕府の政策課題で、老中が管轄《かんかつ》していた政務については、吉保の力の及ぶところではないのだ。

そして、吉保の仕事は、あくまでも将軍の執務・生活空間である「奥《おく》(中奥)」の支配であり、また、諸大名にとっての将軍への唯一のルートとして、その権力が発揮《はっき》されていたのである。

具体的には、綱吉の将軍就任直後の越後騒動の再審で、将軍家一門の越後国高田藩の松平光長《みつなが》が改易されたことに象徴される、厳しい対大名政策に、綱吉が直接の手腕を振るったことが挙げられよう。そのために諸大名は、自らの家の存続のため、綱吉の側近である吉保と交流を深めることが不可欠であると考えた。このことから吉保は、意図せずして大名に対して権力をもつ存在になったのである。よって、大名側からは、吉保が新興大名であるにもかかわらず、実質的に自分たちの上に立つ、という階層秩序を乱す存在とみなされることとなった。

そのことは、事実と異なる絶大な権力を握る悪役のイメージが、文芸作品の影響はもちろんだが、現在に至るまで生き続ける要因にもなっている。

そのようななか、「侠気」の人としての吉保の姿を見ることができるのが、柳沢家家老《かろう》藪田《やぶた》重守《しげもり》（一六六四—一七四七）が執筆、編纂《へんさん》した「永慶寺殿源公御実録《えいけいじどのげんこうごじつろく》」である。これは、吉保の行跡《ぎょうせき》を後世に伝えるために作成され、吉保の嫡孫信鴻《ちゃくそんのぶとき》へ献上されたものである。そこには、酒を好まず、三度の食事も贅沢《ぜいたく》な物を口にせず、食事中はきちんと座り、寛《くつろ》ぐのは針治療を受けている時だけ、という少し堅物《かたぶつ》のような姿。綱吉が好まないため、家でも女性たちに琴や三味線の稽古をさせなかったが、時々、仕舞《しまい》（能楽）・謡《うたい》を夫人とともに観賞し、和歌も夫人とともに嗜《たしな》んだという、将軍には忠実だが愛妻家でもある姿。いつも側に硯《すずり》と手文庫を置き、家臣にちょっとした用を言い付けるときにも、間違いのないように書付にして渡した几帳面《きちょうめん》な様子など、吉保のあらゆる顔が垣間見《かいまみ》える。

ここからは特に、将軍の臣下としての吉保の姿に注目して、その人物像を見ていきたい。

柳沢吉保像（山梨県甲府市、一蓮寺蔵）

将軍のイエスマンではない吉保

吉保は、川越藩主だった頃、飢饉《ききん》に見舞われた際には、百姓たちに御救米《おすくいまい》を配ったという。この行為の背景には、吉保の百姓についての考え方があったとして、藪田は以下の出来事を書き記している。

飢饉で食い詰めたある小百姓が、妻子を乞食に出した。その翌日、自らも老母を連れて乞食に出たところ、はぐれてしまい、老母は、郷廻《ごうまわ》りの足軽《あしがる》によって役所に保護されることとなった。役人たちは、これを親捨てだと考え、江戸表へ届け出たのである。

このできごとは、綱吉のところにまで達し、儒学者の林信篤《はやしのぶあつ》(鳳岡《ほうこう》、一六四四—一七三二)に吟味《ぎんみ》が命じられ、吉保と同役の松平輝貞《てるさだ》も、親捨てだと判断したが、吉保は、それを良しとしなかった。勘定頭《かんじょうがしら》の荻原重秀《おぎわらしげひで》(一六五八—一七一三)から、この事件の詳細な事情を聞き、飢饉の際には、妻子とともに乞食となり、迷い歩いて行き別れとなることはよくあるので、決して親捨てではない、とし、綱吉に言上したのである。結果、最初の判断は翻《ひるがえ》され、息子は罪に問われなかった。

藪田は、吉保が慈悲深い人物だったからだと賞賛し、この頃は綱吉が、少しでも親不孝な者や捨て子、捨て馬などをした者に厳しかったことや、藩内の事まで介入する傾向にあったことを指摘している。

しかし、吉保の行動を、藪田の言う「慈悲深さ」だけで説明することはできないだろう。注目すべきは、吉保が決して綱吉に迎合するわけではなかった点ではないか。吉保がもし、フィクションの世界で描かれがちな、綱吉のイエスマンであれば、最初の判断に同調し、自ら事件の再調査をするようなことはなかったはずである。

また、このエピソードは、「生類憐《しょうるいあわれ》みの令」に関する事例でもあるが、この法令について、吉保は、次のように述べてもいる(引用部分は意訳)。

> 上様は、殊《こと》の外正直で曲がったことをなさらない方なので、人が少し違うことを行っても、御自身の考え方と照らし合わせて、御咎《おとが》めが厳しくなる傾向にある。生類憐れみの令についても、厳しく対処されている。重い軽いに関わらず、上意に背く点は同じであるので、処罰されているのである。生類を人より大切に扱っているように評する者もいるが、それは全くの心得違いである。

綱吉の意向を理解し、その施政を肯定してはいるが、同時に、問題点をも指摘している。

そして、綱吉の御機嫌《ごきげん》が良い時に、臣下への厳しすぎる綱吉の対応を諫めている。臣下の者たちは、権現様《ごんげんさま》(家康)から代々譲り受けてきたものだから、扇子《せんす》や鼻紙などのように軽く扱うことは間違いであり、「御慈悲は上より」ということを考えるよう諫言したのである。対する綱吉もその言葉を聞き入れ、その後は、寛容な扱いをすることが増えてきたという。先の親捨ての事例と同様、吉保は、自らの考えを率直に綱吉に伝えている。そして両事例ともに、綱吉に諫言を受け入れる度量があったことも、見逃せない。

また吉保は、諫言についての自らの考えを、次のように藪田に語っている。

私は、上様のご機嫌を見計らい、何度でも袖にすがってお諫めした。先年、牧野備後守殿(成貞、吉保の先輩の将軍側近)は三度お諫めして、お聞き入れいただけなければ、その上は、善悪はお上と一体であるとおっしゃっていた。権現様以来、諸大名・旗本の家では家老たちがそのようにして、家が潰れた例は多い。何度でもお諫めすることが、その家の先祖に対しての大忠節である。家老のやり方で家が潰れる例も多い。それは、その家の先祖に対して、大いなる不忠で申すべき言葉もない。この点を、家老たる者のわきまえとするように。

諫言は、受け入れられるまで、何度でもおこなうことが、本当の意味での忠義である。迎合することが忠義なのではない。それは、保身ということだ、と吉保は伝えている。

家臣に大切なものとは

吉保は、家臣と主君の関係を次のように述べている。

家臣の風俗でその主君の心根がわかる。

家臣の姿は、主君を移す鑑《かがみ》、ということだ。

＝家臣にとって、最も大切なのは、「慎み」である。

そして、「家中の者がよそへ出掛ける際にがさつなことがないよう、供《とも》の者たちにも申し付けるように。幅の広い道を通行する際には、片側を通るように気をつけること。老中の家来は慎みがないように聞いている。下々の者までも他へ出掛ける際に気をつけるよう支配頭に絶えず注意するように」と言い聞かせていたので、ついに、藪田が勤務している間に、よそで柳沢家の家臣が、がさつだと言われたことはなかった、という。

ただし、問題のある家臣がいなかったわけではなく……。何かと綱吉政権批判が多い同時代史料、戸田茂睡《とだもすい》の『御当代記』には、次のようなエピソードも伝えられている。

＝最近、柳沢邸の裏門に新しく番人を置き、裏門より家中への進物を入れないようにしたそうだ。

＝また、柳沢の家臣が二人、各方面より賄賂《わいろ》を多く取ったということで、川越に返されたそうである。

吉保を頼りにする大名から、法外な賄賂をとっていた家臣がおり、国元の川越に送致したのである。

虎の威を借る狐のような家臣の奢《おご》りを許さない、吉保の考えは、家臣たちに語りかけた次の言葉にも表れている。

家中で重職についている者や、出頭人へは皆が頼ってくる。門前に市を成すというのはこの両者のことである。その方どもも心得ておくように。出頭人の人柄で、主人の内面、家中は申すまでもなく、ほかに知れるのであるから、恥ずかしいことである。主人、次は家老・出頭人の慎み、配慮が肝要である。

また、「人は完璧《かんぺき》なものはいないが、どこか取り柄があるものである。それぞれ相応に務めるのが、奉公人としての心得である。また、慎みが大事である。利発者は、利発に見えないように勤めることが肝要である」とも。

そして、自らと同じく綱吉の側近だった南部直政《なんぶなおまさ》は、非常に利発だったが、すぐに綱吉の意向に沿わなくなり、喜多見重政《きたみしげまさ》も、目から鼻に抜けるほど利発な人物だったが、綱吉に背き、退任させられたとの例を挙げ、「役職の上下に関わらず、真心をもって務めなければ、職務を全うできない」と家臣に言い聞かせていたという。優秀であっても能力をひけらかしてはいけない、ということか。「利発」は、「実(誠実さ)」に反するものと、考えていたようだ。

吉保曰く、権力者の家臣に大切なのは、「慎み」なのだ。

慎みの人

吉保の「慎み」の姿勢は、吉保自身の諸大名との交際においても見て取ることができる。

ここで紹介するのは、老中・若年寄を輩出する家柄である大久保家の家臣山本角兵衛《やまもとかくべえ》が、藪田重守に宛てた書状である。

話は、大久保家が吉保に、藪田を通して当主である大久保忠増（元若年寄）の嫡男忠英との面会を申し入れたことにはじまる。藪田は、すみやかに吉保の回答を大久保家に伝えた。それに対する大久保家からの返事には、次のように書かれていた。

多くの方から、御目に掛りたいと度々申し出があること、その上、参勤交代で江戸にいらっしゃる方、および国元に帰られる方々もお会いになりたいと申し出があるために、一人にお会いになると、ほかを断ることができなくなるとお思いになることは、当然だ、と加賀守《かがのかみ》（大久保忠朝。忠増の父、もと老中）も隠岐守《おきのかみ》（大久保忠増）も考えております。

つまり吉保は、多くの大名から面会を求められており、参勤交代の時期には江戸を出入りする者が加わるため、収拾がつかなくなっているのだ。まさに諸大名は、吉保の政治権力を認め、その存在を重要視していることがわかる。しかし吉保は、それに乗ずることなく、しかも大久保家は、譜《ふ》代《だい》の名門であるにもかかわらず、特別扱いせずに、面会を断ろうとしているのだ。

これは、どのような考え方からくるものだろうか。それがわかる記述を、吉保の側室正親町町子《おうぎまちまちこ》が記した『松蔭日記』に見ることができる。

その人のためには、心苦しく思うこともあるので、その気持ちに任せて聞き入れようとすると、きりがなくなり、だからといって、一方だけ便宜をはかるというのも本意ではない。そこで、だいたいそのような方々には、私的にお会いせず、また、まれに会わざるを得なくなった場合には、公的な立場で対応し、さし向かいになった時には、非常に細かい私的な願いは、憚《はばか》らなければならないようにした。

つまり吉保は、自らの諸大名に対する大きな影響力を振り回すことはなかった。それればかりでなく、自らも、そして家臣までも「慎み」の姿勢を大切にし、行動を律していたのである。

これは、吉保が自らの立場をよく理解していたからこそ、である。

正統ではない、ということ

綱吉が吉保を、武田の子孫であることを根拠に、一七〇四(宝永元)年に、江戸時代に徳川家一族しか与えられてこなかった甲府城主にし、一七〇七(宝永四)年には、嫡男吉里とともに外出時に長刀の携行を認めている。これらの異例の待遇については、綱吉の寵愛《ちょうあい》によるものとされることも多いが、これにはもう一つの重要な意味があったのではないか。

綱吉は、前将軍家綱《いえつな》(在職一六五一―八〇)の弟であり、家綱に跡を継ぐべき男子が生まれていたならば、次兄・三兄が病死していなければ、将軍に就任することはなかった。つまり、生まれながらの将軍ではなく、自らの置かれた立場への根拠の弱さに対する自覚があったと考えられる。そして、吉保も同じく、自らが仕えていた主君が偶然の積み重なりから、将軍に就任したからこそ、譜代大名でもないのに、政治向きに力をもつことになった。吉保の破格の待遇は、綱吉が、新興大名である吉保に権威を付けさせようとしたためなのではないだろうか。

つまり、吉保の「慎み」の振る舞いは、大名たちの、新興大名に頭を下げなければならないジレンマの思いへの精一杯の配慮であり、処世術であったと言えよう。ただ、それは、吉保の思うようにはならなかった。現在まで、「悪徳政治家」のイメージが残り続けてしまったのだから。

⦿**参考文献**
「永慶寺殿源公御実録」(大和郡山市教育委員会所蔵「豊田家史料」)
『新訂寛政重修諸家譜』第三(続群書類従完成会)
戸田茂睡著、塚本学校注『御当代記――将軍綱吉の時代』(「東洋文庫」六四三、平凡社、一九九八年)
正親町町子著、上野洋三校注『松蔭日記』(岩波書店、二〇〇四年)
深井雅海『徳川将軍政治権力の研究』(吉川弘文館、一九九一年)
福田千鶴『徳川綱吉』(山川出版社、二〇一〇年)

福留真紀『徳川将軍側近の研究』（校倉書房、二〇〇六年）
福留真紀「柳沢騒動　まぼろしの御家騒動」（福田千鶴編『新選　御家騒動　上』新人物往来社、二〇〇七年）
福留真紀『将軍側近　柳沢吉保――いかにして悪名は作られたか』（新潮社、二〇一一年）
福留真紀『名門譜代大名・酒井忠挙の奮闘』（文芸春秋社、二〇二〇年）

「忠義の士」たちを統制して目的を達成したリーダー

大石内蔵助

…おおいしくらのすけ…

佐藤麻里

一七〇一(元禄《げんろく》十四)年三月十四日、播州《ばんしゅう》赤穂《あこう》(兵庫県赤穂市)藩主浅野《あさの》内匠頭《たくみのかみ》長矩《ながのり》(一六六七—一七〇一)が江戸《えど》城《じょう》殿中《でんちゅう》で高家《こうけ》吉良《きら》上野介《こうずけのすけ》義央《よしひさ》(一六四一—一七〇三)に斬りかかり、切腹となった。赤穂藩の筆頭家老である大《おお》石内蔵助良雄《いしくらのすけよしお》(一六五九—一七〇三)は、浅野家再興を願って奔走した末、志を同じくする赤穂藩浪士らを率いて吉良邸に討ち入り、その首を主君の墓前に供えた。一年九ヶ月にわたる大石らの戦いを支えたものは何だったのか。

「遅かりし由良助」

『仮名手本忠臣蔵《かなでほんちゅうしんぐら》』の四段目は、俗に「通さん場」と呼ばれる。厳粛《げんしゅく》な場面ゆえ観客が席を立つことが憚《はばか》られたからであり、この段の上演中は客席の出入りも許されない。塩冶判官高定《えんやはんがんたかさだ》切腹の場面で、『仮名手本忠臣蔵』の見せ場の一つである。

大名塩冶判官高定は、足利尊氏《あしかがたかうじ》の代参として鎌倉鶴岡八幡宮《つるがおかはちまんぐう》に参詣《さんけい》する足利直義《ただよし》の饗応役《きょうおうやく》に任命された。しかし同じく大名で指南役の高師直《こうのもろなお》から謂《いわ》れない侮辱を受け、殿中で師直に斬りかかる刃傷《にんじょう》事件に及ぶ。判官には切腹とその領地没収が言い渡され、「委細承知仕《つかまつ》る」と頷《うなず》いた。

判官はすでに死を覚悟していたが、家老大星由良助《おおぼしゆらのすけ》に会うまでは死ぬわけにいかない。由良助の息子で側近の力弥《りきや》に「力弥、力弥、由良助は」と尋ねるが、いまだ参上しない。「存生に対面せで残念」と判官が刀を腹に突き立てたそのとき、廊下の襖《ふすま》が開いて、由良助が駆け込んでくる。

「待ち兼ねたわい」

「御存生の御尊顔を拝し、身にとって何ほどか」

「我も満足。定めて様子は聞いたであろうな。無念」

と判官は刀を引き回し、最後の力を振り絞ってこう言うのである。

「この九寸五分は汝《なんじ》へ形見《かたみ》。この短刀を以て我が存念を」

由良助は「委細、畏《かしこま》り奉る」と、主君が切腹に用いた九寸五分(短刀、約三〇センチ)を形見として押しいただき、無念の涙をこぼすのであった。

『仮名手本忠臣蔵』は、一七四八(寛延《かんえん》元)年八月、大坂竹本座にて初演されて以来、今なお人気を博している人形《にんぎょう》浄瑠璃《じょうるり》・歌舞伎《かぶき》の演目である。いわゆる「赤穂事件」を題材とする物語だが、幕府の規制もあって、実在の事件や人名をそのまま芝居に用いることはできなかった。そこで『仮名手本忠臣蔵』では、実際の事件と人物を南北朝時代の『太平記』(十三世紀後半頃に成立)の世界に仮託《かたく》して描いている。浅野内匠頭長矩は塩冶判官、吉良上野介義央は高師直――といった具合である。そして、主君の形見として短刀を受け取り、仇討《あだう》ちを誓った家老大星由良助のモデルが、赤穂藩の筆頭家老で吉良邸討入りを主導した大石内蔵助良雄である。しかし芝居として脚色が施されており、史実とは異なる部分も多い。

浅野内匠頭の刃傷事件

一七〇一(元禄十四)年三月十四日。この日、江戸城で勅旨《ちょくし》に対して将軍が奉答《ほうとう》する勅答《ちょくとう》の儀が執《と》り行われる予定であった。赤穂藩主浅野長矩は、江戸へ下向する東山天皇の勅使の接待役を幕府より命じられた。その指南役に任じられたのが、幕府と朝廷間の典礼《てんれい》をつかさどることを職務とした高家の吉良上野介義央であった。

儀式が始まる直前、江戸城松之大廊下《まつのおおろうか》において、事件は起こった。浅野長矩が突然、吉良義央に斬りかかったのである。長矩はその場にいた大奥留守居番《おおおくるすいばん》梶川与惣兵衛《かじかわよそべえ》に取り押さえられ、義央は軽傷を負うにとどまった。その梶川が残した「梶川氏日記」のうち、東大史料編纂所写本には、長矩が「この間の遺恨《いこん》覚えたるか」と言って突然斬りつけたとあるが、同じ「梶川氏日記」の南葵文庫本(東京大学図書館所蔵)には「声を掛けた」としかないので、刃傷に及んだ原因はよくわからない。

いずれにせよ、重要な儀式の前に、江戸城内で刃傷に及んだのである。幕府は浅野長矩に対し、「殿中であることも憚らず、理不尽に上野介に切りつけたのは重々不届至極《ふとどきしごく》であるので、切腹を申しつける」と、大名としては異例の即日切腹に処し、さらに赤穂浅野家を御家断絶とした。一方、無抵抗の義央は「お構いなし」として、何の咎めもなかった。

事件の急報は、江戸の赤穂藩邸から赤穂城、そして留守を預かっていた大石内蔵助のもとへと届けられた。つまり大石は主君の刃傷と切腹を知るよしもなく、命尽きる主君から形見の短刀を受け取って仇討ちを誓う――などということはなかった。「遅かりし由良助」は、主君塩冶判官の切腹に間に合わなかったことから来ることわざで、待ちかねていたのに間に合わず、機を逸して用をなさないことをいうものだが、史実の大石内蔵助は、「遅かりし由良助」どころか、主君切腹の場に駆けつけることもなかった。また実は、討ち入りを決意していたのは、このとき江戸にいた藩士の堀部《ほりべ》安兵衛武庸《やすべえたけつね》(一六七〇―一七〇三)であって、良雄ではなかった。

このように実在の大石内蔵助良雄と、『仮名手本忠臣蔵』の大星由良助には、当然のことながら乖離《かいり》が存在する。非の打ち所のないヒーローとして描かれる大星由良助のモデル、大石内蔵助良雄は、実際はどのような人物であったのだろうか。

赤穂事件のあらまし

赤穂藩主浅野内匠頭長矩が江戸城松之大廊下で、それも重要な儀礼の直前に吉良上野介義央に斬りかかったこの事件が、一年九ヶ月にも及んだ赤穂事件の発端となった。

浅野長矩に即日切腹が命じられるとともに、長矩の正室阿久里《あくり》は浅野家の親戚筋にあたる三次《みよし》(広島県三次市)藩の下屋敷に、また三〇〇〇石を分与されて旗本になっていた弟の浅野長広《ながひろ》は「閉門」(屋敷の出入を禁じる謹慎処分)を命じられた。

事件から五日後の三月十九日、赤穂城では筆頭家老大石内蔵助良雄を中心に、幕府への赤穂城引き渡しについて連日議論がなされた。家中は、幕府の処分に不満を唱え徹底抗戦すべしとする籠《ろう》城《じょう》派《は》と、赤穂城を明け渡して恭順《きょうじゅん》すべしとする開城派に二分された。そこに江戸定詰《じょうづめ》の藩士堀部武庸ら三人が到着する。籠城して城を枕に死するも本望と主張する堀部らと、大石らの意見は真っ向から対立したが、「先《まず》この度《たび》は内蔵助に任せ候《そうら》へ、是切《これき》りには限るべからず、以後の含みもこれあり候」との大石の説得に、堀部らは籠城を断念した。

赤穂城の引き渡しと残務処理を終え、旧藩士は赤穂を去っていった。大石をはじめ上方《かみがた》に残った者の多くは、大石とともに行動することを誓っていたが、堀部ら江戸定詰だった者は当初から吉良邸討ち入りを主張していた。「御家再興」を目標に掲げながら大石はこうした江戸急進派を押さえ込んでいたが、「以後の含み」を吉良邸討ち入りと解釈していた堀部らの不満は高まっていった。

そこに転機が訪れた。一七〇一（元禄十四）年十二月十一日、吉良上野介義央の隠居と、その嫡孫《ちゃくそん》で出羽米沢《でわよねざわ》（山形県米沢市）藩十五万石の上杉家から養子に入っていた左兵衛義周《さひょうえよしちか》（一六八六―一七〇六）の吉良の家督相続が幕府に認められた。そして一七〇二（元禄十五）年七月、幕府から閉門を命じられていた浅野大学長広が、赤穂藩の本藩である安芸《あき》広島藩の藩主浅野綱長《つななが》に御預けとなることが決まった。つまり幕府が吉良に対し、これ以上の処分を下すことはなくなった。これによって浅野家再興の可能性は潰《つい》えたのである。

そこで大石は、いわゆる「円山会議」の場で、堀部ら江戸急進派および上方にいる同志らとともに、吉良邸に討ち入ることを決心した。脱盟していく者も多くいるなか、十月七日、大石良雄は「垣見《かきみ》五郎兵衛《ごろべえ》」と名乗り、江戸に向かった。十一月頃までに同志は江戸に結集し、装備の準備や情報収集などを始めた。

一七〇二(元禄十五)年十二月十四日は、江戸本所《ほんじょ》(墨田区)の吉良邸では茶会が行われる日であった。この夜、大石内蔵助ら四七人の浪士らは、吉良邸に討ち入った。吉良邸には一五〇名ほどがいたというが、みな茶会の後で、防具などを着用しておらずぐっすり眠っているところだった。そこに夜襲を仕掛け、ついに主君の仇敵《きゅうてき》吉良

大石内蔵助像
(赤穂大石神社蔵)

泉岳寺
主君浅野長矩の墓(右手奥)に隣接して
大石内蔵助(中央の東屋)以下46人の浪士の墓がある。

上野介義央の首をとったのである。

浪士らは、その足で浅野家墓所の泉岳寺《せんがくじ》(品川区)に向かい、主君・浅野長矩の墓前にその首を供えた。幕府は、討入り後に失踪した足軽寺坂吉右衛門《てらさかきちえもん》(一六六五—一七四七)を除く四六人を、四大名家に分けて御預けとし、処分を保留とした。彼らを、主君の仇を討った忠臣であると評価する声も多く、処分を下すことを悩んだためである。

一七〇三(元禄十六)年二月四日、幕府は、大石内蔵助良雄ら浪士の行動を主君の仇討ちとは認めず、武家諸法度を犯し徒党を組んで殺人を行ったものとして、切腹を命じた。切腹は、当時でいえば名誉刑である。また、吉良義周は領地没収と信州高島藩(長野県諏訪《すわ》市)への配流に処された。

これが赤穂事件の概要である。

大石内蔵助と堀部安兵衛——対照される二人の生き方

赤穂事件、および赤穂事件を題材にとった物語が今もなお人びとを魅了するのは、そこにそれぞれの信念がぶつかり、あるいは主君や家族への思いに苦悩する、さまざまな人間ドラマがあるからであろう。そして、常にその中心にいるのが、大石内蔵助良雄と堀部安兵衛武庸の二人である。

二人が最初に対立したのは、赤穂城引き渡しをめぐる議論の場においてであった。このとき問題になったのは、吉良上野介義央の生死がまだわからないことであった。主君浅野内匠頭長矩が吉良に断りつけたからには、これは明らかに喧嘩《けんか》であり、天下の大法である喧嘩両成敗法《りょうせいばいほう》に基づいて吉良にも同等の処罰が下されるべきであるというのが、当時の武士の常識であった。吉良が生きたままでは、家臣としての「武士の一分」が立たない、というのが堀部武庸をはじめとする強硬派の言い分であった。

一方大石は、「武士の一分」ではなく「大学の一分」を立たせることが家臣のなすべきことである、と主張した。大学とは、浅野長矩の弟で旗本として江戸に居住していた浅野大学長広のことである。大石が目指した「御家再興」とは、兄長矩の罪に連座して閉門に処された長広が、三〇〇〇石の旗本として復帰することではなく、大名家としての浅野家を継ぐことであった。

大石は、(一)幕府の目付《めつけ》を通じて老中に取り次いでもらう、(二)赤穂藩の本藩である広島藩の藩主松平綱長や、長矩の室阿久里の実家三次藩の藩主浅野長澄《ながすみ》などの親戚筋に依頼する、(三)将軍徳川綱吉(在職一六八〇―一七〇九)やその生母桂昌院《けいしょういん》が帰依《きえ》する護持院《ごじいん》の大僧正隆光《りゅうこう》に接触をはかる、の三方面から御家再興を嘆願している。

大石が、護持院隆光への取りなしを求めて、京都六波羅《ろくはら》の普門院《ふもんいん》が住職を務める赤穂遠林寺の僧祐海《ゆうかい》に宛てた書状には、次のように記されている。

大学様の御安否のことは、赤穂でも申しました通り、御赦免《ごしゃめん》を乞い願っているわけでは毛頭《もうとう》ありません。いつであっても許された時、首尾よく人前もなるように御面目が立つようにと願ってい

＝るのです。

つまり大石は、赤穂藩が再興されて家臣が元通り召し抱えられることを求めているのではなく、あくまで長広の「人前」がなる、すなわち面目が立つ形で赦免されることを目指しており、それこそが旧赤穂藩士としての義務であると考えていたのである。実際、綱吉政権下で減封《げんぽう》・除封《じょほう》を命じられた大名家の先例をみるに、浅野家再興の可能性はきわめて低かった。それでも大石は、御家再興を心に抱いて奮闘したのであった。

ではなぜ、大石良雄は御家再興にこだわったのだろうか。その要因は、大石良雄の出自にあったと思われる。

大石内蔵助良雄は、一六五九(万治《まんじ》二)年、赤穂に誕生した。曾祖父・良勝《よしかつ》は一六〇四(慶長《けいちょう》九)年、浅野長重《ながしげ》に仕え、一六一五(元和《げんな》元)年、常陸笠間《ひたちかさま》(茨城県笠間市)藩五万三五〇〇石の家老になった。長重の死後は長直《ながなお》に仕え、一六四五(正保《しょうほう》二)年、長直の転封《てんぽう》にともない赤穂に来た。祖父大石良欽《よしたか》は一五〇〇石の筆頭家老として、弟頼母助良重《たのものすけよししげ》とともに浅野長直、長友、長矩の三代に仕えた。

父良昭《よしあき》は、一六七三(延宝《えんぽう》元)年九月六日、病の末、療養中の大坂で三四歳の若さで亡くなった。良雄十五歳のときであった。良雄は祖父良欽の養子となり、「喜内《きない》」と称する。一六七七(延宝五)年、良欽が死去すると、遺領一五〇〇石と「内蔵助」の通称を継ぎ、見習い家老となった。その後見役を務めたのが、祖父良欽の弟、すなわち良雄の大叔父であり、同じく家老であった頼母助良重であった。一六七九（延宝七）年、二一歳で良雄は正式に赤穂藩の筆頭家老として、赤穂藩主浅野内匠頭長矩に仕えることになる。このように大石家は、家老として代々浅野家に仕える家柄であった。

また祖父・良欽は、初代赤穂藩主浅野長直の娘を娶《めと》り、その子長恒《ながつね》は長直の養子となり、三〇〇〇石を分与され分家している（赤穂郡若狭野浅野家）。良欽の弟すなわち良雄の伯父にあたる良重の子長《なが》武《たけ》は、長直の養子で分家の浅野長賢《ながかた》の養子になっている（加東郡家原浅野家）。血縁としては、大石良雄の大叔母が初代藩主の娘であり、大叔父の息子二人が赤穂浅野家の二つの分家を継いでいる。

したがって大石内蔵助良雄にとって、浅野家は自分の家が代々仕えてきた「御家」なのであり、浅野家という「御家」あっての大石家という「家」なのである。

一方、堀部安兵衛武庸は、越後新発田《しばた》（新潟県新発田市）藩の藩主溝口宣直《みぞぐちのぶなお》・宣広《のぶひろ》の二代に仕えた二〇〇石の藩士、中山弥治右衛門《やじえもん》を父にもつ。この父は一六八三（天和《てんな》三）年、安兵衛が十四歳のときに失火事件を起こしてしまい、蟄居《ちっきょ》に処された。安兵衛は母方の叔父に引き取られたのち、各地を転々とすることになった。

十九歳のときに江戸に出てきた安兵衛は、堀内源左衛門《ほりうちげんざえもん》に剣を師事し、細井広沢《ほそいこうたく》や伊予西条《いよさいじょう》（愛媛県西条市）藩士菅野六郎左衛門《すがのろくろうざえもん》などと知り合う。その六郎左衛門が同藩の藩士と江戸の高田馬場《たかだのばば》で立ち合いをすることになったとき、助太刀《すけだち》をしたといわれる。ここで、剣客《けんかく》としての腕前を赤穂藩士・堀部弥兵衛金丸《ほりべやひょうえかなまる》（一六二七―一七〇三）に見込まれ、養子になってほしいと乞われた。そこで、浅野内匠頭長矩の許可を得て堀部家に入り、二〇〇石の馬廻《うままわ》りとして、江戸定詰《じょうづめ》の赤穂藩士となったのである。

つまり、堀部安兵衛武庸にとって、主君浅野長矩は、代々自分の家が仕えてきた「御家」の主君ではない。その「御厚恩」によって家臣になることが許された、特別な主君なのであった。堀部が主君の遺恨を自らのものとし、それを晴らすことを当初から望み続けたのは、彼の個人的な主従関係から生み出されたものであった。

彼らは「義士」だったのか

討ち入りを果たした赤穂浪士たちは、義士であったか。これは、浪士たちにとって吉良上野介義央は主君の仇敵《きゅうてき》といえるか、すなわち吉良邸討ち入りは敵討ちであると解釈できるか、にかかっていた。吉良が主君の仇敵であるなら、浪士らの行動は「忠義」の仇討ちであり、そうでないなら徒党による殺人なのである。この点について、法や道徳の立場から説明を試みたのが、儒学者《じゅがくしゃ》たちであった。

加賀藩に仕える儒者室鳩巣《むろきゅうそう》（一六五八―一七三四）は「赤穂義人録」を著し、浪士を「義人」と賞賛した。山崎闇斎《やまざきあんさい》門下の浅見絅斎《あさみけいさい》・三宅尚斎《みやけしょうさい》などが、同様に彼らを義士と評価している。

一方、同じ山崎闇斎門下の佐藤直方《さとうなおかた》（一六五〇―一七一九）は、浪士は義士にあらずと主張する。ときを同じくして荻生徂徠《おぎゅうそらい》（一六六六―一七二八）も、義士否定論を展開した。討ち入りから三〇年を経た一七三二（享保十七）年頃、荻生徂徠門下の太宰春台《だざいしゅんだい》（一六八〇―一七四七）は、吉良は主君の敵ではなく、主君の邪志《じゃし》を継いだ浪士の行動は義と評価することはできないと述べた。この太宰の考えを、さらに松山観山《まつやまかんざん》、五井蘭洲《ごいらんしゅう》といった儒学者が批判している。

武士にとって、どのような行動をとることが主君に対する忠義となるのか、という問題が、この議論の根底にはあった。当時の倫理観からいえば、吉良を主君の仇《かたき》と考え、その無念を晴らすために討ち取るというのは道理であると理解されていた。また浪士らも、それが武士としての当然の義務であると考えていたのである。

ただし、赤穂浪士による吉良邸討ち入りは、集団で他人の家に夜襲を仕掛け、無関係の人びとの殺害にも及んでいるのだから、現代的な感覚でいえばテロ行為である。赤穂浪士らの行動については、どの時代においてもさまざまな見解があって然るべきであろう。

大石内蔵助という男

ところで、吉良邸討ち入りを果たした赤穂浪士のリーダーとしての印象が強い大石内蔵助良雄であるが、彼は優れた事務処理能力をもつ人間でもあった。

赤穂城の受け渡しがスムーズに行われたのは、家老となった二年後の一六九四(元禄七)年二月、備中《びっちゅう》松山(岡山県高梁市《たかはしし》)城主水谷勝美《みずたにかつよし》が死去し、後継者問題を理由に改易となったとき、浅野長矩が城受取使を命じられ、大石が任にあたった経験があったからだといわれる。大石は赤穂城の明け渡しに必要となる文書を適切に作成した。城を明け渡したのちも、少しも倦《う》むところなく残務整理にあたった大石の姿に、藩士小野寺十内《おのでらじゅうない》(一六四三—一七〇三)は、一回り以上も若い大石であるが、自分の進退を任せることができる、と述べている。

また大石は『預置候金銀請払帳《あずかりおきそうろうきんぎんうけはらいちょう》』という史料を遺しており、山本博文氏はこれを「忠臣蔵の決算書」と評価している。箱根神社(神奈川県箱根町)所蔵のこの資料に、討入りまでに使用された総額六九七両(金一両＝十二万円として、八二九二万円)の使い道とその金額が記されている。討ち入り直前には、この資金をほとんど使い切った状況であった。

これだけの資金を計画的に運用し、一年九ヶ月の長期にわたり、対立する意見を取りまとめながらチームを統制して、「プロジェクト」を達成した大石内蔵助良雄の手腕は、現代だからこそ評価されるべきではないだろうか。

⦿参考文献
大石学『元禄時代と赤穂事件』(角川学芸出版、二〇〇七年)
谷口眞子『赤穂浪士の実像』(吉川弘文館、二〇〇六年)
谷口眞子『人をあるく　赤穂浪士と吉良邸討入り』(吉川弘文館、二〇一三年)
田原嗣郎『赤穂四十六士論　幕藩制の精神構造』(吉川弘文館、二〇〇六年)
山本博文『「忠臣蔵」の決算書』(「新潮新書」、二〇一二年)
山本博文『敗者の日本史十五　赤穂事件と四十六士』(吉川弘文館、二〇一三年)

「義理人情」の葛藤を描いた文豪

近松門左衛門
…ちかまつもんざえもん…

篠原杏奈

現在も人々の娯楽として親しまれる人形浄瑠璃《にんぎょうじょうるり》や歌舞伎《かぶき》などの演劇は、元禄《げんろく》時代に庶民の間に広まり、やがて大衆化した。一六五三（承応《じょうおう》二）年、越前《えちぜん》国に生まれた近松門左衛門《ちかまつもんざえもん》（一六五三―一七二五）は、七二年の生涯において、約一五〇作の浄瑠璃・歌舞伎作品を作り上げた。代表作は『出世景清《しゅっせかげきよ》』、『曾根崎心中《そねざきしんじゅう》』、『心《しん》中天網島《じゅうてんのあみしま》』、『冥途《めいど》の飛脚《ひきゃく》』、『国姓爺合戦《こくせんやがっせん》』など。

武士から町人へ

江戸時代前期に、京や大坂の町人を中心に花開いた元禄文化。近松門左衛門は、井原西鶴《いはらさいかく》（一六四二―九三）や松尾芭蕉《まつおばしょう》（一六四四―九四）と並び、元禄文化の担い手として活躍した。町人文化を象徴する存在ともいえる近松だが、実は武家の生まれで自身も武士として育ったとされる。しかしその生い立ちに関しては謎も多く、長年研究者の間でも見解がわかれてきた。諸説あるが、越前国吉江藩《よしえはん》（福井県鯖江《さばえ》市）の藩士杉森信義《すぎもりのぶよし》の次男として生まれ、幼名は次郎吉《じろきち》、成人後の本名は杉森信盛《のぶもり》といったとされる。では、武士の家系に生まれた近松は、どのようにして町人文化の発展に携わったのか。

転機の一つとして考えられるのは、一六六七、八（寛文《かんぶん》七、八）年頃、父信義が吉江藩を離れ、浪人《ろうにん》となったことである。理由はいまだ不明だが、これをきっかけとして杉森一家は京都へ移住することとなる。後に、大和《やまと》国宇陀松山《うだまつやま》藩（奈良県宇陀市）の織田《おだ》家に召し抱えられた兄や弟とは対照的に、次男の近松は一人、公家《くげ》に仕える生活を開始したのである。一六七〇（寛文十）年頃に一条《いちじょう》家に仕えてから約十年間、近松は公家侍《くげざむらい》として、正親町《おおぎまち》家や阿野《あの》家に奉公した。この京都での異色な経験が、若い近松に多大な影響を与えたと考えられる。

もっとも、当時の公家社会では、高貴な貴族文化と風流が重視され、独自の宮廷《きゅうてい》文化圏が形成されていた。ここで流行したもののなかには、伝統的な能《のう》や猿楽《さるがく》だけではなく、まだ成立して間もない人形浄瑠璃も含まれていた。そして、近松が身を寄せた公家たちは皆、この宮廷文化に深く関わった人々である。近松は、上流貴人の身辺に仕えることにより、自然と高貴な文化の雰囲気のなかに身を置くことができたのである。

武士の子として生まれ育ち、その後京都で公家に仕えつつ、芸能に目覚めるという数奇《すうき》な生い立ちをたどって成人した近松は、一六七三（延宝《えんぽう》元）年頃から浄瑠璃作者としての修業を開始する。

芸能の世界で

日本では古来、芝居《しばい》や芸術にかかわる人々は身分が低いとされ、

近松門左衛門
（『睡余小録』より）

衣食住が制限されるなど、さまざまな身分的差別を受けることもあった。江戸時代の身分制度においても、芸能者は士農工商の下に位置づけられる場合が多く、厳しい生活を強《し》いられた。近松は、武士から一気に商人より低い身分へと落ちたとしても、芸能の世界を志したのである。しかも、近松が望んだ戯作者《げさくしゃ》という職業はいわゆる裏方であり、芸能のなかでも特に社会的地位の低いものだった。このような背景から、当時の芸能界で芝居の作者名が表に出ることはなかった。つまり浄瑠璃でいえば、実際の作者名は伏せられたまま、語り手である義太夫《ぎだゆう》の名義として興行《こうぎょう》されたということである。近松も同様に、初期の作品には名前が記されていないが、徐々に実力が認められ、自身の名前を表に明示できるようになった。近松が最初に作品に署名《しょめい》を載せたのは、一六八六（貞《じょう》享《きょう》三）年に竹本座《たけもとざ》で初演された『佐々木先陣《ささきせんじん》』の正本だったとされる。これは、近松の作者としての立場を尊重した竹本義太夫（一六五一―一七一四）が、正本に近松の名を記したからだと言われる。この背景には、前年の一六八五（貞享二）年、近松が初めて竹本義太夫のために執筆した『出世景清』の成功があった。当時まだ新人だった義太夫の将来を祈り、近松は作品に「出世」という文言を付けたとされる。この上演が思いのほか好評で、若い義太夫の名が大坂で広く知れ渡るようになった。『出世景清』は近松や義太夫にとっても、そして浄瑠璃の世界においても、大きな画期になったのである。

　近松の活躍もあり、戯作者の社会的地位が少しずつ認められるようになるなかで、作品に作者の署名をつけることについては賛否両論もあった。当時の舞台や役者に関する評判を集めた『野良立《やろうたち》役舞台大鏡《やくぶたいおおかがみ》』（一六八七〔貞享四〕年刊行）には、「おかしたい（やめさせたい）もの」という批判の声と、「芝居事でくちはつ（一生を捧《ささ》げる）べき覚悟《かくご》」をもっているならば構わないと賛同する声の両方があったと記されている。身分制がはっきりしていた江戸時代において、社会的地位の低い戯作者の置かれた立場に、武家出身の近松は苦悩していたことだろう。

浄瑠璃作者として、そして歌舞伎役者として

近松門左衛門と聞くと、多くの人が思い浮かべるのは、やはり浄瑠璃作品の数々である。実際に近松が生涯で生み出した浄瑠璃作品は一一〇作以上に及び、『曾根崎心中』や『冥途の飛脚』などの世話物《せわもの》、『国姓爺合戦』や『平家女護島《へいけにょごのしま》』などの時代物は大ヒットとなった。だが意外にも、近松は歌舞伎作者としても活躍の場を広げた。

時は元禄。上方《かみがた》では坂田藤十郎《さかたとうじゅうろう》（一六四七―一七〇九）や吉沢《よしざわ》あやめ（一六七三―一七二九）、そして江戸では市川團十郎《いちかわだんじゅうろう》（一六六〇―一七〇四）、中村七三郎《なかむらしちさぶろう》（一六六二―一七〇八）らの名優が活躍し、写実的な台詞劇《せりふげき》を重視した元禄歌舞伎が確立した。藤十郎は、京都の歌舞伎座・都万太夫座《みやこまんだゆうざ》の座本《ざもと》（座の

「曾根崎心中」の舞台

「作者　近松門左衛門、人ぎょう　辰松八郎兵衛」とある。

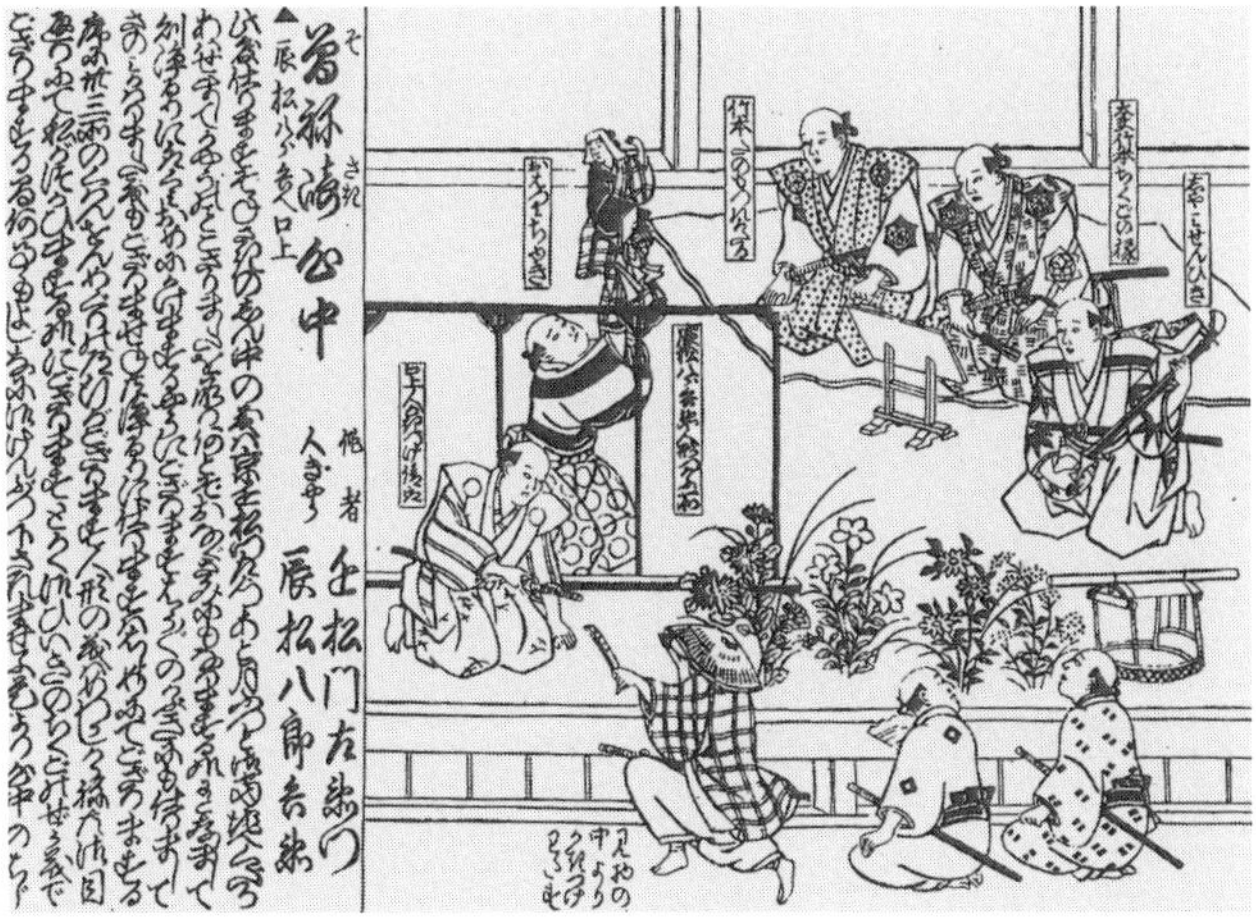

責任者）を務めており、近松はこの都万太夫座の専属作者として作品を手掛けることになった。近松は藤十郎の役を活かす作品執筆に力を入れ、藤十郎は斬新な近松の脚本《きゃくほん》を尊重した。役者の容姿や個性を重視する従来の歌舞伎は変化し、役柄《やくがら》が分化・整備されるなかで演技や演出《えんしゅつ》の類型が多々形成されていった。

近松が執筆し、藤十郎が演じた『けいせい仏の原』（一六九九〔元禄十二〕年）や『けいせい壬生大念仏《みぶだいねんぶつ》』（一七〇二〔元禄十五〕年）は特に好評となり、近松も作者として元禄歌舞伎の中心的人物となったのであった。この時期に近松が生み出した歌舞伎は約四〇作品と言われるが、元禄の終わり頃になると藤十郎の健康に不安が見られ、このことを一つのきっかけとして近松は歌舞伎の世界から少しずつ離れていくことになる。そして再び浄瑠璃の世界で、華々しい活躍を見せていくのである。

庶民の日常を描く

歌舞伎の世界から再び浄瑠璃の世界へ舞い戻った近松は、世話物と呼ばれる、町人の日常生活に関わる話題を取り上げて人間同士の葛藤《かっとう》を描く作品にも力を入れる。その中には、男女の心中や情死を題材にする作品も含まれ、一七〇三〔元禄十六〕年、ついに『曾根崎心中』が上演される。これを皮切りに、近松は数々の人気作を世に放つことになる。

ところで、現代では近松浄瑠璃といえば世話物、特に心中物のイメージが強いが、当時は世話物よりも時代物の方が圧倒的に人気だったという。近松が執筆した一一〇の浄瑠璃作品中、約九〇作は時代物である。近代以降に近松の世話物が再評価され、現代のようなイメージが定着していったとされる。とはいえ、近松の世話物が当時の人々に与えた影響は大きく、浄瑠璃や歌舞伎、歌謡《かよう》においても心中物というジャンルが確立するとともに、各地で心中事件が多発することになるが、これについては後述したい。

では、近松の世話物がなぜ庶民の間で広まっていったのか注目してみる。

理由は、大きく分けて二つあるだろう。まず一つは、人々の日常で身近な場所を舞台に、実際に起きた事件をもとに台本を書いたことである。ここでは世話物の代表作である『曾根崎心中』と『心中天網島』を例に見てみよう。

一七〇三(元禄十六)年四月七日、醬油《しょうゆ》商平野屋《ひらのや》の手代《てだい》徳兵衛《とくべえ》と堂島新地《どうじましんち》天満屋《てんまや》の遊女《ゆうじょ》はつが曾根崎天神の森で心中した。この事件を題材に書かれ、ちょうど一ヶ月後に上演されたのが『曾根崎心中』である。舞台の曾根崎は、現在の大阪市北区。梅田駅《うめだえき》南口を出て御堂筋《みどうすじ》の東側に広がる繁華街《はんかがい》の辺りである。東梅田駅からほど近い場所に露天神社《つゆのてんじんじゃ》、通称お初天神《てんじん》が現存している。

また、『心中天網島』の舞台である網島は現在の大阪市都島区であり、一七二〇(享保《きょうほう》五)年十月十四日に網島の大長寺で起きた、小売紙商《こうりかみ》紙屋治兵衛《かみやじへえ》と曾根崎新地紀伊国屋《きのくにや》の遊女小春《こはる》の心中事件を題材にしている。

大坂の庶民たちは、作品が上演されるより前からこれらの心中事件に関心があったという。馴染《なじ》みの深い場所で起きた心中事件を描いたこれらの作品は、間違いなく話題性があったのだろう。

世話物にみる義理人情のジレンマ

近松の世話物が時代を越えてヒットしたもう一つの理由は、人間なら誰しもいつかは直面する「義理《ぎり》」と「人情《にんじょう》」の葛藤の場面を、作品のなかで生き生きと描き出したことである。

義理という言葉は、もともと中国で生まれたもので、現代では「①物事の正しい筋道《すじみち》、また人として守るべき正しい道。②社会生活を営む上で、立場上、または道義《どうぎ》として、他人に対して務めたり、報いたりしなければならないこと」(『日本国語大辞典〔第二版〕』、小学館、二〇〇三年)と理解される。①の「正しい筋道」が本来の意味であり、中国から伝来したのちに日本でも浸透した。奈良《なら》時代の『日本書紀《にほんしょき》』や室町《むろまち》時代の『風姿花伝《ふうしかでん》』(世阿弥《ぜあみ》著)のなかにも同様の意味で義理という語が使われている。江戸時代になると儒学との結びつきが強まり、②のような倫理や道徳に直結する意味合いも強くなった。

では人情とはどのような意味だろうか。辞書的な意味では、「人間が本来持っている心の動き。また、人間が自然に備えている思いやりの心」(前掲『日本国語大辞典〔第二版〕』)とある。つまり、義理は人間の行動を拘束《こうそく》する一種の社会規範だが、人情とは人間が本来もつ感情や欲望のことであり、時に相反するものとして人々に降りかかる。近松の世話物には、この義理と人情に挟まれる人々がリアリティをもって描かれているのである。

『曾根崎心中』の徳兵衛は、遊女はつと深く契り、醬油屋の主人が持ちかけた縁談を断ろうとするが、そのために必要だった金を友人油屋九平次《くへいじ》に貸してしまう。徳兵衛は証文を提示して返金を求めるが、九平次はそれを無効とし、逆に徳兵衛を詐欺師《さぎし》呼ばわりする。金を失い、友人に裏切られて面目《めんもく》も失った徳兵衛は、身の潔白をするために死を覚悟し、愛するはつと来世《らいせ》で結ばれることを祈って心中する。金と愛と義理の間で苦悩する徳兵衛の姿が描かれている。

『心中天網島』の主人公は、おさんという妻と二人の子どもがいながら、遊女小春と恋仲になり、店の商売に支障《ししょう》をきたすほど入れ込んでしまう紙屋治兵衛である。周囲の人々は二人の仲を引き裂こうとするが、離別するくらいなら一緒に死のうと二人は心中を企図《きと》する。しかし、それを耳に入れたおさんは、「夫の命を頼むから助けてほしい」と小春に手紙を送る。小春は治兵衛の命を救うために別れを告げ、裏切られたと思った治兵衛は小春を恨《うら》む。しかし、それで小春を忘れることはできず、小春が恋敵《こいがたき》太兵衛《たへえ》に身請《みう》けされるという噂《うわさ》を聞いてひどく悲しむ。それを見かねたおさんが事の真相を治兵衛に話すと、治兵衛は「小春は自殺を選ぶかもしれない」と言う。おさんは、小春に死なれては自分の義理が立たないと、治兵衛に太兵衛より先に身請けするように勧めるが、おさんの父は娘を心配し、夫婦を離縁させてしまう。治兵衛は失望して小春を訪ね、来世で結ばれることを祈って心中する。おさんへの義理として、二人は別々の場所で最期《さいご》を迎える場面が印象的に描かれる。『心中天網島』は、治兵衛、おさん、小春のそれぞれの義理が絡《から》み合いながら話が展開するが、最後は命を捨てて愛を貫く悲劇だと言えるだろう。

このような近松の世話物は、「近松が宵庚申《よいごうしん》(『心中宵庚申』)、紙屋治兵衛(『心中天網島』)、梅川《うめかわ》(『冥途の飛脚』)、反魂香《はんごうこう》(『傾城反魂香』)、其外《そのほか》人情を演《の》べたる所、奇妙なる辞《ことば》多し」(『莘野茗談《しんやめいだん》』、一七九五〔寛政七〕年)と称された。そして、作品のなかで描かれる心中や情死《じょうし》が、ある種の美化されたものとして人々の間で認識され、特に遊郭《ゆうかく》で遊女と心中する事件が多発することとなった。自分の命をもって愛を貫くことが賛美された背景には、日本独自の来世思想があったとされる。先に見た二つの作品で共通していた、現世で男女が情死することで、来世では結ばれるという考え方である。心中事件の頻《ひん》発《ぱつ》は社会問題となり、江戸幕府はこれを危惧《きぐ》するようになる。

幕府の相対死取り締まりと晩年の近松

一七二二(享保七)年、八代将軍徳川吉宗《とくがわよしむね》(在職一七一六―四五)は、心中物が心中事件を誘発《ゆうはつ》し、風紀を著しく悪化させるものとして、「相対死取締令《あいたいじにとりしまりれい》」を出し、心中物の上演を禁じた。心中が「忠」の漢字を思わせるとして使用を止め、代わりに「相対死」を用いたとされる。幕府が出した法令では、「主人と下女《げじょ》(身分の低い女、遊女など)が心中した場合、死体は弔《とむら》ってはならず、もし主人だけが生き残ったら、その主人は非人の身分とする」(『徳川禁令考』後集・第三「男女申合相果候者之事」)と定められた。しかし、心中を図った者に対して厳しい罰則がかけられてもなお、心中事件は飢饉《ききん》や災害などの社会不安ともあいまって増え続けたという。

一方、幕府による心中物の禁止は戯作《げさく》の世界に打撃を与えた。同じく一七二二(享保七)年に上演された『心中宵庚申』は、近松の最後の世話物となった。この時、すでに七〇歳となっていた近松は健康に陰《かげ》りが見え始めたこともあり、執筆活動から手を引くとともに、後継者の育成に力を入れていく。近松が育てたのは、後に文耕堂《ぶんこうどう》と名乗る松田和吉《まつだわきち》や竹本座の座本竹田出雲《たけだいずも》らであった。晩年はほとんど自身の作品は書かず、弟子たちの作品を添削《てんさく》し、上演を手伝ったという。
近松が亡くなるのはその二年後、一七二四(享保九)年だった。同年に初演された『関八州繋馬《かんはっしゅうつなぎうま》』という時代物が、近松の最後の浄瑠璃作品となった。

近松門左衛門の評価と影響

近松は「作者の氏神」と称えられ、当時の浄瑠璃作者たちはこぞって、「近松の行き方を手本」(『今昔操年代記《いまむかしあやつりねんだいき》』、一七二七(享保十二)年)としたとされる。他にも、「数多くの浄瑠璃作者が趣向を凝らして作文しているが、元々近松ほどの器量《きりょう》がないからか、古語を取り違えたり、有職故実を間違えたりすることなどが時々あり、見苦しい作品も多い」(『竹豊故事《ちくほうこじ》』、一七五六(宝暦六)年)という記録からは、近松が古語や有職故実《ゆうそくこじつ》などを正確に認識・理解した上で、作劇していたことがわかる。もっとも、近松が初期の頃から、幅広い知識を有していたことは、次の記述からも読み取れる。

内典《ないてん》(仏教の典籍《てんせき》)や外典《げてん》(がいてん)(仏教以外の典籍)、軍書(軍事に関する書籍)にも精通している。

(『野郎立役舞台大鏡』、一六八七(貞享四)年)

俗談平話《ぞくだんへいわ》(日常生活の話し言葉)を磨《みが》いて、愚痴闇昧《ぐちあんまい》(愚かで無知)な者にも人情を貫いて、神道・儒教《じゅきょう》・仏教の教えも残る所なく著している。

(入我亭我入《にゅうがていがにゅう》著『作者式法戯財録《さくしゃしきほうけざいろく》』、一八〇一(享和元)年)

このような背景には、近松自身が作劇する時に、「衆生化度《しゅじょうけど》（仏教用語で、迷いのある人間を救い出すこと）」（前掲『作者式法戯財録』）を意識していたからだとされる。「近松の浄瑠璃本を百冊読めば、習わなくても神道・儒教・仏教の道に悟りが開け、上一人（天皇）からすべての人々に至るまで人情を貫き、天と地の間にある世の中のあらゆる事を理解できる」（前掲『作者式法戯財録』）とまで言わしめたのは、近松が浄瑠璃作者として強い信念をもって作品を作り上げたからだろう。

最後に、浄瑠璃・歌舞伎作者として一生を遂げた近松の辞世の句を紹介したい。

〽それぞ辞世《じせい》　去程《さるほど》に扨《さて》もそののちに　残る桜が花し匂はば

自分が死んだ後も、桜の花の匂いが残るように、作品が人々の間に残ってほしいと願った近松門左衛門は、「口にまかせ、筆にはしらせ、一生を囀《さえず》りちらし」て、今も受け継がれる伝統文化の担い手としての役割をまっとうしたのである。

⦿参考文献
井上勝志『近松浄瑠璃の史的研究 作者近松の軌跡』（和泉書院、二〇一三年）
神戸女子大学古典芸能研究センター編『近松再発見 華やぎと哀しみ』（和泉書院、二〇一一年）

谷口博子「『心中天の網島』における義理――小はるを中心に――」（『京都語文』（十五）（佛教大学国語国文学会、二〇〇八年十一月）
鳥越文蔵『歌舞伎の狂言 言語表現の追究』（八木書店、一九九二年）
服部幸雄・富田鉄之助・廣末保編『新版 歌舞伎事典』（平凡社、二〇一一年）
韓京子『近松時代浄瑠璃の世界』（ぺりかん社、二〇一九年）

実在した大盗賊の「侠」、人品剛健の知能犯

日本左衛門

…にほんざえもん…

大石 学

全国指名手配

近世中期の寛保《かんぽう》～延享《えんきょう》年間（一七四一～四八年）頃、遠江《とおとうみ》国見付《みつけ》宿（静岡県磐田市）を中心に、東海道筋で集団を率いて悪事を働く日本左衛門《にほんざえもん》こと浜島庄兵衛《はまじましょうべえ》（一七一九―四七）が出現した。彼の犯罪は、きわめて知能的であった。

それは、遠江が、浜松藩《はままつはん》、掛川《かけがわ》藩、相良《さがら》藩、横須賀《よこすか》藩などの藩領と、幕領《ばくりょう》、旗本知行所《はたもとちぎょうしょ》、寺社領とが入り組む非領国地域であったことを利用するものであった。すなわち、それぞれの支配地の警察権が独立し、他の地域に立ち入れないという原則があったのである。しかも、幕領、旗本知行所、寺社領は、ほとんど武力をもたないために、警察力が弱かった。日本左衛門は、この弱点をつき、藩領で盗みを働いては幕領や旗本知行所に逃げ込み、幕領で盗みを働いては藩領や旗本知行所に逃げ込むなど、巧妙に強盗を働いたのである。京都町奉行所与力《よりき》でこの事件に深くかかわった、神沢《かんざわ》杜口《とこう》（一七一〇―九五）は、「此徒《このと》（日本左衛門）、戦国に出なば、諸侯《しょこう》に成る大盗の類ならん」（『翁草《おきなぐさ》』）と、戦国時代に生まれたら大名にもなるほどの大物と記している。

幕府代官の大草太郎左衛門《おおくさたろうざえもん》が取り締まりを行ったが効果はなく、困った村々は連名で、「このさい幕領、藩領、旗本知行所の支配を越えて、幕府が広域捜査を行い、日本左衛門一味を捕らえてほしい」と願い出た。

これを受け、一七四六(延享三)年九月、幕府は盗賊改《とうぞくあらため》の徳山秀栄《とくやまひでいえ》(一六九〇?—一七五七)を派遣し、見付宿の拠点を襲い、一味を逮捕した。しかし、首領の日本左衛門を取り逃がしたため、翌十月、幕府は以下の人相書《にんそうがき》手配書を、幕領、藩領、旗本知行所、寺社領などの別なく全国に出したのである。

十右衛門事濱嶋庄兵衛
一せい五尺八九寸程、小袖くしらさしニて三尺九寸
一歳弐拾九歳　見かけ三拾壱弐歳ニ相見え候
一月額濃ク、引疵《ひききず》壱寸五分程
一色白ク歯並常之通
一鼻筋通リ
一目中細
一貌おも長なる方
(中略)
右之者、悪党仲ケ間ニては異名日本左衛門と申候、其身《そのみ》ハ曾《かつ》て左様ニ名乗不申由《なのりもうさざるよし》

右之通之者於有之《これあるにおいては》ハ、其所ニ留置、御料ハ御代官、私領ハ領主・地頭え申出、それより江戸、京、大坂向寄之奉行所え可申達候、尤《もっとも》見及聞及候ハヽ、其段可申出候、若隠し置、後日脇より相知候ハヽ、可為曲事《くせごとたるべく》候

（『御触書宝暦集成』一四九三号）

すなわち、身長は一七六センチほど、年齢は二九歳であるが落ち着いており三一、二歳ほどに見え、月代《さかやき》は濃く、五センチほどの傷がある。色白で歯並びは普通、鼻筋が通り、細目で面長であった。悪党仲間では「日本左衛門」と呼ばれたが、自身では名乗らないという。日本左衛門は、平均身長が約一六〇センチとされる江戸時代においては長身、容姿もすぐれ、悪党仲間を率いる人望と仇名される度量、力量をもっていたのである。手配書には、発見したら身柄《みがら》を押さえ、代官や領主に報告するよう指示し、もし隠し置き、後に露顕《ろけん》した場合は罪に問われるとも記されている。

先の神沢杜口『翁草』は、一味の手口について次のように記している。

日本左衛門事、海道筋幷《ならびに》東国在々を横行致し、富祐の者の方へ間諜《かんちょう》を入て財物の有無を能《よ》く測知《はかりしり》て、後其徒数十人を卒ひ《ひき》、深夜に押入り、四維《しい》を囲み、劒戟《けんげき》を振て防ぐ者を残し、偏《ひとえ》に夜《や》討《うち》の如くにして過分の金銀を奪ふ、是に随ふ悪党夥《おびただし》く、近世希有《けう》の強盗故、公儀御尋《おたずね》ものに成る。

ここでは、リアル庄兵衛の大胆かつ乱暴な方法が記されている。それは、金持ちの家に間者を侵入させ財産の様子を調べさせる。その後、夜に一味数十人を率い四方を囲み、抜刀《ばっとう》した見張りを残し、多くの金銀を奪うというものであった。これに従う悪党も多く、近年まれにみる強盗と記している。庄兵衛＝日本左衛門は、帯刀した者たちの大規模強盗集団の首領だったのである。

さて、逮捕を免れた庄兵衛は、今度は十右衛門を名乗り、関西各地を転々としたが、同一七四六(延享三)年暮れに腹心の中村左膳《なかむらさぜん》が京都で捕らえられると、もはやこれまでと観念《かんねん》し、翌四七(延享四)年正月、京都町奉行所に自首した。これをうけて、二月、幕府は指名手配を解除した。

十右衛門事浜嶋庄兵衛
右之者、見当り次第召捕候様旧冬相触候得共《あいふれそうらえども》、於京都庄兵衛儀出候間、最早《もはや》不及其儀候、二月。
(『御触書宝暦集成』一四九五号)

以上の史料から見る限り、日本左衛門はたんなる強盗集団のボスであった。神沢杜口は、一七四七(延享四)年正月、先に京都で捕らえられた中村左膳を江戸に護送したが、彼はこの任務を一味の奪還の危険性がある「懸命《けんめい》」の仕事と回想している。無事、江戸に届け京都に帰る途中、京都から江戸に向かう浜島庄兵衛と大津宿《おおつしゅく》で出合った。杜口は、警固の役人の許可を得て、網越《あみご》しに庄兵衛を見たが、そのときの印象を、「兼て人相書に記せる通り、人品剛健たる大兵」(『翁草』)と、人相書通り品格ある立派な大人物と記している。

仲間から「日本左衛門」とよばれるにふさわしい人物であったといえよう。

江戸に到着した庄兵衛は厳しい吟味《ぎんみ》を受け、三月十一日江戸中引き回しのうえ、伝馬町《てんまちょう》の牢内で打ち首となった。その首は、遠州見付宿で獄門《ごくもん》にかけられ、一件は落着したのである(『徳川禁令考』)。

義賊日本左衛門の誕生

さて、日本左衛門の名は古くからあった。一七四三(寛保三)年当時二六歳の浪人《ろうにん》の浜島庄兵衛は、大坂豊竹座《とよたけざ》で人形浄瑠璃《にんぎょうじょうるり》「風俗太平記」を見て、実在の賊徒《ぞくと》の首領日本左衛門のストーリーに魅《み》せられた。浜島庄兵衛の悪事の発端は、この人形浄瑠璃だったのである。ここでは日本左衛門の手下に、忠信利平《ただのぶりへい》と南宮行力丸《なんぐうこうりきまる》がいた。これをもとに、日本左衛門処刑の十四年後の一七六一(宝暦《ほうれき》十一)年、大坂中の芝居で、竹田治蔵《たけだじぞう》他作「秋葉権現廻船噺《あきばごんげんかいせんばなし》」が上演された。主役の二本駄右衛門《にほんだえもん》は御家《おいえ》乗っ取りにかかわる大悪人、一方、ライバルとして駄右衛門に切腹させられる忠臣玉島逸当《たましまいっとう》と、その仇《あだ》討《うち》をする弟玉島幸兵衛《こうべえ》が設定された。さらに、一七六三(宝暦十三)年、歌舞伎「秋葉権現廻船噺」が海賊日本駄右衛門一味を描き、その後、実録、講談、浄瑠璃、読本《よみほん》などのジャンルを通じて庶民の間に広まった。

そして幕末期、河竹黙阿弥《かわたけもくあみ》(一八一六―九三)は、これらをふまえて、歌舞伎「青砥稿花紅画《あおとぞうしはなのにしきえ》」を書いたのである。黙阿弥は、先の忠信・南宮に加え、新たなメンバーとして弁天小僧《べんてんこぞう》と赤星重三郎《あかぼしじゅうざぶろう》を加え、「白浪《しらなみ》五人男」を完成させ、一八六二（文久《ぶんきゅう》二）年三月、江戸市村座《いちむらざ》で初演した（国立劇場調査養成部編『青砥《あおと》稿《ぞうし》花紅《はなの》彩画《にしきえ》』正本写合巻集七、二〇一一年）。その序幕「雪ノ下奥座敷の場」（浜松屋店先、同蔵前）は、日本駄右衛門の家来弁天小僧（実は浜松屋幸兵衛の実子）が武家娘に変装し、供侍《ともざむらい》に化けた南郷《なんごう》力丸とともに、呉服商の浜松屋に赴き、万引きしたふりをして店に言いがかりをつける。そこに変装した駄右衛門が登場して場を収め、浜松屋の主人幸兵衛の信用を得る。そして、その夜、浜松屋の大金を強奪しようとするが、実は弁天小僧は幸兵衛の実子、幸兵衛の息子宗之助は駄右衛門の実子であることが判明する。幸兵衛に正体を見破られた駄右衛門は、次のように自白する。


浜松屋幸兵衛「最善《さいぜん》よりの言葉の端、まさしく頭《かしら》の様子なれば、もしや噂の其許《そこもと》が」。

日本駄右衛門「いま海内《かいだい》に隠れのねぇ日本駄右衛門とは、おれがことだ」。

幸兵衛ら「えゝ」。

駄右「駿遠三《すんえんざん》から美濃尾張、江州《ごうしゅう》きって子供にまでその名を知られた義賊の調本、天に替わって救民を救うというのもおこがましいが、ちっと違った盗人で、小前《こまえ》の者の家へ入らず、千と二千有金のあるを見込んで盗み取り、箱を砕いて包みから難儀な者に施すゆえ、すこしは天の恵みもあるが、探偵《づき》がまわってこれまでと覚悟を信濃の大難も、遁三のがれて越路《こしじ》出羽奥州、積もる悪事も筑紫潟《つくしがた》、およそ日本六十余州盗みに入らぬ国もなく、誰言うとなく日本と肩名に呼ばるゝ頭株、二人を玉に暮合《くれあい》からまんまと首尾も宵《よい》の口、時刻を計った今夜の仕事、あり金残らず出さっ

「豊国漫画図絵・日本左衛門」（国立国会図書館蔵）

せい。（トキッと見得）」（郡司正勝他監修『名作歌舞伎全集〔第十一巻〕・河竹黙阿弥集二』〔東京創元社、一九六九年、一〇七頁〕）

ここで駄右衛門は、各地の国名をおりこみながら、自ら金持ちから金を盗み、貧しい者に施す「義賊」であり、このことは子どもも知っており、全国で盗みを働いたことから、誰言うともなく「日本」のあだ名がついた、と語るのである。

しかし、その後、駄右衛門一味に追っ手がかかり、追い詰められる。続く二幕目「稲瀬川　勢揃いの場」で、駄右衛門ら一味五人が連ねて名乗るハイライトシーンとなる。ここにおいて、駄右衛門は、次のように自らを語る。

日本駄右衛門「問われて名乗るもおこがましいが、産まれは遠州浜松在、十四の年から親に放れ、身の生業も白浪の沖を越えたる夜働き、盗みはすれど非道はせず、人に情けを掛川から金谷《かなや》をかけて宿々で義賊と噂、高札に廻る配附の盥越《たらいご》し、危ねぇその身の境界も最早四十に人間の定めはわずか五十年、六十余州に隠れのねぇ賊徒の首領日本駄右衛門」（同上、一一五頁）

すなわち、駄右衛門は、遠江浜松の在の生まれ、十四歳で親と離別し、掛川（静岡県掛川市）から金谷（静岡県島田市）の宿々で、盗みを働くも非道はせず、「義賊」といわれたことを誇るのである。幕府の高札で指名手配されたが、自分こそがその人物で、年は四〇歳、人生は五〇年、六〇余州の全国に知られた賊徒の首領と名乗るのである。

リアル日本左衛門は、大人数で乱暴狼藉《ろうぜき》を働く盗賊集団の首領であったが、その大胆な手口で幕府を困らせたことが、民衆の味方＝「義賊」として民衆の支持・喝采《かっさい》を受ける要因になったと思われる。おりしも、黙阿弥がこの作品を完成させた幕末期は、開港などの影響を受け、社会的・経済的格差が拡大し、深刻な政治問題となっていた。民衆の間では、富の平等・平均化を望む「世直し」「世均《よなら》し」の思想が広まり、「世直し一揆《いっき》」「騒動」が激化した。こうした歴史的背景のもと、金持ちの財産を盗み、貧しい者に分け与える「義賊」が歓迎されるのも自然であった。ここに民衆の期待、仲間から信頼を受け、「侠」を体現するフィクション「日本駄右衛門」が誕生したのである。

災害対応と復興にかけた生涯

川崎平右衛門

…かわさきへいえもん…

大石 学

激甚災害の時代

第八代将軍吉宗《よしむね》（在職一七一六—四五）の享保《きょうほう》改革の主要課題の一つは、首都江戸の機能強化であった。その責任者として、一七一七（享保二）年に大岡越前守忠相《おおおかえちぜんのかみただすけ》（一六七七—一七五一）が町奉行に任命された。町火消《まちびけし》制度の創設、小石川《こいしかわ》養生所の設置、物価調整など、大岡が実行した都市政策は広く知られている。他方、大岡は一七二二（享保七）年に地方御用《じかたごよう》に任命され、下総《しもうさ》小金（千葉県）、酒匂川《さかわがわ》流域（神奈川県）など関東各地で農政を担当した。とりわけ、江戸西郊に広がる武蔵野《むさしの》新田（東京都・埼玉県）の開発は、一〇〇万都市に成長した首都江戸の機能強化にとって最重要政策の一つであった。こののち武蔵野新田からは、新鮮な野菜や穀類が日々江戸市中に供給され、逆に、江戸で大量に発生する下肥《しもごえ》が、武蔵野新田の肥料として利用されるという巨大サイクルが形成されるのである。都市政策と農政をリンクさせ、吉宗政治を支えた大岡こそ、享保改革のキーマンであった。

しかし、武蔵野地域の新田開発は、決して順風満帆《じゅんぷうまんぱん》ではなかった。そもそも同地域は、関東ローム層（火山灰）で覆《おお》われていたため地味《ちみ》は悪く、享保改革以前の一七〇三（元禄《げんろく》十六）年十一月の大地震

（マグニチュード八・〇五）、一七〇八（宝永《ほうえい》五）年閏《うるう》正月の富士山噴火《ふんか》など激甚《げきじん》災害が地域に大きなダメージを与えた。しかも、新田地域の共同組織や共同性は弱く、セーフティネットも未整備であった。有能な幕府官僚大岡忠相でさえ、武蔵野開発は困難を極めたのである。

それでも一七三六（元文《げんぶん》元）年に大岡を検地奉行として実施した新田検地は、新田八八か村といわれる開発の達成を示すものであった。しかし、二年後の一七三八（元文三）年に地域を襲《おそ》った飢饉《ききん》は、一七三九（元文四）年の総家数一三二七戸のうち潰百姓《つぶれびゃくしょう》一六一一戸（一二・一％）、救済なしで生活できる百姓九戸（〇・六％）と、壊滅的《かいめつてき》な打撃を与えた（『高翁家録《こうおうかろく》』）。

武蔵国多摩《たま》郡《ごおり》押立《おしたて》村（東京都府中市）の名主《なぬし》川崎平右衛門《かわさきへいえもん》定孝《さだたか》（一六九四—一七六七）は、それまで幕府の武蔵野開発に協力してきたが、この飢饉の復興にさいして、正式に幕府に登用《とうよう》され、活動を開始するのである。

川崎平右衛門登用の経緯

川崎定孝は、一六九四（元禄七）年、戦国大名北条氏《ほうじょうし》家臣《かしん》の系譜をもち、押立村の名主を務める川崎家の長男として生まれた。したがって、十歳で大地震を、十五歳で富士山噴火を体験している。

一七二三（享保八）年、三〇歳で父の後を継ぎ押立村名主に就任し、以後、一七三九（元文四）年八月まで十六年間、コミュニティーリーダーとして活動した。この間、「享保年中竹木樹芸のことをうけたまはり、しばしば私財をもて近郷の窮民《きゅうみん》を賑《にぎわ》せしかば、賞誉をかうぶり」（『新訂寛政重修諸家譜』

二二—二七)と、幕府の命により植樹し、私財を投じて地域の農民を救済したので、幕府に褒賞《ほうしょう》された。

しかし、一七三八(元文三)年八月、武蔵野地域は大凶作《だいきょうさく》となり、元気な者は江戸や町場に奉公《ほうこう》や日雇《ひやと》いなど出稼《でかせ》ぎに行った。結局、老人、子ども、足腰の弱い者ばかりが新田に残り、食料が不足し多くの人と馬が餓死《がし》した。村を離れる者も多かった。この惨状が幕府に聞こえ、大岡の部下で武蔵野地域を支配していた代官《だいかん》の上坂安左衛門政形《うえさかやすざえもんまさかた》(一六九六—一七五九)は、吉宗から江戸城の奥の新部屋に呼び出され、直々に質問された。一代官が将軍から直接尋ねられることなど滅多《めった》になく、上坂はかなり当惑したという。上坂は退室後、すぐに上司の大岡に会い、吉宗の質問について報告した。すると大岡は、上坂にただちに武蔵野に赴き、残る農民たちを助けるよう命じた。上坂はその晩、川崎が名主を務める押立村に出かけ、御救《おすく》い米を準備させた。そして、明日小金井橋《こがねいばし》(東京都小金井市)で御救い米を配ると、村々に知らせたのである。その後も御救い米は継続されるとともに、さまざまな復興政策が展開されることになった(『高翁家録』一頁)。

南北武蔵野新田世話役としての活動

江戸に拠点をおく農政官僚の大岡や上坂にとって、地元武蔵野に精通した農政家(地方巧者《じかたこうしゃ》)の川崎は、なくてはならない存在であった。一七三九(元文四)年八月、彼らはさっそく川崎を南北武蔵野新田世話役に任命し、飢饉からの復興に当たらせた。川崎は、実家の名主職を弟に譲り、一七四三（寛保《かんぽう》三）年七月までの四年間、新田経営に専念したのである。

川崎は、南武蔵野エリアを、関野新田（小金井市）に陣屋《じんや》を設けて下役の高木三郎兵衛《たかぎさぶろうべえ》に担当させ、北武蔵野エリアを、三角原《さんかくばら》（埼玉県鶴ヶ島《つるがしま》市）に陣屋を設けて矢島藤助《やじまとうすけ》に担当させた。彼らは、一軒ごとに実地見分し、夫食《ふじき》（農民の食料）や肥料の有無、農業従事の様子を調べ、精励者には褒美《ほうび》を与え、怠惰者《たいだしゃ》は名主方で説教をした（『高翁家録』）。川崎自身も、下役や地域の有力者とともに、一軒ごとに見分し、畑林反別とともに、暮らし方を「仁義礼智信《じんぎれいちしん》」の五段階に見積もり記録した。復興のためのデータファイルを作ったのである。

他方、幕府から四〇六〇両を借り受け、これを利率一割で貸し付け、その利益を復興支援に充てている。

川崎が新田世話役に就任して半年後の一七四〇（元文五）年三月十日、大岡は部下の代官上坂の提案をもとに、将軍吉宗に対して、「（川崎）平右衛門義、（上坂）安左衛門手をはなれ了簡《りょうけん》一はいニ仕らせ度《たく》」（『大岡越前守忠相日記』）と、上坂の指示によらず、川崎に自らの判断で政策を実施させることを上申した。八日後の十八日、吉宗は「川崎平右衛門義、安左衛門了簡通《どおり》安左衛門手をはなれ、新田向之儀ハ平右衛門心一はい為致《いたさせ》、伺事等有之節者安左衛門方迄《まで》さし出、安左衛門ハ取次斗ニ而《ばかりにて》差出、御用向相済候様ニ可仕候」（同）と提案は認められ、川崎は独自の判断により農政を展開し、上坂は取次のみを行うことになった。

さらに四月十二日には、幕府官僚トップの勝手掛（農財政担当）老中《ろうじゅう》松平《まつだいら》左近将監《さこんしょうげん》乗邑《のりさと》（一六八六一七四六)から、「平右衛門存分《ぞんぶん》に新田場之義ニ可為致《いたすべく》候、右御用向之義安左衛門者《は》取次斗ニ而直ニ越前守方江可申出候」と新田場支配を認められ、新田場の年貢も、「平右衛門取立安左衛門方江《かたえ》相納、安左衛門御勘定可仕候旨被仰聞《おおせきかされ》、此段承書致上候様ニと去三日伊予殿江差出候伺書御渡候」(同)と、同じことが確認された。川崎は、「了簡一はい」「心一はい」「存分に」新田経営を担うことになったのである。

この間、一七四二(寛保二)年七月から八月にかけて、「関東の大洪水」とよばれる大規模水害が起きた。このため、川崎は幕府の諜報《ちょうほう》機関である御庭番《おにわばん》三人とともに、武蔵、下総など四か国を幕府領や大名領、旗本《はたもと》領、寺社領の違いを越えて見分し、対策プランを上申するよう命ぜられた。この見分は、川崎が病気になり、駒場薬園《こまばやくえん》預りの植村左平次政勝《うえむらさへいじまさかつ》と交代したものの、吉宗の川崎への期待の大きさがうかがえる。翌四三(寛保三)年正月から五月にかけて、寛保洪水の復興の一環として、多摩川の堤防普請《ていぼうぶしん》が課題となった。この普請のために、まず九月、川崎の上司の代官上坂安左衛門が、本来の支配代官大屋杢之助《おおやもくのすけ》の管轄内に見分《けんぶん》に出かけ、見積り九〇〇〇両を提示した。これに対し、本来の普請《ふしん》担当部局である勘定所の普請エキスパート井沢弥惣兵衛《いざわやそべえ》は六〇〇〇両を見積もった。しかし、川崎はこれを四〇〇〇両で仕上げ、しかも外見は一万両に匹敵《ひってき》するという。上司大岡忠相は、これを将軍吉宗にアピールし、褒美として銀十枚を下賜《かし》されたのである。

ここに、将軍吉宗—地方御用大岡忠相—代官上坂政形—川崎定孝という、武蔵野新田開発の幕府中枢《ちゅうすう》ラインが確認されるのである。

川崎平右衛門の新田政策

新田村や新田地域は、本村あるいは他町村からの出百姓《でびゃくしょう》によって成立したことから、古村・本村に比べて、共同性・共同組織ともに未成熟であった。川崎は、この整備に向けてさまざまな政策を展開した。

すでに早く、一七三〇(享保十五)年十二月、上司の代官上坂は、梶野《かじの》新田(小金井市)惣《そう》百姓連印覚書に見られるような、相互扶助を含む五人組申し合わせを行わせたり(『小金井市誌Ⅲ・資料編』)、一七三二(享保十七)年十一月、開発助成金の年一割五分利金での五年間貸与(『小平市史料集 十二』)などの政策を実施していた。

こうした政策をふまえ、川崎は、「皆《みな》畑之場所等ニ而、田方仕立方一向手馴《てなれ》不申候間、時々相廻致差図《さしずいたし》為仕立」と、不慣れな稲作を実地指導し、畑方についても、「畑作之儀モ何品相応可致哉、雑穀ハ勿論《もちろん》、其外薏苡仁《そのほかよくいじん》(はとむぎ)・紫草《むらさきぐさ》(染料用植物)・黄芩《こうれい》(薬草)・芍薬《しゃくやく》(薬草)・信州辛み大根為蒔付試《まきつけためさせ》、林之儀モ杉・檜《ひのき》・松・雑木為植付試」(『高翁家録』)と、土地相応のさまざまな野菜や樹木を試植させた。「蕎麦《そば》」「瓜《うり》」「西瓜《すいか》」「玉川鮎《あゆ》」なども産物として奨励している。

川崎平右衛門の像

東京都府中市の府中郷土の森博物館の広場に建つ。

また、川崎役所は、離村した潰百姓に立帰《たちかえり》料三両を支給し(『国分寺市史料集Ⅱ』)、新田村への引寺を許可した(同)。さらに、溜井《ためい》や堤防の御救普請を起こし、「出百姓之内夫食ニ差支候者有之候ハ、妻子老ニ不限、来ル十六日ゟ《より》鈴木新田ニ初メ候間、場所江もっこざる幷《ならび》何そ穀物入候もの為持、勝手次第差出し土持為致可被申候」(同)と、貧しい者、女性、妻、老人に賃金を給付した。

その他、とくに「且又《かつまた》関前新田より上鈴木迄、上水堀添道手……凡《およそ》弐里之間上水堀桜並木桜相仕立申候、是ハ差向人出有之、新田賑《にぎわい》之為植付申候」(『高翁家録』)と、新田地域振興のために玉川上水沿いの約二里の間に桜を植えている。この桜は、のちに小金井桜とよばれ、江戸近郊の名所、観光スポットとなっていくのである(『小金井市史・資料編・小金井桜』)。

幕府役人＝国家官僚としての道

武蔵野新田の開発に成功した川崎平右衛門は、その後幕府役人＝国家官僚としての道を歩むことになった。一七四三(寛保三)年、川崎は農財政を担当する勘定所《かんじょうしょ》の下級官僚である支配勘定格に就任し、一七四九(寛延《かんえん》二)年までの六年間、正式な役人として武蔵野新田の育成に務めた。一七四九(寛延二)年七月には美濃本田《みのほんでん》代官(岐阜県瑞穂《みずほ》市)に就任し、以後一七六〇(宝暦《ほうれき》十)年五月までの十一年間、水害に苦しむ輪中《わじゅう》地域の行政を担当した。一七六〇(宝暦十)年五月には、関東代官となり、一七六二(宝暦十二)年八月までの二年間、関東農政に従事する。そして同六二年(宝暦十二)年八月には、石見《いわみ》国大森代官(島根県大田市)に異動し、一七六七(明和《めいわ》四)年三月までの五年間、不振に陥っていた石見銀山を再興させた。同年四月十五日には、勘定吟味役《ぎんみやく》と諸国銀山奉行に昇任した。勘定吟味役は勘定奉行に次ぐ中級官僚である。しかし、その二か月後の六月六日、七四歳で没し、押立村龍光寺に葬られた(『寛政重修諸家譜』第二二)。

被災地や劣悪環境の地域を対象とし、困窮者を助けるために、きめ細かい政策を展開した「俠」の人川崎平右衛門は、庶民の厚い信頼を得ていく。そして、幕府が編纂《へんさん》した『新編武蔵風土記稿』の関野新田の真蔵院《しんぞういん》の項に、「平右衛門は此辺の御代官にて、よく民をあはれみしゆへ、農民等追慕のあまり、所々に石碑を立しその一なり」とあるように、彼の業績を讃え、各地に石碑などが建てられた。武蔵野の榎戸《えのきど》新田(国分寺市)の謝恩塔《しゃおんとう》、中藤《なかとう》新田観音寺(同)の供養塔、妙法寺《みょうほうじ》(同)の謝恩塔、美濃牛牧《うしき》(岐阜県瑞穂市)の川崎神社などは、その例である。

川崎平右衛門の墓

東京都府中市押立町の龍光寺にある。

画業に生涯を捧げた浮世絵師

葛飾北斎

…かつしかほくさい…

竹村 誠

「冨嶽《ふがく》三十六景」で知られる葛飾北斎《かつしかほくさい》（一七六〇―一八四九）。特に「神奈川沖浪裏《かながわおきなみうら》」は、レオナルド・ダ・ヴィンチの「モナ・リザ」とともに世界の美術の教科書で必ず取り上げられる作品ともいわれ、世界的にその名が知られている。北斎に関しては明治の頃に古老などの話を集めた『葛飾北斎伝』が出版されており、北斎の人となりを知ることができるが、掲載されたエピソードのほとんどが画業に生涯を捧《ささ》げたことを示す話である。

北斎の画号の変遷と生涯

北斎は、一七六〇（宝暦《ほうれき》十）年に江戸本所割下水《ほんじょわりげすい》（東京都墨田区、北斎通り）で生まれたといわれる。六歳（年齢は全て数え年）の頃より絵を描く癖《くせ》があり、貸本屋で働いたり、木版の彫師《ほりし》の職などに就いたりしていた。一七七八（安永《あんえい》七）年、十九歳になると当時役者絵で人気のあった勝川春章《かつかわしゅんしょう》に弟子入りし、翌年二〇歳で勝川春朗《しゅんろう》を名乗り、デビュー作を制作している。この頃はまだ師の画風を忠実に真似る習作の時代といわれているが、当時浮世絵で行われていた西洋の透視画法を取り入れて奥行きを表現した浮絵なども制作している。

一七九四(寛政《かんせい》六)年、勝川派を離れて、宗理《そうり》という新たな画号を用いて作品を発表しはじめる。この宗理は、尾形光琳《おがたこうりん》や俵屋宗達《たわらやそうたつ》らが開いた琳派《りんぱ》の頭領が用いた号である。しかし、琳派様式で描くのではなく、勝川派とも異なる宗理様式で描き始めた。この頃、新たな分野へと挑戦し、当時流行していた狂歌師《きょうかし》に近づき、狂歌絵本や狂歌師が私的な配りものとして制作した摺物《すりもの》を多く手掛けている。そのなかで、それまで浮世絵ではふっくらとした顔立ちの女性が描かれていたが、宗理美人と呼ばれる瓜実顔《うりざねがお》のほっそりとした美人を描き、名を広めていった。しかし、四年後の一七九八(寛政十)年には、北斎を名乗り独立をする。この改名の名弘めの摺物に、北斎は「師造化」の印章を使用している。師は造化《ぞうか》、すなわち、天地、自然、宇宙などの森羅万象《しんらばんしょう》であると宣言し、どの流派にも属さないことを示した。この時期は、読本《よみほん》と呼ばれる絵と文字の頁を分けた小説の一ジャンルで活躍した。読本に描かれる挿絵は主に墨一色で表現されるが、薄墨《うすずみ》や濃墨《こずみ》を用いるなどの工夫を凝らし、細密な絵を描いた。その量も多く、例えば一八〇八(文化五)年の一年間に刊行された読本十作品で、三二〇図を超える。読本が流行したのは、北斎の挿絵によるともいわれている。

一八〇八(文化五)年、五一歳の時には戴斗《たいと》と改名する。読本の評判によって名声を得た北斎には、全国に私淑《ししゅく》する人々や弟子になりたいと望む人々が集まるようになる。しかし、一枚一枚手本を描き与えていては追いつかず、北斎は絵手本と呼ばれる習画のための版本を意欲的に刊行した。欧米では「ホクサイスケッチ」として有名な『北斎漫画《まんが》』もその一つであった。『北斎漫画』は、人物、動物、植物、風景などありとあらゆる画題を漫然と画《えが》いた絵手本で、今のマンガとは意味が異なる。はじめは一冊で完結する予定であったが、人気が出たため十冊本となり、さらには二〇冊の予定となったが、実際には北斎の死後、一八七八(明治十一)年に十五冊で完結した。フランスの銅版画家ブラックモンが、日本から輸入された陶磁器の梱包材《こんぽうざい》に使われていた『北斎漫画』をみつけ、周囲の知人に紹介したのがジャポニズムの始まりというエピソードも伝わっている。また、長崎のオランダ商館に医師として来日したシーボルトが帰国後に執筆した『ニッポン』の挿絵には『北斎漫画』を写したものも多数ある。北斎が生きていた時代から、ヨーロッパの人々は北斎の絵を見ることができたのである。

一八一九(文政《ぶんせい》二)年、六〇歳の時には、為一《いいつ》と改名した。この時期に有名な錦絵《にしきえ》「冨嶽三十六景」を制作しており、七二、三歳頃に制作したものである。実際は四六枚あり、舶来《はくらい》の最先端の化学顔料のベロ藍《あい》を使用し、これまでの藍よりも鮮やかで深い発色が評判となり、ヒットした。また、「冨嶽三十六景」は、重要な浮世絵の歴史的意義もある。それまで場所を描いた浮世絵は「名所絵」と呼ばれるような誰もが知っている場所が描かれたものであった。しかし、「冨嶽三十六景」はあまり有名でない場所も描いた「風景画」を、浮世絵の一ジャンルとして確立した作品なのである。

北斎「冨嶽三十六景 神奈川沖浪裏」
(すみだ北斎美術館蔵、DNPartcom)

一八三四(天保《てんぽう》五)年の七五歳頃より、画狂老人卍《がきょうろうじんまんじ》を名乗り、版画ではなく直接描いた肉筆画《にくひつが》の作品が多くなる。肉筆画は、注文者の依頼に応えて制作される場合が多い。このことは、北斎の技量が認められた証拠でもある。自らを画狂老人と称したように、晩年になっても絵の上達への努力を惜しまなかった。晩年の肉筆画には、北斎は年齢を書き込むことが多くなる。一八四九(嘉永《かえい》二)年の九〇歳になっても数点の肉筆画作品を描いているが、四月十八日死去した。

引っ越し魔の北斎

紹介したのは主な画号で、他にも不染居《ふせんきょ》、九々蜃《きゅうきゅうしん》などの冠称も多数あった。画号を変えたのは、その場にとどまらず常に新しい技法や技術を会得《えとく》しようとしていた北斎の向上心の表れともいわれている。このような北斎なので、その絵に対する思いを表すエピソードには事欠かない。

北斎は引っ越し魔で、生涯に九三回の引っ越しをしている。戯作者の四方梅彦《よもうめひこ》が、北斎に「家が汚れるので転居するなら、人を雇って掃除させればよいではないか」と尋ねたところ、北斎は「寺町百庵という百回引っ越した人がいるので、それにならって百回引っ越して、死ぬ所を定めたい」と答えたという。実際の家の汚さは、弟子が北斎の家の様子を描いた「北斎仮宅之図」から知られる。それには炬燵《こたつ》にくるまって絵を描く北斎と娘のお栄《えい》が描かれているが、注目したいのはその後ろの部分で、食べ終わった桜餅《さくらもち》の籠《かご》や寿司《すし》の竹の皮などが散らかっていて、物置と掃溜《はきだ》めであったと記されている。しかも、北斎の布団《ふとん》には虱《しらみ》がわいていたが、北斎は昼夜このように絵を描いていたという。

転居癖の北斎は、火事と喧嘩《けんか》は江戸の花といわれるが、ほとんど火事にあったことがなく、自分で鎮火《ちんか》のお守りを作って人に渡していた。しかし、五六回引っ越した七五歳の時に初めて火災に遭った。北斎は、家財道具を運ぶ暇《ひま》があったにもかかわらず、筆だけ握って逃げ去ったという。その直後は、絵を依頼されても筆しかなかったので、その辺にあった徳利《とっくり》を砕いて、絵具皿や筆洗いとして描いた。何よりも大事なものが筆という、浮世絵師としての意気込みが感じられる。

北斎と娘のお栄
（「北斎仮宅之図」、国立国会図書館蔵）

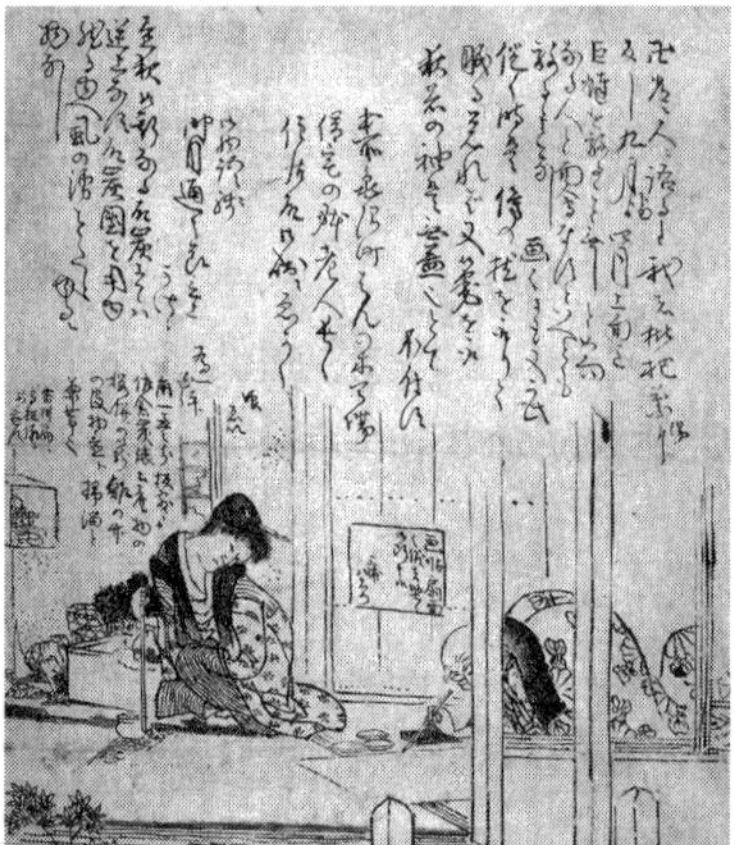

制作意図のわかる作品とパフォーマーとしての北斎

現在まで伝わっている作品について、その制作背景などの話が伝わる作品もある。

天保の飢饉《ききん》に際して、江戸の人々は飢えで苦しむなか、錦絵などを買う者はおらず、版元《はんもと》が新たに刊行することはなく、北斎含め浮世絵師も仕事がなくて困窮《こんきゅう》していた。北斎は一計を案じて、机の上に紙を積み上げ、日夜絵を描き、これを画帖《がちょう》にして絵草子屋で売り出した。北斎の名は既に知られていたので、肉筆画とあっては飢饉のなかでも購入する者がいて、このために餓死《がし》を免れたという。現在この作品は『肉筆画帖』として知られ、十図が一帖にまとめられている。十図全図が揃っているものは国内に三件あり、肉筆画でもすべてが同じ画題で、細部が異なっているのみである。

また「日新除魔《にっしんじょま》」と題された数百枚に及ぶ獅子《しし》の絵がある。墨で獅子や獅子舞を描いたものに日付が書き込まれている。これは現在いくつかの場所に所蔵されているが、まとまって九州国立博物館に所蔵されている二一九枚は、重要文化財に指定されている。これに関して、北斎は毎日獅子の絵を描いては丸めて家の外に捨てていたので、ある人が北斎に理由を尋ねたところ、「これ我が孫なる悪魔を払ふ禁呪《きんじゅ》なり」と答えた。北斎の孫は放蕩者《ほうとうもの》であった。北斎の手紙のなかで「去春より孫放蕩に付、数々悪法をかゝれ、殊《こと》に下品のドラもの、始末屋よりのかけ合等にていろ〱尻をぬぐひ、勘当《かんどう》も度々申出《もうしで》候《そうろう》処」や「当時は上州高崎より奥州へ連れ参候得共《まいりそうらえども》、今にも途中より逃げ帰り候哉と、未《いまだ》不案心に候得共、まづしばらくは、ホット息をつき罷在《まかりあり》候《そうろう》」と、北斎が尻拭《しりぬぐ》いをして、江戸から離れているのでしばらくは安心しているといった内容を版元に伝えていることからも、北斎が孫に悩まされていたことがわかる。その孫を悪魔とした悪魔祓《はら》いが「日新除魔」という作品である。重要文化財の指定理由には、肉筆画や錦絵のような注文制作ではない珍しい作例で、一つの主題をこのように多様かつ継続的に描き続けた例は他に見出し難い点が挙げられている。

北斎には、パフォーマーとしての側面もあり、人前で描きながら驚かすようなことを行っている。一八〇四(文化元)年、音羽《おとわ》の護国寺《ごこくじ》の開帳《かいちょう》の際に、本堂の庭で畳一二〇畳程の大きさな紙を敷き、酒《さか》樽《だる》に墨汁を入れ藁箒《わらぼうき》を筆に代えて落ち葉を払うように、紙の上を駆け回った。見ていた人々は何を描いたかわからなかったが、本堂に登って上から見てはじめて大達磨《おおだるま》の絵とわかったという。その後も本所で大きな馬の絵、両国の回向院《えこういん》で布袋《ほてい》の大画、名古屋の西掛所でも大達磨を描いて人々の注目を得た。回向院で大きな絵を描いた後には、米一粒に雀二羽を描き、肉眼で見るのに苦しむほどだったという。

また、ある時、十一代将軍徳川家斉《いえなり》（在職一七八七―一八三七）が、北斎の名声を聞き、鷹狩《たかがり》の途中で浅草の伝法院《でんぼういん》に、北斎と南画家の谷文晁《たにぶんちょう》（一七六三―一八四〇）を呼び出し、御前で絵を描かせた。最初に文晁が描き、次に北斎が花鳥山水の絵を描き、その出来栄えを喜んだ。北斎はこれで終わらず、次に長く継いだ紙に刷毛《はけ》で長く藍を引いて、籠に入れて持ってきた鶏を取り出し、足に朱肉を付けて紙の上に放して、足跡を付けさせた。そして北斎は「これは竜田川《たつたがわ》の風景です」といって、礼をして自席に戻った。紅葉《もみじ》で有名な竜田川を鶏の足で表現した作品で、人々はその奇巧に驚いた。ともに呼び出された文晁は手に汗を握ってひやひやしていたという。北斎は、作品そのものだけでなく、作画過程でも人々を魅了するようなパフォーマンスを行っていたのである。

北斎の自分の作品に対する自負の念

北斎の自分の絵に対する自負を物語るエピソードも豊富にある。

長崎のオランダ商館のカピタンが江戸の将軍へ挨拶に来た際に、日本の男女の一生をそれぞれ一巻に仕立てた絵を北斎に注文した。この代金として一五〇（出典の『葛飾北斎伝』には単位は円とある）で北斎も約束した。次にカピタンに同行していた医師も同じ画題二巻を北斎に注文した。北斎は数日間で計四巻を描いて完成させ、カピタンのもとへ持参し、代金を請け取って作品二巻を納めた。その後医師のもとへ持っていったところ、医師はカピタンよりも給金が安いので、半分の金七五にまけてくれと頼んできた。北斎は怒って、なぜ最初にそのことを話してくれなかったのか、絵は同じでも彩色などを略して金七五で描いたのに、既に描いてしまったので修正はできない。もし金七五で医師に納品したらカピタンに対して高利をむさぼったことになり心苦しい。医師はそれならば金七五で一巻を買い取ると言ったが、北斎は約束が違うことに怒って、結局二巻とも持ち帰った。その夜北斎の妻は、丹精《たんせい》込めて描いた絵だが、日本ではそれほど珍しい絵ではないので買う者はいないだろう、金七五でももらっていたら、貧苦の足《た》しにはなっただろうと話した。北斎はしばらく考え、その通りにしたら自分の損失は減るが、我が国の人は人によって掛値《かけね》を言うという嘲笑《ちょうしょう》を免れることはできないと語った。結局はカピタンがこの話を聞きつけ、金一五〇でさらに二巻を買い取った。この話の裏には少なからず、自身の絵に対する価値を少なくみられたことへの怒りもあろう。

津軽越中守《つがるえっちゅうのかみ》は、北斎を藩邸《はんてい》に招いて屏風《びょうぶ》を描かせたいと思い、使者を何度も北斎に派遣したが、北斎は承諾しなかった。十日程してある藩士が使者として訪ねた時、まずは少ないが金五両を渡すので、藩邸に来てください、そして先生が描いた作品が藩主の意にかなったら、さらに報酬《ほうしゅう》を払うでしょうと、同行を促した。しかし、北斎は他の事を理由に行かなかった。数日後にも同じ藩士が来て頼んだが、北斎は断った。藩士は大いに怒って、北斎を斬って、自分も自殺すると言い出したが、周囲の人々はそれをとめて、北斎に藩邸に行くよう勧めた。北斎はそれでも聞かず、以前に受け取った五両を返せばいいのだろう、明日藩邸に届けると言い出し、藩士や周囲の人々は呆れ果ててしまい、その日は収まった。しかし、数ヶ月たって、北斎は突然津軽の藩邸を訪れ野馬群遊の図の屏風一双《いっそう》を描いた。身分の高い人物から依頼されても、自分が描きたいと思わなければ描かない性格であったといえよう。

北斎と組んでベストセラーの読本を著した曲亭馬琴《きょくていばきん》（一七六七―一八四八）が、伊勢松坂に住んでいた自分の理解者殿村篠斎《とのむらじょうさい》に宛てた手紙のなかで、北斎の挿絵について語っている。馬琴は篠斎に、北斎の挿絵で自分が著した読本『三七全伝南柯夢《さんしちぜんでんなんかのゆめ》』の下書、稿本と実際に売り出した刊行本、印本を見比べてみろといい、「ほく斎さし画稿本と同様ニハ候へども、人物之右ニ有ヲバ左ニ直し、或ハ添もし、へらしも致候。此心じつヲ以云々被仰示候《おおせしめされ》。御猜《おんねたみ》之趣、少しも無違《ちがいなく》、流石《さすが》ニ是《これ》ハ君なるかなと甚《はなはだ》堪心《かんしん》仕候」と続けている。つまり、北斎の挿絵は下書きとほとんど同じだが、下書きで右に描いていた人物は左に配置し、または付け足したり減らしたりもしている。北斎はこの理由を説明してきたが、納得でき、さすがに北斎だと感心したと述べている。続けて、「北さいも筆自由ニ候へ共、己が画ニして作者ニ随《したが》ハじと存候ゆへニふり替候ひキ。依之《これにより》、北さいニ画《え》がゝせ候さし画之稿本に、右にあらせんと思ふ人物ハ、左り絵がき遣し候へバ、必右ニ致候。実ニ御推りやうニ相違《そうい》御座《ござ》無候《なくそうろう》。御一笑〳〵」。つまり、「北斎は筆が自由に絵を描け、自分の絵なので物語の著者の示した下書きには従わないと考えているので、絵を振り替えて描いてくる。このため、北斎に描かせたい挿絵の下書きには、右にしたい人物は左に描いて渡せば、必ず右に配置してくる。お考え通りです。笑」と、北斎の自信からくる自分の描いた絵への誇りとその性格を皮肉たっぷりに伝えている。絵師として自分の作品に誇りをもって仕事をする北斎の姿がみてとれるのである。

画道の追求と一〇〇歳までのこだわり

北斎の具体的な努力がわかる話も伝わる。北斎が人物を描くために、人体の骨格を知らなければ真理を描くことはできないと考え、千住の接骨家《せっこつか》の名倉家で接骨術を学んで、筋骨《きんこつ》について勉強した。その後初めて人物を描く方法を確立した。北斎が画法について注意することは、このようなことが多かったという。また、北斎は絵を描く時に一筆一画でも手を抜かなかった。必ず下絵を描いた後に、実際の絵に取り組んだ。少しでも意にそぐわない所があれば、何回でも描き直した。そのため北斎は、他の絵師よりも時間を費やしたので、他に比べ画料が高かったという。

また、努力し続けても満足しない北斎を示す話もある。ある日北斎の弟子が、北斎の娘のお栄にため息をついて「絵を描くのが自由自在にならないので、絵師になりたいけれども、その能力がないと思っている」といった。それを聞いたお栄は、「私の父は幼いころから八〇歳を越えるまで毎日筆を持って描かないことはなかった。ある日、父は腕を組んで『私は実に猫一匹描くことができない』と涙を流して、自分の絵が意の如くにならないことを嘆いていた。これは絵に限ったことではなく、自分の未熟さに気づいて、それまでの自分を捨てようとする時が、その道の上達する時なのだ」というと、そばにいた北斎は「まさにそうだ、そうだ」とうなずいたという。

北斎は晩年、長寿へのこだわりをみせるようになる。

八七歳の時に大坂の書物問屋に送った手紙では、「殊に拙老《せつろう》死候などと申儀も、節々承り候。老人儀は、百歳の余までは、死亡之沙汰《さた》は、まづ休みに仕《つかまつり》候《そうろう》」と、自分が死んだといううわさに対して、一〇〇歳までは死亡の沙汰は休みだと、ユーモラスに答えている。また、六四歳の時の江戸の版元に送った手紙では「老人いつも不替《かわらず》、筆力日増しに出精仕候、一百歳の頃は先ツ者《まずは》、画工之数にも入可申《はいりもうすべき》存念に御座候」と、絵の力は日増しに精進し、一〇〇歳の頃には浮世絵師の数にも入ることができると考えていると、これまたユーモラスに答えている。晩年の八八歳以降の肉筆画に、「百」の文字と長寿の亀をイメージした印を使用しているのも、長寿へのこだわりの表れである。

そして、「富嶽三十六景」刊行後に出版した富士の図の集大成「富嶽百景」初編は七五歳の時のもので、その跋文《ばつぶん》(あとがき)では、以下のように自ら記している。

己《おのれ》六才より物《もの》の形状《かたち》を写《うつす》の癖《へき》ありて、半百の比《ころ》より数々《しばく》画図《ぐわづ》を顕《あらハ》すといへども、七十年前《ねんぜん》画《ゑが》く所《ところ》は実《じつ》に取《とる》に足《たる》ものなし、七十三才にして稍《やゝ》禽獣虫魚《きんじうちうぎよ》の骨格草木《こつかくそうもく》の出生《しゆつしやう》を悟《さと》し得《え》たり、故《ゆゑ》に八十才にしてハ益々《ますく》進《すゝ》み、九十才にして猶其奥意《なほそのあうい》を極《きハ》め、一百歳《さい》にして正《まさ》に神妙《しんめう》ならん歟《か》、百有《いう》十歳《さい》にしては一点一格《いつてんいつかく》にして生《いけ》るがごとくならん、願《ねがハ》くハ長寿《ちようじゆ》の君子《くんし》予《よ》が言《こと》の妄《まう》ならざるを見《み》たまふべし

画狂老人卍述

六歳より絵を描く癖があった北斎は、七〇歳までに描いたものは取るに足らないもので、七三歳でようやく動植物の骨格や姿を悟ったので、一〇〇歳で神の域に達し、一一〇歳を越えれば一点一画が生きているようになる、どうか長寿の神よ私の言葉が嘘でないことを見ていてください、とそれまでの画道に捧げた人生のふり返りと、長生きしてさらに絵を追求し続けようとする目標を述べているのである。

北斎は臨終に際して、「天我をして十年の命を長ふせしめば」といい、その後、言い換えて「天我をして五年の命を保たしめば、真正の画工となるを得べし」といって事切れたと伝わる。九〇歳の死の間際の北斎が、あと十年、いや五年長生きできれば本当の浮世絵師になれたと嘆いているのである。

生涯をかけて絵師の道を追求した北斎は、七二、三歳の頃に、後に欧米の人々にも影響を与える「冨嶽三十六景」などの作品をのこした。しかし、それでも満足せずにさらに画道を追求し、画道に捧げる時間としての長寿を願いながら、一点一格が生きているかのような絵を描こうと努力し続けた人物なのである。北斎の作品そのものだけでなく、その生き様も人々を魅了し続けるであろう。

⦿参考文献
飯島虚心『葛飾北斎伝』（岩波書店、一九九九年）
柴田光彦・神田正行編『馬琴書翰集成』（第五巻）（八木書店、二〇〇三年）
永田生慈監修『もっと知りたい　葛飾北斎　生涯と作品』（改訂版）（東京美術、二〇一九年）

領民の生活安定に努め、幕府には海防問題の建議書

江川英龍
…えがわひでたつ…

小柳はる香

江川英龍《えがわひでたつ》（一八〇一—五五）。幼名を邦次郎《くにじろう》、号を坦庵《たんあん》という。一八〇一（享和元《きょうわ》）年、伊豆《いず》田方郡《たがたぐん》韮山《にらやま》（静岡県伊豆の国市）にて代官江川英毅《ひでたけ》の次男として生まれた。江川家は、中世から続く家柄《いえがら》で、江戸時代を通じて伊豆・駿河《するが》・相模《さがみ》・武蔵《むさし》に広く領地をもち、世襲《せしゅう》で代官を勤めた。一八三五（天保《てんぽう》六）年に父の跡を継ぎ代官に就任すると領民の生活安定に努め、「名県令」としてその名を馳《は》せた。また異国船問題が高揚《こうよう》するなかで江戸に隣接する自身の支配地の海岸防備問題に深い関心を抱き、幕府に対し数多く意見を申し立てる建議書《けんぎしょ》を提出、ペリー来航後の一八五三（嘉永《かえい》六）年には対外問題処理とそれに関わる策を立案する海防掛《かいぼうがかり》に就任し、幕末の外交において重要な役割を果たす。一八五五（安政《あんせい》二）年死去。

日本の産業革命のスタート——韮山反射炉

二〇一五年「明治日本の産業革命遺産　製鉄・製鋼、造船、石炭産業」の構成資産として、静岡県伊豆の国市にある韮山反射炉《はんしゃろ》が世界遺産に登録された。この世界遺産群は、一八五〇年代から一九一〇年の半世紀にかけて日本が工業立国となるまでに歩んだ道のりを証言する遺産群として、

それぞれの分野から選ばれた日本各地の遺産により構成されている。この遺産群のうち、製鉄の分野で登録されたのが山口県萩市《はぎし》と伊豆の国市にある反射炉である。反射炉とは、西洋式の鉄製大砲《たいほう》の鋳造《ちゅうぞう》を目的に大量の銑鉄《せんてつ》の融解《ゆうかい》を可能とする炉である。数多くの戦争を経験した十九世紀のヨーロッパで発展した金属融解技術であり、その技術は日本にも伝えられ、一八五〇(嘉永三)年、佐賀《さが》藩《はん》をはじめとして薩摩《さつま》藩、水戸《みと》藩、島原《しまばら》藩、長州《ちょうしゅう》藩など各地で設置された。その中でも幕府による直接の設置を提案、現在の伊豆の国市に設置した人物こそ本稿の主人公・江川英龍である。

伊豆の国市の幕営反射炉、通称「韮山反射炉」は四基の炉をL字型に配し、同時に銑鉄を熔解《ようかい》することで巨大な砲身の鋳造を可能にした。建築当初は燃料のコークスを製造するテール製作小屋、鋳《い》型《がた》に流し込んだ融解鉄の砲口をくりぬく錐台《すいだい》小屋や錐入れの動力となる水車、部品・木具・金具・弾丸などを製造する鍛冶《かじ》小屋・細工小屋などが付属施設として設置された。砲身の鋳造から組み立て、試射まで完成に至る一連の流れを行うことが可能な一大軍事工廠《こうしょう》であったのである。

韮山反射炉は、一八五四(安政元)年に着工、翌年より稼働し、ライフルカノン五挺《ちょう》、ホートホウィッスル砲九挺、疵砲三六挺などを製造したが、一八六六(慶応《けいおう》二)年、より利便性のよい江戸小石川への移転計画がもち上がり、その役割を終えた。不要となった韮山反射炉は江川家に所管《しょかん》が移され、その後は放置、荒廃への道を辿《たど》りかけたが、英龍没後五〇年を期に砲兵工廠の鼻祖《びそ》としてその価値が見直され、東大法学部教授山田三良《やまださぶろう》・陸軍軍医総監石黒忠悳《いしぐろただのり》・駐在公使大鳥圭介《おおとりけいすけ》らにより保存活動がなされた。そして、陸軍大臣寺内正毅《てらうちまさたけ》の協力のもと陸軍省所管となると、一九二二(大正十一)年三月八日、史蹟《しせき》名勝天然記念物保存法により史蹟として指定され、現代へと伝えられた。

反射炉の操業によって、石炭からコールタールを抜いてコークスとし火力を上げる工夫などの技術的副産物も多く生まれたが、設立者の引退や死去などによって操業が停滞するなど思うような成果を出すことができないことも多かった。しかし、青銅から鉄へという技術革新はやがて高炉《こうろ》を出現させ、明治時代以降の日本の鉄鋼業の発展をもたらす端緒《たんしょ》となった。英龍が蒔《ま》いた工業発展の種が日本の近代化となって花開いたのである。

吝嗇家か、倹約家か——江川太郎左衛門英龍

江川英龍はいかなる人物であったのか、同世代を生きた人物は彼についての多くのエピソードを残している。江戸城無血開城に尽力した勝海舟《かつかいしゅう》(一八二三—一八九九)は『氷川清話《ひかわせいわ》』のなかで英龍について「かなりの人物」、「海防のために尽力したことは誰も知っているだろう」とその功績を讃えている。一方で、英龍の意外な姿を残した人物もいる。

近代の教育者として知られる福沢諭吉《ふくざわゆきち》(一八三五—一九〇一)は、自叙伝『福翁自伝《ふくおうじでん》』の中で中津(大分県)での英龍の評判について書き残している。それによると、英龍は蔭《かげ》でも「様」を付けて呼ばれ、「近世の英雄」と評判が高いが、それと同時に噂となっているのが英龍の衣服についてである。諭吉の兄によると英龍は真冬でも「袷《あわせ》一枚」といういでたちであり、これを聞いた諭吉も英龍の真似をして布団も敷かずに掻巻《かいまき》一枚で就寝したとある。英龍は人気がある幕末の人物として水戸《みと》藩主徳川斉《とくがわなり》

昭《あき》や越前福井《えちぜんふくい》藩主松平春嶽《まつだいらしゅんがく》と並んで評される一方で、その素朴な恰好《かっこう》もまた江戸から遠く離れた中津まで聞こえていたのである。

また、砲術家高島秋帆《たかしましゅうはん》（一七九八―一八六六）も英龍について英雄らしからぬエピソードを残している。秋帆は長崎年寄《としより》を勤めるかたわら、出島《でじま》のオランダ人を通じて洋式砲術を学び、一八四一（天保十二）年五月九日、徳丸《とくまる》が原《はら》（東京都板橋区）で幕府役人に洋式調練を披露《ひろう》した。英龍はこの調練披露の直前の四月十日に西洋砲術を学ぶため秋帆に入門、秋帆が徳丸が原での調練を終え長崎に帰還する途中に、韮山にある自邸に彼を招いている。後日、秋帆はその礼を述べる書類で英龍の屋敷について次のように思い返している。

> 本所御屋敷の紙張の御畳《おんたたみ》ここに今眼にすがり申し候、御庭前より御畳より獅子《しし》でそふに存じ奉り候、なかなか恐れ入り候次第恐感《きょうかん》たてまつり候。
>
> 「（天保十二年）江川英龍宛高島秋帆書状」

長年使いこんだ畳はイグサが擦《す》り切れ表面が毳立《けばだ》ってしまう。しかし江川家では容易に買い替えることをせず、使えるうちは本所（江戸屋敷）で使用された反古《ほご》で修繕《しゅうぜん》しな

江川太郎左衛門英龍の肖像
（公益財団法人江川文庫蔵）

がら使用していた。その有様を秋帆は「庭前より獅子が出そう」と評しているのだ。家財の買い替えにかかる費用を節約し、大切に使用する英龍の暮らしぶりがわかる。

英龍が三六代当主として江川家の跡を継いだのは一八三五(天保六)年五月四日のことである。江川家は中世以来続く由緒《ゆいしょ》正しい家柄であるが、祖先の度重なる放漫財政《ほうまんざいせい》により家計は常に火の車であった。英龍の曽祖父英征《ひでまさ》の時代には綱紀《こうき》が乱れ、江川家の財政はさらに逼迫《ひっぱく》、一八〇三(享和《きょうわ》三)年には家臣の望月直好《もちづきなおよし》が独断で江川家とゆかりのある紀州徳川家に借財を申し入れるという事件が起こっている。この申し入れは一度断られ、直好は紀州家の対客所で嘆願書を残して割腹《かっぷく》した。この顛末《てんまつ》は紀州藩主徳川治寶《はるとみ》の知るところとなり、願い通り一〇〇〇両の借財を認められ、江川家の財政も一時もち直すことができた。しかし厳しい財政状態は英龍の襲名後も続き、人格形成にも大きな影響を与えたと思われる。

しかし前述したエピソードが英龍の慎《つつ》ましやかな姿を強調する一方、真逆の姿を伝えるエピソードも残っている。一八四九(嘉永《かえい》二)年、イギリスの軍艦マリナー号が下田港に来航し、その退帆《たいはん》(帆をあげて船が去ること)交渉をした時の英龍のエピソードである。英龍は小船にてマリナー号に乗り付け、通訳に人民十五万を支配する役人として自らを紹介した。その毅然《きぜん》とした対応について勝海舟曰《いわ》く「音声高朗にて応対名弁」、それまで対応にあたっていた下田奉行を侮《あなど》っていた船員たちも英龍を「威風《いふう》、誠実に感じ」た結果、退帆交渉は成功、マリナー号は日本から去っていった。注目すべきはこの時の英龍一行の服装である。英龍は普段の質素倹約の姿とは打って変わり、錦繍《きんしゅう》の野袴《のばかま》と陣羽織《じんばおり》を着用し、黄金作りの大小刀を身に着けるという豪華絢爛《ごうかけんらん》な身なりで、これまた華やかな袴と新調の割羽織を身に着けた家臣や手代《てだい》とともに現場に駆け付けた。この退帆交渉について安中《あんなか》藩主板倉勝明《いたくらかつあきら》（一八〇九—五七）は次のように述べている。

前《さき》の日、浦賀《うらが》の滞船《たいせん》、下田の上陸、人をして髪指《はっし》せしむ。聞く、その時、明府《めいふ》躬《みずか》ら親しく夷船《えびすせん》に上り、詳《つまびら》かに虜情《りょじょう》を察し、勇気凜然《りんぜん》として犯すべからずと。虜《えびす》、恐懼《きょうく》し遽《すみや》かに解纜《かいらん》して去り、都下以て盛事と為せり。僕ひそかに嘆じて曰く、古人の所謂白刃《いわゆるはくじん》前に交うるに死を視ること帰するが若《ごと》き物、明府は実にその人ならんかと。

（『陸軍歴史　陸軍改制の端緒三　板倉勝明の書牘《しょとく》』）

「明府」とは英龍のことを指し、勝明は勇気凜然として退帆交渉にあたる英龍の対応を孔子《こうし》になぞらえ、褒《ほ》め称えている。「古人の所謂白刃前に交うるに死を視ること帰するが若き」というのは、孔子が衛国《えいこく》の匡《きょう》という地で宋人《そうじん》に襲われても平然としていた理由を問われた際に、弟子に説明した故事にちなんでいる。この時の英龍の態度を、白刃が眼前で入り乱れても死を生と等しくみなして平然としていたという孔子になぞらえ、「明府（英龍）は実にその人（孔子）ならんか」と讃えている。やや誉めすぎのきらいはあるが、英龍の退帆交渉の功績がいかに大きく評価されていたのかが分かる。

このように、英龍は無益の出費を避け質素倹約に努める一方、退帆交渉に使用した羽織・袴など自分の役務を果たすため必要なものには出費を厭《いと》わなかった。吝嗇《りんしょく》と倹約を区別し、自らの職務を果たさんとする、ここに英龍が尊敬を集めていた理由がわかる。

伊豆を守れ――江川英龍の異国船対策

十九世紀になると、欧米列強は産業革命を推進し、工業生産のための原料の入手先や製品の販売先を求め、世界各地に進出した。当時、日本・中国・朝鮮など東アジア諸国は、国交相手や貿易を厳しく制限する外交体制（鎖国《さこく》・海禁《かいきん》）をとっていた。これに対して、欧米諸国は東アジア諸国に対し、この制限を解除し、自己に有利な自由貿易を強要し、場合によっては政治的に支配しようとした。列強のうちイギリスは、インドやビルマを支配し、一八四〇年から四二年にかけて清《しん》との間でアヘン戦争を展開、同年に香港《ホンコン》の割譲《かつじょう》、上海《シャンハイ》など五港の開港、賠償金の支払い、治外法権や片務的最《へんむてきさい》恵国待遇《けいこくたいぐう》など不平等な内容を含む南京《ナンキン》条約を結び開国を強要した。これをきっかけにアメリカやフランスも中国市場に進出し、ロシアも機会をうかがった。

このような状況下、列強の進出の波は日本にも及んでいた。十九世紀に入ると日本沿岸各地に異国船の来航が相次ぎ幕府を悩ませた。伊豆・相模沿岸に領地をもつ英龍にとってもこの問題は他人ごとではない。そこで、一八三七（天保八）年以降、英龍は度々幕府に対して海防策を提案している。

まず英龍が提出した建議書で一番時期が早い物は一八三七（天保八）年一月に洋式軍船（海軍）の必要性、砲台・大砲・硝石《しょうせき》・硫黄《いおう》等の製作を申し出たものである。英龍は伊豆防衛の重要性について次のように述べている。

伊豆之為州哉《くにたるや》……誠ニ僻遠《へんえん》ひとえに小の州に御座候えども、太洋に張り出しおり候事ゆえ、海上往来自在にて東に出帆し候えば半日にて江戸に至り、西に出帆し候えば一日にして大坂に至り、さて又廻船《かいせん》江戸への往来に下田港に繋泊《けいはく》仕らずは少《すくなし》、殊《こと》に三島は箱根御要害《ごようがい》の上り口、かたわら地當水陸形要実に江戸の扼喉《やっこう》と先輩《せんぱい》申候。

（「伊豆国恩備場之儀ニ付存付申上候書付」）

文中で英龍は、自らの領地である伊豆を海上輸送・陸上輸送の点から江戸の扼喉つまりのどぼとけであると評している。伊豆からは海を使って江戸・大坂といった大消費地へ往来が自在であり、また特に伊豆下田は特に江戸に向かう船の重要な寄港地になっていること、また三島は箱根要害の登り口であることなど日本の物流にとって大切な拠点として伊豆を位置付けた。

続けて、伊豆を異国に攻略される危険性についても、英龍は異国が来襲した事態を想定して、ナポレオンを例に出し、異国人が伊豆が江戸の扼喉であることを知った場合、伊豆の地形がかえって異国のメリットとなってしまうと述べている。日本の物流にとって重要であり、かつ異国からの防衛が難しい伊豆。英龍の視点は、常に自分の領地を国家スケールで捉え、代官という立場から異国船の来航を深く憂《うれ》いていたことがわかる。

英龍はその後も何度も伊豆を守るための建言書を提出しているが、最大の理解者水野忠邦《みずのただくに》（一七九四―一八五一）の失脚により聞き届けられることはなかった。忠邦の後任として老中《ろうじゅう》に就任した阿部正弘《あべまさひろ》（一八一九―五七）は忠邦の行なった海防政策を縮小した。また英龍の蘭学の師たる渡辺崋《わたなべか》山《ざん》（一七九三―一八四二）の自殺や高島秋帆の捕縛《ほばく》など、英龍には受難の時期が続いた。

しかし、阿部政権の意とは別に異国船の来航は続き、一八五三（嘉永六）年六月には「泰平の眠りを覚ます上喜撰《じょうきせん》たつた四杯《はい》で夜も眠れず」と狂歌《きょうか》に詠まれたペリー艦隊が江戸湾に来航する。韮山にて地道に小銃・大砲の射撃や研究を行い、全国から自分のもとに集まっていた入門生の調練に励んでいた英龍も、再び歴史の表舞台につれもどされていく。

幕府からの緊急指令――大砲を作れ！

英龍が幕府に対して冒頭の反射炉設置を申し出たのは一八五三（嘉永六）年七月、世にいう一度目のペリー来航の一ヶ月後のことである。

同年六月三日、蒸気船《じょうきせん》を含む軍艦四隻を率いて浦賀に来航したアメリカ東インド艦隊司令長官ペリーは、フィルモア大統領の親書を手交《しゅこう》、日本に開国を迫った。幕府はペリー艦隊の圧倒的武力におされ、親書を正式に受け取り翌年の回答を約束した。帰還の際、ペリー艦隊は江戸湾に侵入、当時の最低防御線とされていた観音崎《かんのんざき》と富津《ふっつ》を結ぶ線を越え、金沢《かねさわ》沖に停泊、羽田沖まで侵入した末、十八日日本を後にした。この事件により、艦船がいつでも日本の首都まで乗り着けることが可能だということが実行動として示され、幕府は江戸湾防備の不備を痛感することになった。

幕府は翌年の再来航に備え、これまでの海防策の見直しを行なった。六月十八日、英龍は若年寄本田忠徳《ほんだただのり》、勘定《かんじょう》奉行川路聖謨《かわじとしあきら》らとともに海防係に任じられた。英龍らは武蔵・相模・安房《あわ》・上総《かずさ》のすなわちこれまで行われていた江戸湾防備の方向性の変更を行った。すなわちこれまで行われていた江戸湾の湾口において異国船の侵入を防止する方法ではなく、品川に台場（砲台）を築き直接江戸を守ることに決定したのである。台場は、同年八月二一日に竣工《しゅんこう》、総工費七五万二九六両余にわたる超巨大国家プロジェクトであった。しかし台場を築造するだけではなく当然ここに設置する大砲も用意しなければならない。幕府は江戸湯島桜馬場《ゆしまさくらばば》に大砲鋳造場を設置したが、ここで製造されていたのは当時価格が高騰《こうとう》していた青銅を原料とする大砲である。少しでも安価に、少しでも早く大砲を製造しなければならない。そこで英龍が出した案が安価な銑鉄を用い大砲を製造する施設、すなわち反射炉の設置である。銑鉄を用い、大砲を製造する技術は、十八世紀から十九世紀にかけて戦乱が相次いだヨーロッパで発展した技術である。この技術は一八二六年オランダ人ヒュゲエニンによって著された書物『ライク王立大砲鋳造所における鋳造法』により紹介され、英龍もこの書籍を入手、矢田部郷雲《やたべきょううん》・石井脩三《いしいしゅうぞう》らに『和蘭《オランダ》製鉄製炉法』として訳出させ、自邸内に実際の三分の一スケールの反射炉を設置し、研究を行った。

しかし、自邸内の鋳造実験では思うような結果をもたらすことができず、また定《さだめ》の寸法で反射炉を作ることは自力では不可能であった。そこで英龍は、一八五三（嘉永六）年七月、幕府による反射炉の設置を願い出た。その際、先んじて研究を行っていた鍋島《なべしま》肥前守（佐賀藩）を頼るべき先として挙げ、佐賀藩に元締手代八田兵助を派遣し修行させ、また、工事に手馴れた職人を手許に呼び寄せるなど技術交流を行いつつ、大砲の製造を行いたいとの希望を幕府に提出した。

英龍の反射炉設置の出願から半年後の十二月十三日、幕府より反射炉建築の許可が下った。当初の予定地は賀茂郡本郷村（静岡県下田市）であったが、工事の途中、ペリー艦隊の乗組員が反射炉建築現場に立ち入るという事件が起こった。軍事機密漏洩《ろうえい》防止のため、反射炉の設置場所の変更が必要となり候補地を再選定、現在の場所に移転を決定した。この移転のため完成はさらに遅れることになり、連双二基のうち東南炉が十月に竣工、その他の炉についても急ピッチで工事が進められた。しかし、英龍はその完成を待つことはなかった。

韮山の反射炉
江川英龍が1857年に着工した。（筆者撮影）

江川英龍——最後のハードスケジュール

ペリー来航以降、英龍は各方面の要請に応じ江戸と韮山の往復を繰り返していた。一八五四（安《あん》政《せい》元）年には江戸滞在時のうち出張以外の日は連日登城、帰途に湯島製砲所・台場・竹橋小屋の視察を行い、また幕閣担当者の訪問、自宅での来客への応対、書類整理におわれた。これらの傍ら、本来の代官としての職務も怠ることができず、次第に体調に支障をきたすようになっていた。

英龍の多忙に追い打ちをかけたのが、同年十一月四日に発生した安政の大地震である。この地震は、推定マグニチュード八・四、被害は九州から東北までの太平洋沿岸全域におよんだ。英龍の支配下である下田は特に津波により「市中七八分も流出」と評されるありさまで、通商交渉のために停泊中のロシア船ディアナ号も座礁《ざしょう》、船底が大破した。大地震発生時江戸にいた英龍はこの報告をうけると、十一月八日すぐに韮山に戻り、見分と救済にあたった。ディアナ号の修復は君沢郡戸田村（静岡県沼津市）が選定され、十一月二六日ディアナ号は戸田へとむかった。しかし、この移動の途中、ディアナ号は波浪に翻弄《ほんろう》され、現在の静岡県富士市沖合で座礁、船体は大破してしまった。

被害発生当時、英龍は幕府の命で江戸へ向かっていたが、二八日小田原宿で被害を伝える書状を受け取るとすぐさま引き返し、翌二九日に戸田にかけつけた。その後は韮山と戸田を往復し代船の手配などの職務に奔走《ほんそう》することになる。

これらのハードスケジュールが英龍の身心を虫ばんだようで、英龍はディアナ号再建の目途がたつ頃には体調不良をおこしてしまう。十二月十一日韮山自邸にて寝込んでいる英龍のもとに再度出府を求める書状が届けられた。結局二日間寝込んだ後、万全とはいえない状態ながらも床上《とこあ》げを行い、十三日に韮山を出立、江戸に向かった。しかし、途中東海道の難所である箱根《はこね》での積雪は老体に負荷をかけたのであろう、小田原の旅宿で英龍の体調は急激に悪化した。そして十五日の江戸到着後もそのまま床に伏し、登城も叶わないまま危篤《きとく》に陥った。

英龍の看病は江戸の初代西洋医学所頭取大槻俊斎《とうどりおおつきしゅんさい》（一八〇六―六二）を中心として江戸の名だたる蘭《らん》方医《ぽうい》によって行われた。正月二日には英龍の容態は若干の快方に向かったと思われたが、正月三日に再び病状は悪化、蘭方医たち総出の看病が行われた。

英龍が江戸にかけつけたが登城できず、病に臥《ふ》しているという話は幕府の官僚たちにも大きな衝撃を与え、江川家江戸屋敷には幕府の要人たちから見舞いの品や書状が届いている。なかでも徳川《とくがわ》斉昭《なりあき》(一八〇〇―六〇)は「為国家全快相祈候」と、直書を英龍のもとに送っている。御三家の当主から一代官に過ぎない英龍のもとにじきじきに書状が送られるなど異例のことであり、それだけでも多くの人々から英龍の知識と能力が必要とされていたことがわかる。

蘭方医たちの必死の看護もむなしく、正月十六日午前五時頃、英龍は息を引き取った。石井修《しゅう》三《ぞう》の記録によると、病床での英龍は以下のような様子であった。


然れども最早《もはや》や君の言語通ぜず、目も亦《ま》た家人を見る能はざる折なりと云う。君の病急なりしは、常に病蓐《びょうじょく》にありて常に譫語《せんご》を発し、呼で曰く今より登城す可しと、又曰く馬の支度をせよと一として公務に関せざるなし。蓋《けだ》し江戸に着してより一回だに登城して満腔《まんくう》の経論《けいろん》を吐かざりしを以て、心常に之に存ざしにありけん。

(「石井修三の手記」)


英龍が病床の中でつぶやくうわごとはすべて公務についてのことであり、病身でありながらもなんとしても登城しなければならないという英龍の強い責任感が感じられる。自らの命を投げうって、主君である幕府のために自分に与えられた職務を遂行しようとするこの執念こそ、英龍の「侠」ではなかろうか。

英龍の遺骸は十八日納棺、韮山に送られ二七日葬送、菩提寺本立寺《ほんりゅうじ》に葬られた。阿部正弘は優秀な幕臣を失ったことを嘆き、「空蝉《うつせみ》は　限りこそあれ　真心に　たてし勲《いさお》は　世々朽ちせじ」との弔《ちょう》歌《か》を送っている。

こうして英龍は、反射炉の完成や農兵の採用など達成されないうちにこの世を去った。しかし、英龍の事業は跡を継いだ英敏や家臣らによって引き継がれていく。そして維新を経て、新しい時代への礎《いしずえ》となっていくのである。

⦿参考文献

仲田正之『韮山代官江川氏の研究』（吉川弘文館、一九九八年）
仲田正之『江川坦庵』（「人物叢書」、吉川弘文館、一九八五年）
原剛『幕末海防史の研究──全国的にみた日本の海防態勢──』（名著出版、一九八八年）
江藤淳編『勝海舟』（「日本の名著」三二、中央公論社、一九八四年）
勝部真長他編『勝海舟全集十五』（勁草書房、一九七六年）
戸羽山瀚編『江川坦庵全集』（巌南堂書店、一九四九年）
大石学『江戸の外交戦略』（「角川選書」、二〇〇九年）

お由羅を悪女に仕立てた「御賢良なる君」

島津斉彬

…しまづなりあきら…

佐藤宏之

幕末の名君として知られる薩摩《さつま》藩主島津斉彬《しまづなりあきら》（一八〇九―五八）。斉彬は、「今の世となりては日本一致一体の兵備にあらざれば、外国に対当すること叶ふまじく」（『斉彬公御言行録』）と、藩という枠組《わくぐ》みを超え、日本が一丸となって「富国強兵」策を推進して強く豊かな国づくりをすべきだと考え、その実現を目指した。世界情勢に通じた斉彬にとって、日本国内において日に日に高まりをみせる攘夷論《じょういろん》は、「無謀《むぼう》の大和《やまと》だましい（魂）の議論」（安政《あんせい》四年〈一八五七〉四月九日付早川五郎兵衛宛書状）であった。

一八四八（嘉永《かえい》元）年、斉彬はオランダ人フェルダムの蒸気船技術書の翻訳を幕府の箕作阮甫《みつくりげんぽ》に依頼した。その翻訳書『水蒸船説略』が完成すると、これをもとに研究に着手し、一八五一（嘉永四）年、斉彬が藩主となると、江戸・鹿児島双方において蒸気機関の建造を命じ、試行錯誤《しこうさくご》の末、一八五五（安政二）年に成功した。

斉彬は、大砲鋳造《ちゅうぞう》や軍艦《ぐんかん》建造など軍備の強化に力を注ぐ一方、人びとの暮らしを豊かにするため「集成館《しゅうせいかん》事業」を興した。なぜなら、軍備の強化だけでは日本を守ることはできないと考えていたからである。磯《いそ》邸内に集成館を建て、この事業によって、一八五五（安政二）年に西洋式軍艦「昇《しょう》平丸《へいまる》」を建造し、幕府に献上している。また、一八五七（安政四）年に洋式帆船《はんせん》「いろは丸」を完成させ、帆船用帆布を自製するために紡績《ぼうせき》事業を興した。こうした洋式造船や反射炉《はんしゃろ》・溶鉱炉《ようこうろ》の建設のみならず、薩摩切子《さつまきりこ》というガラス工芸品の製造や、紡績・写真・出版（西欧の活版印刷技術の導入）・食品加工などの産業の育成、鹿児島城内の本丸と二の丸の間での電信実験、ガス灯の実験、西洋搾油《さくゆ》機械の導入、保存食の蒸餅（パン・ビスケット）や氷砂糖・白砂糖などの研究・製造、教育・医療などの社会基盤の整備を図った。「国中末々の者ども困窮《こんきゅう》せず、豊かなるを本とす、豊かなれば、人気《じんき》（人の気持ち）自《おのずか》ら一致し、命令行われ、何より堅固の城郭《じょうかく》なり、否《しか》らざれば必ず滅ぶに至る」（『斉彬公御言行録』）とも語っている。

こうした斉彬の姿を、勝海舟《かつかいしゅう》（一八二三―九九）は『亡友録』で「候天資温和、容貌整秀、臨みて親しむべく、その威望凛呼《りんこ》として犯すべからず。度量遠大、一世を籠罩《ろうとう》するの概《がい》あり」と、生まれつき温和で、容姿は整いすぐれ、親しみやすく、その威望《いぼう》（威光と人望）は凛として勇ましい。度量が大きく、当代をまとめるような趣があると評し、「薩藩に英才の輩出《はいしゅつ》するもの、この候の薫陶培養《くんとうばいよう》の致すところ、あに凡情《ぼんじょう》をもって忖度《そんたく》し易《やす》からんや」と、薩摩藩において英才が輩出されるのは、斉彬の薫陶培養によるものであり、どうしてつまらない感情で忖度しやすかろうかと述べている。

島津斉彬の画像
（黒田清輝筆、尚古集成館蔵）

「幕末の四賢侯《しけんこう》」と斉彬と並び称された松平春嶽《まつだいらしゅんがく》（慶永《よしなが》、一八二八―九〇）は、随筆『逸事史補《いつじしほ》』で、

> 性質温恭忠順、賢明にして大度《たいど》有所、水府烈公《すいふれっこう》（徳川斉昭《なりあき》）、（山内）容堂如《ようどうごと》きとは同日に論じ難し。天下の英明なるは、実は近世第一なるべし。尊王《そんのう》は勿論《もちろん》、幕府にもよく恭順《きょうじゅん》をつくし、一家の事に困却しておれり。しかしながら、数年朋友《ほうゆう》として交れり。然れども怒りたる顔色を見る事なし。実に英雄と称すべし。

と、生まれつき温恭忠順、賢明で度量が大きく、徳川斉昭（一八〇〇―六六）や山内容堂（豊信《とよしげ》、一八二七―七二）と同列に論じることはできない。天下の英明なるは、最近では第一の人物である。尊王はもちろん、幕府にも恭順を尽くし、一家のことに困り果てていた。数年、朋友として交遊しているが、怒るような顔を見ることがない。実に英雄と称すべしと述べている。伊達宗城《だてむねなり》（一八一八―九二）もまた、「予年七十に及ぶまで、東西、内外、上下、貴賤《きせん》を問わず、広く天下の人に接せしも、未だ斉彬の如く敬慕の情深き人物を見ず」（『西郷隆盛言行録』）と、自身が七〇歳にいたるまで、広く世のなかの人と接してきたが、いまだ斉彬のような敬慕の情深き人物に会ったことがないと述べている。斉彬の側近《そっきん》として仕えた市来《いちき》四郎は、「斉彬公の学問は格別広いということはございませぬが、至って記憶の強い人で、講釈でも一遍《いっぺん》聞けば忘れぬという人であったと申すことでございます。……藩内では一を聞いて十を覚《さと》る人だと申しております」（『逸話文庫　通俗教育　志士の巻』）と述べ、

蘭学者《らんがくしゃ》の松木弘安《まつきこうあん》（寺島宗則《てらしまむねのり》、一八三二—九三）は、「斉彬公は脳が二つあったかと思う。話をするうちに、小姓《こしょう》や小納戸役《こなんどやく》などが出てきて、何はこういたしました、これよりどういたしましょうと申し出ますると、それはこうこうして、それはこうせよなど、下知《げち》をいたすようなことで」（『逸話文庫　通俗教育　志士の巻』）と、同時に物事を処理する姿を見て脳が二つあったと称している。

藩主就任をめぐる騒動——お由羅騒動

一八四〇（天保《てんぽう》十一）年、清《しん》（中国）とイギリスとの間でアヘン戦争が勃発《ぼっぱつ》。この戦争はイギリスの勝利に終わり、一八四二（天保十三）年に南京《ナンキン》条約が締結され、イギリスへの香港《ホンコン》の割譲《かつじょう》など、清にとって不平等条約となった。かつて強国であったはずの清の敗北は、長崎に入港していたオランダや清の商船員を通じて日本にも伝えられ、大きな衝撃をもって迎えられるとともに、国体の変革が求められた。それまで、異国の船は見つけ次第砲撃するという異国船打払令《いこくせんうちはらいれい》を出すなど、強硬な態度を採っていた江戸幕府も、一八四二年には、方針を転換して、異国船に燃料や飲料水の便宜を図る薪水給与令《しんすいきゅうよれい》を新たに打ち出すなど、西欧列強への態度を軟化させることとなった。

一八四三（天保十四）年にはイギリスの測量船サマラン号が琉球《りゅうきゅう》の宮古《みやこ》・八重山《やえやま》に来航し、測量を強行していった。一八四四（弘化《こうか》元）年にはフランスの軍艦が那覇《なは》に来航して通商を迫り、翌四五（同二）年にイギリス艦隊、四六（同三）年にはフランス艦隊というように、毎年のように外国船が琉球に来航し、薩摩・琉球王府はその対応に追われることとなる。薩摩藩が幕府に報告すると、幕府は薩摩藩に琉球へ派兵し、守りを固めるよう命じた。西欧列強との軍事力の差を認識していた薩摩藩主島津斉興《なりおき》(一七九一―一八五九)は、その差を縮めるために洋式砲術を採用し、一八四六(弘化三)年には鋳《い》製方《せいほう》を設置して青銅砲《せいどうほう》や燧石銃《すいせきじゅう》の製造をはじめ、山川《やまがわ》・指宿《いぶすき》・佐多《さた》・根占《ねじめ》・鹿児島などの沿岸要所に台場(砲台)を築いて防備を固めた。また、城下に理化学薬品の研究・製造を行う中村製薬所を創設するなど、近代化事業に取り組んでいった。しかし、斉彬はより大規模な近代化事業を考えていたのである。藩財政を第一に考える斉興は、莫大《ばくだい》な支出をともなう大規模な近代化を推し進めようとする斉彬が藩主になれば、藩の財政が破綻《はたん》してしまうことを危惧《きぐ》していたのである。

斉興は、自身や斉彬が江戸にいることが多いため、鹿児島在住で斉彬の異母弟(八歳年少)である久光《ひさみつ》(当時は忠教《ただゆき》、一八一七―八七)に藩政を指揮《しき》させた。久光は、一八四七(弘化四)年八月の砲術館開場式に名代《みょうだい》として出席、同年十月の軍役方《ぐんやくがた》新設のさいも名代に任命され、御流儀大操練《だいそうれん》では藩主代理として演習を指揮、一八四八(嘉永《かえい》元)年には家老座《かろうざ》に出席し、城代家老島津豊後《ぶんご》の上座で藩政を指揮するよう命じられた。そのため、斉彬の藩主就任を望む者たちは、斉興が斉彬を廃嫡《はいちゃく》し、久光を次期藩主にしようとしているのではないかと色めき立った。そして久光の生母であるお由羅《ゆら》(一七九五―一八六六)が陰で操っているのではないかとも。

ちょうどそのころ、斉興は琉球に来航した外国人らを呪詛《じゅそ》するように命じていた。すなわち、呪いの力で、西欧列強の外圧と対峙しようとしたのである。しかし、悪いことに、一八四八(嘉永元)年五月に斉彬の嫡男寛之助《ちゃくなんひろのすけ》(一八四五(弘化二)年七月生)、四九(嘉永二)年六月にその弟篤之助《とくのすけ》(一八四八(嘉永元）年十一月生）が相次いで病死し、これがお由羅が斉彬とその子どもたちを呪い殺そうとしているという噂になって広まってしまったのである。あたかもそれが真実であるかのように。

斉彬の側近であった近藤隆左衛門《こんどうりゅうざえもん》（町奉行物頭《ものがしら》勤）らは、島津（碇山《いかりやま》）将曹《しょうそう》やお由羅らを暗殺すべしなどと暴言を吐き続け、これを藩当局が察知《さっち》し、一八四九（嘉永二）年十二月、近藤とその仲間の高《たか》崎五郎右衛門《さきごろうえもん》（船奉行家老座書役《かきやく》勤奥掛）らが切腹に追い込まれ、さらに翌年四月までに、江戸詰《づめ》家老島津壱岐《いき》久武《ひさたけ》ら四〇名余が切腹・遠島・慎《つつしみ》・役障《やくさわり》などに処された。いわゆる「お由羅騒動」である。近藤らの罪状は「集会などいたし、御政事向きを誹謗《ひぼう》」、「花倉《けくら》御茶屋内において、異《い》賊調伏《ぞくちょうぶく》の御修法《ごしゅほう》仰せ付けらるるを悪様《あしざま》に申し触れ」、「将曹殿・吉利仲《よしとしなか》等を殺害致すべきなど相企て」というものであった（「伊達宗城へ書翰　別紙　嘉永三年五月二六日」）。

名君 対 悪女の構図

この「お由羅騒動」では、正室の子斉彬と側室の子久光が家督《かとく》を争い、まるで両者はライバル関係にあったようにみえる。しかし、斉彬は久光を敵視しているわけではない。むしろ、「一門の内にては、周（久光）・内（島津内匠久徳）両人より

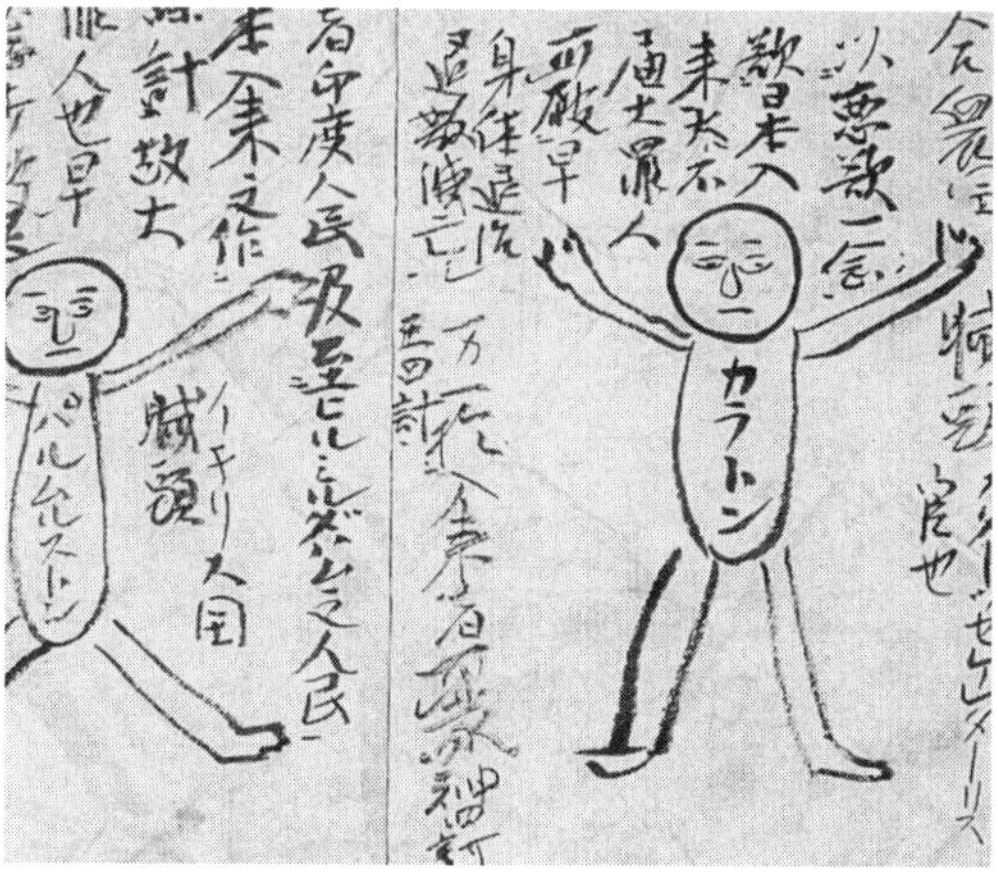

斉興の書いた呪符
（鹿児島県歴史・美術資料センター黎明館蔵、玉里島津家資料）

外に人物はこれなく」（「山口定救への書簡　嘉永元年三月二九日」）、「この人ずいぶんよろしく」、「柔和には候えども、内心は柔和ばかりには有まじき様子」、「この人政事に差しはまり候へばよろしくと存じ候」（「山口定救への書簡　嘉永元年五月二九日」）と高く評価している。お由羅が斉彬を呪詛しているという話の根拠も、兵道者の高木市助と村野実晨が祈禱《きとう》したところ、「女の面いくつもあい顕《あらわ》れ」（「吉井泰諭より斉彬への書翰　嘉永二年二月下旬」）、心地恐ろしくなったというものであった。お由羅も久光も、この家督相続において、なにかをしたというわけではない。むしろ、斉彬のほうが、幕閣・諸大名らと連絡をとって積極的に動き、斉興隠居のシナリオを描いていたのである。斉彬は藩主就任後、久光に対して、「万々一下国前異国船参り候はば、必ず遠慮《えんりょ》なく御差はまり」（「島津久光へ書翰　嘉永五年十一月晦日」）と、自分が不在のときに異国船が来航するような事態が生じたら、遠慮なく自分の名代として処置するように書き送っている。一方、久光もまた斉彬を慕い、斉彬の死後は、「順聖院様（斉彬）御深志」を受け継ぎ、その実現を目指したのである。

では、お由羅が悪女として語られるようになったのはなぜだろうか。西郷隆盛《さいごうたかもり》（一八二七—七七）が死去してから二二年後に作られた『西郷隆盛一代記』（村井弦斎・福良竹亭編、報知社、一八九八年）は、大山《おおやま》巌《いわお》（侯爵《こうしゃく》）・西郷寅太郎《とらたろう》（侯爵）・海江田信義《かいえだのぶよし》（子爵《ししゃく》）・仁礼景範《にれかげのり》（子爵）・渡辺昇（子爵）・黒田清綱《きよつな》（子爵）・重野安《しげのやす》繹《つぐ》（博士）・西郷隆盛未亡人いと子・隆盛の令息《れいそく》酉三《ゆうぞう》・隆盛の老僕《ろうぼく》永田熊吉《ながたくまきち》・河野主一郎・山田時章《ときあき》・薄井《うすい》頼之《よりゆき》・松井直方《なおかた》・柴太一郎《しばたいちろう》・奈良原繁《ならはらしげる》（子爵「男爵カ」）・町田忠朝《ただとも》・市来四郎、その他数氏の「故老に問ひ伝説の誤れるを弄《もてあそん》てゝ事実の正きを採りぬ」（緒言）ものである。この書は、「此伝を読で隆盛の出でたる所以《ゆえん》を悟るものは常に其家庭を厳粛にし、其の気風を純潔勇壮にして将来幾多の偉人を生ぜしめよ、今や我邦《わがくに》実に偉人を渇望《かつぼう》す」（緒言）と、偉人を渇望しているわが国に偉人を生じさせるために作られたものであった。「お由良騒動」は、西郷隆盛二三歳のできごととして取り上げられる。同書では、

「お由良」は、江戸麹町《こうじまち》番町の八百屋《やおや》善平の娘として生まれ、やがて薩摩藩主島津斉興の側室となり、男子を産む。「お由良」は、自分が産んだ久光を世に立てようと老臣島津豊後と結び、密《ひそか》に斉彬のことを斉興へ讒言《ざんげん》する。これにより家中が二つに分かれ、「お由良」の奸計《かんけい》は日増しに甚だしくなった。斉彬の公達を呪詛し、その早世《そうせい》を祈ったとの噂や、高輪《たかなわ》中屋敷に祀ってある稲荷《いなり》の森に呪い釘が打たれた木があるとの噂があり、呪詛の噂がいよいよ高くなった。西郷は深夜に庭に忍び込んで、呪い釘が打ち込んである一本の杉の木をみつけた。そこで斉彬派は赤松某という弓術の達人を用い、福昌寺詣《ふくしょうじもうで》でのさい、吉野が原にて「お由良」を射殺さんと計画した。ところが、その当日、斉彬派の「心弱き男」牧某が奥女中を勤めていたという妻に「お由良」は悪人ではない、久光でなければ御家を存続できない、久光派の人びとはつねひごろの行いが正しく、よこしまなことをする者ではないと諭《さと》された。牧某は、斉彬派を裏切り、島津豊後のもとへ行き、今日の密事を訴えてしまう。これにより、斉彬派の「忠臣義士」は切腹となった。

というストーリーをとっていた。十八世紀以降になると、大名家の騒動をあつかった「御家もの」＝「御家騒動」が、ひとつのジャンルとして確立した。さらに講談《こうだん》・歌舞伎《かぶき》などによって、大名家の跡継ぎをめぐり、美女の側室《そくしつ》が奸悪《かんあく》な家老とグルになって、殿様をたぶらかし、自分が生んだ子に家を継がせようとして、御家を思う忠臣たちと争うという勧善懲悪的なストーリーとして定型化していった。このお由羅騒動のストーリーもまた、その影響を色濃く受けていたといえよう。

鹿児島県立図書館に「おゆ羅騒動聴書」という写本が所蔵されている。この史料は、一八九〇（明治二三）年十二月十一日、川上精一の日誌「盛代の花」に記してあったものを、一九三一（昭和六）年一月二三日に川上玖琅《くろう》が書写したものであるという。それは、お由羅騒動の当事者吉井七郎右衛門《しちろうえもん》（泰諭）・村野伝之丞《でんのじょう》（実晨）・吉井七之丞《しちのじょう》（泰通）三兄弟の実妹で、市内の下荒田町に住む東郷重護《とうごうしげもり》の母ふき子より聞き取りをしたものであった。そこでは騒動の概要を、つぎのように述べている。

> 御父宰相《さいしょう》様（斉興）江戸に於て大工某の妹ゆらなるものに御目を懸《かけ》られ、終《つい》に是《これ》を妾《めかけ》と成され、愛し給ふこと限りなく、其腹に生れし御子が即ち三郎公（久光公）にして、同公の生れ給ひし故に、おゆら殿何とかして自分の生みし三郎公を世に立てんと宰相公に含めて順聖《じゅんしょう》公（斉彬）に世に立たしめず、順聖公は四十一歳の時までも御部屋住《おへやずみ》にて有之候由、其時が丁度《ちょうど》嘉永二年（順聖公四十一歳の時、同公は文化六年巳《み》の年の御生れなり）十二月三日の事なり、兼々《かねがね》其以前より忠臣家と云はれる士、屡々《しばしば》順聖公を世に立てん、勿論同公は往昔よりの太守の内にても泰清院公（綱久《つなひさ》、一六三二〔寛永《かんえい》九〕―一六七三〔延

宝元〕年）・慈徳公《じとく》（宗信《むねのぶ》、一七二八〔享保十三〕—四九〔寛延《かんえん》二〕年）にもいや勝さる御賢良なる君なれば、此の君ならでは世の中治まらず、さるにても彼の悪物魔人おゆら殿の面悪さよ、三郎公（此時までは未だ三郎公とは申さず、然れども唯《ただ》、人の見易からん者をと、かくは記す）の御存命《ごぞんめい》なればこそ斯《か》く何年も御世《およ》続《つぎ》（ママ）の無之者なれば、寧《むし》ろ三郎公を失はんこそ然るべし、あるは亦《また》おゆら殿を失はんなど忠臣家の集まっては、いろ〳〵談有之候を、おゆら殿耳に入り三郎公を押立てんずと思ひ居る碇山将曹となん呼べる者に令し、即ち十二月三日忠臣家と呼る、近藤龍（隆）左衛門、高崎五郎右衛門、土持《つちもち》（岱）退助、山田一郎左衛門、村田平内左衛門の諸士を評定所に呼出し切腹申附られ候、此に依て国中騒然として議論紛々《ふんぷん》彼処《かしこ》の物影に居りてひそ〳〵談し、此処《ここ》の部屋に籠《こも》りてぶつ〳〵実に一時は空恐敷《そらおそろしく》なんど言ふ段では無かりしとて承り候。

島津斉興は、江戸において大工の妹由羅に目を懸け、これを妾とし、久光が生まれた。お由羅はなんとかして久光に跡を継がせようと斉興に取り入り、斉彬に跡を継がせなかったため、斉彬は四一歳の時まで部屋住のままであった。かねてより忠臣家と呼ばれる家臣は、この斉彬を藩主にしようと画策する。斉彬は、薩摩藩第二代藩主光久の長男である綱久や六代藩主宗信に勝るとも劣らない賢君であり、斉彬でなければ世のなかは治まらない。久光が生きているからこそ何年も斉彬が跡を継ぐことがなかったのだ。それならば久光あるいは「悪物魔人」のお由羅を除こうと、忠臣家が集まっていろいろと話し合っていたところ、それがお由羅の耳に入った。お由羅は久光を藩主の座につけようと碇山将曹に命じて、忠臣家と呼ばれる近藤、高崎、土持、山田、村田を評定所へ呼びだし、切腹を申し付けた。これによって国中が騒然となり、議論紛々、かしこの物影においてひそひそと話し、ここの部屋に籠ってぶつぶつと、まことに一時は空恐ろしいなどということではなかったというのである。

このふき子の聞書も、先の講談と同じストーリーを辿っている。自らがこの騒動を経験したわけではない、古老から聞いた話とは、どれもこれと同じような話だったのだろう。

このように「お由羅騒動」に対するイメージは、勧善懲悪的なストーリーの定型化の延長線上にあった。しかし、お由羅騒動はすぐに物語化され、広く知られるようになったわけではない。騒動の当事者の一人である島津久光は、一八七三(明治六)年に政府に出仕して内閣顧問となり、八四(同十七)年に公爵を受爵、八七(同二〇)年九月二一日に従一位に昇叙、同年十二月六日の死去にあたり、鹿児島で国葬をもって送られている。この久光が存命中であったことから、この騒動の物語化が憚《はばか》られたのだろう。「おゆ羅騒動聴書」や『西郷隆盛一代記』、『西郷隆盛詳伝』などが、久光の死後に作成されていることからも、その一端をうかがうことができる。この物語化の過程において、斉彬派とお由羅・調所《ずしょ》派の派閥抗争、お由羅による呪詛調伏という怪談的要素、「義士」の登場といった要素が採り入れられ、勧善懲悪的なストーリーのなかにある封建的な「忠義」の精神、自己犠牲の精神、侍の美学などが多くの人びとの共感を生んだ。

すなわち、斉彬が「御賢良なる君」であることを強調すればするほど、その対比として、お由羅の「悪物魔人」ぶりを際立たせることになってしまったのである。

⦿参考文献

佐藤宏之「「お由羅騒動」という記憶」(大石学編『時代考証の窓から』東京堂出版、二〇〇九年)

松尾千歳「お遊羅騒動」(福田千鶴編『「新選」御家騒動』(下)、新人物往来社、二〇〇七年)

松尾千歳『島津斉彬』(戎光祥出版、二〇一七年)

市来四郎『島津斉彬言行録』(「岩波文庫」、一九四四年)

『鹿児島県史料　斉彬公史料』(全四巻)(鹿児島県、一九八一〜一九八四年)

『島津斉彬文書』(全三巻)(吉川弘文館、一九五九〜一九六九年)

幕末の混沌とした時代、生涯を通じて至誠に尽くす

吉田松陰

…よしだしょういん…

工藤航平

〝時勢〟の人・吉田松陰の誕生

吉田松陰《よしだしょういん》(一八三〇―五九)は、長州《ちょうしゅう》藩士であった杉百合之助《すぎゆりのすけ》(一八〇四―六五)の次男として生まれた。名は矩方《のりかた》、通称は寅次郎《とらじろう》、大次助などと称した。松陰の号は、東北遊歴時の脱藩の罪で自宅謹慎《きんしん》の身にあった、一八五二(嘉永《かえい》五)年十一月頃より使い始めたものである。

萩城東郊の小高い丘陵地にある松本村の実家で少年時代を過ごし、人間・吉田松陰はこの場所で礎を築いたといってもよいだろう。「松陰」「松下村塾《しょうかそんじゅく》」の名称は、この松本村に由来するものであった。

杉家は代々、長州藩の下士《かし》にあたる無給通に属し、松陰が生まれたときは禄高《ろくだか》二三石という薄給であったため、家族の生活費すら危うい状況であった。杉家の副業は田畑での自作で、父百合之助はほとんど毎日農作業に出ており、たまに家にいても、脱穀や精米などに従事していたという。

松陰は、一八三五(天保《てんぽう》六)年四月三日、六歳のとき、かねてからの取り決め通り、緊密な縁戚関係にあった長州藩大組士の吉田大助の家督《かとく》を継ぐこととなった。養父の死去をうけてだが、養母は

実家に戻ったため、引き続き杉家で生活を続けていく。

松陰は少年時代、寺子屋《てらこや》に通ったことがなかったという。教育にあたったのは、読書家で勉強家であった父・百合之助と、兵学家として知られ藩校明倫館《めいりんかん》の都講《とこう》も務めたほどの学識をもつ叔父《おじ》・玉《たま》木文之進《きぶんのしん》(一八一〇―七六)であった。特に杉家では、農作業をしながら講義や読書をしたり、夜も米《こめ》搗《つ》きの合間などに教育を施した。そのため、松陰は遊ぶことを知らず、子供らしい世界とは全く無縁の日々を送ったことで、大人っぽい一風変わった子供になったともいわれている。

山鹿流兵学師範

吉田家は代々、山鹿流《やまがりゅう》兵学の師範《しはん》として長州藩に仕えた家柄で、松陰にも兵学師範としての資質と教養を身に付けることが、早くから要求されていた。

一八三八(天保九)年正月、九歳のとき、藩校明倫館に家学教授見習として出勤、翌年には山鹿流兵学の教授を行っている。実際には吉田家当主としての形式的なもので、実際の講義は代理教授者や家学後見人らが担当した。松陰は門下生の一人として聴講《ちょうこう》していたのが実のところである。

これら家学後見人が解かれ、名実ともに師範となったのは、一八四八(嘉永元)年十九歳のときであった。

松陰の名を萩《はぎ》城下に知らしめたのは、一八四〇(天保十一)年の御前《ごぜん》講義である。おそらく師である叔父・玉木文之進のバックアップによるところが大きいが、巧みな論述や明晰《めいせき》な文章、そして物《もの》怖《お》じせず堂々と兵書を講じたことは、大いに藩主を驚かせたという。

松陰が明倫館で兵学教授を担ったのは、実質二年十ヶ月ほどの短い期間でしかなかった。弱冠二〇歳そこそこの未熟な師範の知識には限界があり、講義内容は机上の空論で、とりたてて斬新《ざんしん》なものではなかったという。そのため、一人前の師範となってすぐの頃は、受講生は毎日平均五名に満たず、出席者は親族や友人たちが寄り集まって、新米教師を支えていたというものであったようだ。

一方、山鹿流兵学師範という江戸時代的兵学者の立場は、松陰の一生にわたって、思想と行動を規定し続けたのである。

外への眼差し

松陰に藩外、そして海外へと眼差しを向けさせたきっかけは、長州藩大組士で山鹿流兵学の代理教授であった山田宇右衛門《やまだうえもん》といわれている。山鹿流兵学だけでなく、西洋兵学に興味をもち、諸家を訪ねて新しい知識や情報を求めた人物である。若き松陰に世界地理書を贈り、万国の地理形勢を示しながら、広く外へ眼を向けて情勢を探り、時勢を詳しく知らなければならないと諭した。

明倫館での決して順風満帆とはいえない、何よりも自らの未熟さを実感した松陰は、幅広く新たな知識を学ぶために遊学へと飛び出したのであった。

最初に遊学へ出たのは一八五〇（嘉永三）年八月、長崎・平戸《ひらど》である。目的は、平戸藩勘定《かんじょう》奉行で陽明学者《ようめいがくしゃ》であった葉山左内《はやまさない》や、山鹿流兵学の宗家《そうけ》・山鹿万介《まんすけ》のもとで学ぶことであった。実際には、勉学や実地視察などを通じて西洋兵学の優秀性を認識しつつあった時期ゆえに、西欧へと開かれた長崎で最新の情報・学問を入手することにあったのではないだろうか。

長崎には六日間滞在し、到着直後には西洋砲術高島流の高島浅五郎《たかしまあさごろう》の塾を訪ねている。また、唐館や蘭館の見学をしたり、長崎町人の斡旋《あっせん》でオランダ商船に乗り込み、大砲や積み荷などを詳しく見分したりした。船内では葡萄酒《ぶどうしゅ》や洋菓子を供され、この長崎町人のもとでパンを食するなど、多くの貴重な体験をしている。帰郷する前にも再度長崎を訪れ、長崎湾の内外に建造された台場《だいば》を見分している。萩や平戸で学んだ海防の知識について、実地見分で確認したのであろう。

本来の目的であった平戸での学問修業であるが、葉山左内塾では、初めは王陽明《おうようめい》『伝習録』や魏源《ぎげん》『聖武記附録』など中国の兵学書を、さらに、アヘン戦争（一八四〇～四二年）やロシア南下政策を中心に海外情報や海防に関する書物を読み込んでいる。特に、のちに尊王攘夷《そんのうじょうい》の思想形成に大きな影響を与えた水戸学の代表的な書物、会沢正志斎《あいざわせいしさい》『新論』もここで目にしている。

一方、山鹿流宗家である山家万介の積徳堂《せきとくどう》での学習は、山鹿素行《そこう》（一六二二―八五）の兵学書『武教全書』をテキストに、素行の思想や解釈を忠実に読み解くことを重視したものであった。ちなみに、一八四〇（天保十一）年に藩主毛利敬親《もうりたかちか》（一八一九―七一）へ山鹿流兵学を講義したが、このときの講義記録が『武教全書講章』である。松陰にとっては満足いくものではなかったらしく、国許《くにもと》へ予定変更を出すよう依頼し、遊学を切り上げて帰郷の途についている。

相模・房総の海防実見と危機感

長崎・平戸から帰郷して三ヶ月後、一八五一(嘉永四)年三月五日、今度は江戸へ遊学に出ている。江戸では長州藩上屋敷で生活したが、鍛冶橋外桶町《かじばしそとおけちょう》の鳥山確斎《とりやまかくさい》(一八一九—五六)の蒼龍軒《そうりゅうけん》へ頻繁《ひんぱん》に出入りするようになった。

江戸遊学でも多くの人びとと交流したが、もっとも大きな影響をうけたのは松代藩《まつしろはん》の兵法家で海外事情にも精通した佐久間象山《さくましょうざん》(一八一一—六四)であった。象山は一八五一年に再び江戸に出た際、木挽町《こびきちょう》に私塾を開いていたが、松陰がここを訪れたのは江戸到着から二ヶ月弱経った五月二四日のことであった。正式な入門は七月二〇日、本格的な勉学は九月に入ってからと、意外に遅かったことがわかる。松陰は、綿密な情報収集・精査をした上で洋式砲術や洋式兵学を本格的かつ実践的に学ぶという明確な目的をもって入門したのであった。

この江戸遊学中、相模《さがみ》・安房《あわ》の海岸線を廻り、海防の状況を実見している。同道したのは宮部鼎蔵《みやべていぞう》(一八二〇—六四)である。鼎蔵は、松陰と同じ山鹿流兵法を学び、熊本藩兵法師範職も務めていた。松陰の長崎・平戸遊学の際、熊本城下で一度会っている。松陰の影響を強くうけ、肥後勤王党《ひごきんのうとう》に参加して活動するも、池田屋事件で新選組に襲撃されて自害に及んだ人物である。

六月十四日に野島から海路、横須賀、猿島《さるしま》などを進み、川越藩《かわごえ》の陣屋《じんや》のある大津へ向かった。ここでは川越藩の兵員や船舶、建造中の砲台などを見て廻った。その後、猿島や観音崎《かんのんざき》で幕府の台場、浦賀《うらが》で平根山の台場や鶴ヶ崎の台場跡を実見している。そして、浦賀から安房竹ケ岡へ渡り、海岸線を館山《たてやま》・洲ノ崎《すのざき》まで来ている。再び浦賀に戻って、神奈川から江戸へと帰るという九泊十日の旅であった。

この相模・安房実見を終えて松陰は、台場建設が進んでいないことに対して、失望することが多かったと記している。ただ、実際に海防の実況を自身で確認できたことの意味は大きく、自分の目でしっかりと見極める必要性を強く感じるよい機会となったといえる。

脱藩——東北遊歴

そして、松陰の人生を左右する東北遊歴に向かうこととなった。相模・安房見分から戻った直後、東北行きの許可を江戸藩邸へ申請している。

理由は、一つに、江戸遊学でも勉学に満足いっておらず、文武盛んな諸藩を廻り、素晴らしい師匠を探し求めること、もう一つは、ロシア南下政策の脅威《きょうい》が迫るなかで、北方の警備の状況を自身の眼で確認したいことにあったと考えられている。

東北遊歴に同道したのは、先にも同道した宮部鼎蔵と、同じく鳥山確斎の塾・蒼龍軒でともに学ぶ江幡五郎《えばたごろう》(のち那珂通高《なかみちたか》、一八二八—七九)である。江幡は、もと盛岡《もりおか》藩士で、脱藩後に江戸へ出て安《あ》積艮斎《さかごんさい》や森田節斎《せっさい》に師事した人物である。松陰と同道したのは、彼らとともに見聞を広めるためではなく、盛岡藩南部家跡継ぎをめぐる内紛で亡くなった兄の敵《かたき》を討つためであった。

江幡が提案したといわれる出発日は、十二月十五日、赤穂浪士《あこうろうし》による吉良邸討ち入りの日である。

松陰や宮部も出発日に同意していたが、松陰は、出発直前になって遊歴に必要な身分証明書の発行が間に合わないトラブルに見舞われた。旅行自体は申請直後に許可されているが、身分証明書が五ヶ月経っても発行されていなかったのである。

出発延期を求められた松陰は、激しく抗議したようである。藩命よりも、一旦約束したことを守る方が大事であること、特に他藩の人との約束を守らないことは、長州人は優柔不断と思われ、長州藩の恥辱《ちじょく》になると述べている。

藩命を無視して出発することは、脱藩を意味していた。冬季という東北遊歴には適さない時期に脱藩までして急いだ理由は、やはり松陰のなかの危機感にあったといえよう。

十二月十九日に水戸城下へ到着。一ヶ月ほど滞在し、『新論』の著者会沢正志斎など多くの水戸学者について学んでいる。その後、会津若松《あいづわかまつ》、新潟、佐渡、弘前《ひろさき》、そして竜飛崎《たっぴざき》周辺のアイヌ交易地、陸奥湾《むつわん》に設置された台場、盛岡、仙台、白石《しろいし》、日光東照宮、足利学校などをめぐり、一八五二(嘉永五)年四月五日、一四〇日間に及ぶ旅を終えて鳥山確斎の塾・蒼龍軒に戻った。

そして、同月十日に江戸藩邸へ自首、藩の帰国命令により萩へ護送されている。謹慎《きんしん》処分の上、十二月九日に長州藩の裁定《さいてい》が下された。藩の裁断書によると、上を憚《はばか》らず、他国人へ信義を立てたことは本末転倒であり、不届き至極《しごく》とされた。しかし、自己の非を悔い改め出頭し、特に不審な点もなく、藩主毛利敬親の判断で御家人召し放ちとされたのである。実家杉家の保護観察下におかれることで、士籍剥奪《しせきはくだつ》と世禄没収《せいろくぼっしゅう》、つまり、御家断絶は免れたということになる。

海外密航を試みる

一八五三(嘉永六)年六月四日、松陰は江戸で黒船来航の一報を聞いた。正月に十ヶ月間の他国修業が許可され、近畿を廻って江戸へ来ており、折しも束の間の休息を鎌倉で過ごして戻ってきたところであった。松陰の衝撃は大きく、ただちに佐久間象山のもとを訪れたが、すでに門人らは浦賀に向かっていた。松陰も船や徒歩で急ぎ、午後十時頃に浦賀へ到着している。

松陰の海外密航の企ては、象山の影響を大きく受けたものであった。若い優秀な人材を外国へ送って学問をさせるべきであるというのは象山の持論であり、実際に幕府がオランダより軍艦を購入した際には、勘定奉行川路聖謨《かわじとしあきら》へ数十名を選んで派遣するよう説いている。

一ヶ月半後、今度は長崎に提督プチャーチン率いるロシア軍艦が現れた。九月十八日、松陰は象山への挨拶を終え、長崎へ向かった。海外密航が実際に企てられようとした最初は、このロシア軍艦への乗り込みであり、象山が勧め、多くの友人も賛成してくれたと記録している。多くの海外情報を得るなかで、北方の脅威となっているロシアへの関心が高かったことは間違いない。しかし、一足遅く、プチャーチン一行は上海へむけて出港してしまっていた。

一八五四(嘉永七)年正月十四日、羽田沖にペリー率いるアメリカ軍艦が現れた。ロシア密航失敗で失意のなかの松陰は、満を持してアメリカへの密航を計画し始めたのである。

そして、三月五日、松陰はペリー艦隊が停泊する神奈川へ向かった。同道したのは、長州の商家の生まれで、のちに足軽《あしがる》金子《かねこ》家の養子となった金子重之助《しげのすけ》(一八三一—五五)である。

松代藩の陣屋では佐久間象山と逢い、何度か船を手配して異国船への接近を試みようとしたが、いづれも失敗に終わっている。ペリー艦隊が下田へ向かったという情報を得ると、直ぐさま下田へ向かい、ひたすら密航の機会をうかがっていた。

そして、三月二七日、潮の満ちた深夜、下田の柿崎《かきざき》海岸よりアメリカ艦隊への乗り込みを決行したのである。

最初に漕ぎ着けたミシシッピ号には日本語や漢文を理解できる者がいなかったため、旗艦《きかん》ポーハタン号へ行くよう指示された。ポーハタン号では、接舷《せつげん》を拒否されながらも、乗り込むことに成功した。日本語を理解できるウィリアムと筆談による交渉が行われたが、ペリー提督には逢うことができなかった。

彼らは松陰の考えに理解は示したが、アメリカへ連れて行くことは拒絶した。理由には、国交が締結されたため、自由に訪米できる機会を待つべきであること、相手国の法律を破ることはできないことなどを挙げている。結局、送り返されることとなった。

海岸へ戻った二人は、乗り移る際に紛失した所持品を捜したが、夜明けまでに見つけることができず、発覚するのは時間の問題と、自首を決意したのである。

下田番所で取り調べを受けたのち、四月八日に江戸町奉行所の同心《どうしん》へ身柄が引き渡された。松陰については、父百合之助へ引き渡し、在所において蟄居《ちっきょ》、金子もまた長州藩の家来へ引き渡し、在所において蟄居とされ、密航という罪状に比して緩やかな処分となっている。

ペリー来航を機に、松陰は従来の藩単位での港湾防衛ではなく、新たに全国規模の国土防衛へ、つまり国家を強く意識し、国のあり方についても考えるようになったのである。

野山獄の獄中教育

萩への身柄送致後、松陰は士分を収容する野山獄《のやまごく》へ、金子は士分以外の庶民を収容する岩倉獄《いわくらごく》へ入れられている。

野山獄では読書三昧の生活を送り、出獄するまでの約一年二ヶ月の間に、六一八冊もの書物を読んだという。そして、この獄中生活で特筆すべきは、囚人《しゅうじん》教育を施したことにある。

入牢していた者は、藩法を犯した者はわずかで、その他は親類の意向で獄中生活を強いられていたのであり、教養人も多かった。そこで、各々得意分野をもって教師を務め、互いに教え合う相互学習を行ったのである。孟子会《もうしかい》や論語講《ろんごこう》と称しては囚人たちが一堂に会して勉強することもあったらしい。

松陰は、この獄中教育の取り組みをもとに『福堂策』をまとめている。そこでは、もし獄中に長く繋《つな》ぐのであれば、囚人に対して正しい教育を与えなければ意味

吉田松陰像
（山口県文書館蔵）

がないとする。社会的に糾弾《きゅうだん》されるのは人の犯した罪であり、その人自身ではない。すべての人間に長所や利点があり、否定されるべき人間はおらず、人間に潜在する可能性へ期待する松陰の姿勢が顕れていると指摘されている。

一八五五(安政二)年十二月より、藩の許しを得て杉家での軟禁《なんきん》生活となり、五七(同四)年二月より軟禁状態のまま松下村塾を主宰している。

あくまで諫言

遊学中の平戸において会沢正志斎『新論』をみる機会はあったが、水戸学そのものに興味を抱くまでに至っていなかったという。

松陰の読書記録によると、一八五四(安政《あんせい》元)年十月から五七(同四)年十一月までの間に一三六〇冊もの書物を読んでいるが、その分類傾向をみると、兵学への関心を失う一方、歴史への関心を高めている。これは、兵学・兵学者の限界を悟るとともに、国威《こくい》回復を模索し始めたことによるという。

松陰の思想は、尊王攘夷思想の代表格・水戸学とは一線を画するものであった。松陰は、君臣上下一体論のもと、鎖国には反対する立場をとっており、それは海外密航を積極的に企てたことに顕れている。一国に閉じこもって勉学することは限界があり、万国を巡って新たな知識を採り入れ、富国強兵へ進むべきという開国論者と同様の考えをもっていたのである。

日米和親条約締結《わしんじょうやくていけつ》(一八五四年)に対してみせた攘夷論は、圧倒的な軍事力を背景にした砲艦外交によって与えられた恥辱を雪《そそ》ぐため、武力行為を容認するもので、条件付きの攘夷論にあたると評価されている。

日本の国威低下と政治的混乱は幕府の責任であるが、大名以下、諸士・庶民がそれを糺《ただ》し、本来あるべき政治に戻せば良いと考えている。松陰自身、討幕を表明したことはないのである。松陰は、人が善に移り過ちを改める道を閉ざすのでは意味がなく、いくら諫《いさ》めても相手が自らの過ちを認めて改めなければ意味がないと考えていたようである。松下村塾や野山獄での獄中教育などと同様、至誠を第一とした松陰に一貫した考え方であるといえよう。

その松陰が実力行使へ大きく傾いたのは、一八五八(安政五)年六月十九日の日米修好通商条約の締結であった。開国は肯定するが、違勅《いちょく》による調印は断固反対という考えである。反対の理由は、「国体」(国のしくみ)の中核を形成する天皇・朝廷を無視していること、アメリカとの通商条約を許可すれば他の列強国とも調印せざるをえず、アヘンが持ち込まれ、清国の二の舞になること、キリスト教が広まってしまうことを挙げている。

そして、繰り返し勅《ちょく》に従うことを忠告し、どうしても幕府の態度が改められない場合はその原因を取り除くという姿勢で臨んでいる。

松陰らがいろいろと画策するなか、大老井伊直弼《いいなおすけ》襲撃が計画されていることを知る。これをうけて、急遽《きゅうきょ》、志士弾圧の元凶と目されていた老中間部詮勝《まなべあきかつ》(一八〇四―八四)襲撃の立案に至った。

そして、藩の重役である周布政之助《すふまさのすけ》に対し、間部を誅殺《ちゅうさつ》することを伝えたのである。これは、長州藩という組織をあげて行動することで、長州藩を尊王攘夷という表舞台の主役に立たせることが目的であった。荒っぽい杜撰《ずさん》な計画ではあるが、自らの行動を正義と考え、多くの同志と正々堂々と実現しようとした松陰の態度が顕れている。松陰は、自己の思想を普遍化して社会を変革させる思想家としての能力がなく、ひたすら至誠の行動をもって他者へ影響を与えようとした人物であったという。

この計画を恐れた藩の処置によって再び野山獄へ入牢させられていた松陰について、一八五九(安政六)年四月二〇日、幕府より身柄《みがら》引き渡し命令が下った。理由は、政治犯として捕縛《ほばく》した元若狭《わかさ》小浜《おばま》藩士の梅田雲浜《うめだうんぴん》が萩城下を訪れた際にどのような密議を行ったのか、御所内で幕政批判を記した落とし文が松陰の筆跡であると申し立てた者がいるが本当かどうか、というものであった。しかし、罪状を知らされていなかった松陰は、老中間部詮勝襲撃計画が露見《ろけん》したものと考え、死罪も覚悟したようである。

幕府評定所での吟味《ぎんみ》では、かけられた嫌疑《けんぎ》に対して理路整然と関わりのないことを弁明し、特段問題とならなかった。しかし、本来の吟味とは関係のない場面で、間部襲撃計画を自白してしまい、松陰にとって致命傷となってしまったのである。

当初、松陰自身は軽い処分で済むものと考えていたが、供述調書に間部の暗殺や幕府に対する不敬という文言が意図的に加えられているのをみて、死罪は免れないことを悟った。

斬首される数ヶ月前の親類や知人へ宛てた書状には、命を惜しむようなことが記されていた。それは、率先して死ぬことを厭《いと》わなかった松陰であるが、死に値するようなことを成し遂げていない、死に相応しい仕事をしてから死ぬべきであると考えるようになったことを示すという。

一八五九(安政六)年十月二七日、評定所にて死罪を宣告され、そのまま刑場へ引き立てられた。享年三〇。

⦿参考文献

海原徹『松下村塾の人びと』(ミネルヴァ書房、一九九三年)
海原徹『ミネルヴァ日本評伝選　吉田松陰——身はたとひ武蔵の野辺に——』(ミネルヴァ書房、二〇〇三年)
桐原健真『松陰の本棚』(吉川弘文館、二〇一六年)
須田努『吉田松陰の時代』(「岩波現代全書」、二〇一七年)
田中彰『吉田松陰』(中央公論新社、二〇〇一年)
奈良本辰也『吉田松陰』(「岩波新書」、一九五一年)

幕臣から「真《まこと》の大丈夫」と評された男

坂本龍馬

…さかもとりょうま…

三浦夏樹

坂本《さかもと》 龍馬《りょうま》（一八三五―六七）は土佐藩《とさはん》の下級武士である郷士《ごうし》身分の家に生まれ、二八歳の時に土佐藩を脱藩《だっぱん》して活躍した人物である。三三歳で暗殺されるまでのわずか五年半ほどの活躍により、日本史上でも指折りの知名度を誇る人物となった。

そんな龍馬の評価は、明治時代中期は自由の先駆者《せんくしゃ》、後期以降は海軍の神様、太平洋戦争以後は平和主義者のように、時代によって変わる。どれも完全な間違いではないが、龍馬の一部分を抽出《ちゅうしゅつ》し、拡大解釈をしたもので、その時代に合った龍馬像がつくられてきた。

史実の坂本龍馬は、薩長同盟《さっちょうどうめい》（一八六六年）や大政奉還《たいせいほうかん》（一八六七年）に尽力し、江戸幕府を倒すきっかけをつくった人で、これらの功績以上に人間的な魅力に溢《あふ》れた人でもある。本稿では、これらの功績や人柄について、「俠」者・龍馬の観点から史実を踏まえて紹介したい。

幕臣・大久保一翁との出会い

龍馬は一八五三（嘉永《かえい》六）年三月、十九歳の時に土佐を出発し、江戸へ剣術修業に出かけた。江戸

坂本竜馬（高知県立坂本龍馬記念館提供）

へ着いて間もなく、ペリーが黒船四隻を率いて来航し、龍馬は土佐藩から品川の沿岸警備に駆《か》り出された。この時、龍馬は父に対して攘夷《じょうい》思想の手紙を送っている。その後、二七歳の時に武市半平太《たけちはんぺいた》(一八二九—六五)率いる尊王攘夷の組織である土佐勤王党《きんのうとう》に入ったが、考え方が合わなかったのか、半年ほどで脱藩した。

一八六二(文久《ぶんきゅう》二)年三月、龍馬は二八歳で脱藩し、その年の冬頃、勝海舟《かつかいしゅう》(一八二三—九九)の門下生となった。翌年三月末か四月初め、龍馬は勝と親しかった幕臣《ばくしん》の大久保一翁《おおくぼいちおう》(一八一八—八八)と面会している。この大久保との関係はあまり知られていないが、龍馬にとってはかなり大きな意味をもつ出会いだった。大久保は、龍馬との会見後に前福井《ふくい》藩主松平《まつだいら》春嶽《しゅんがく》(慶永《よしなが》、一八二八—九〇)と春嶽の政治顧問《こもん》だった肥後《ひご》藩の横井小楠《よこいしょうなん》(一八〇九—六九)に手紙を送り、龍馬のことを高く評価している。

春嶽には、「このたび坂本龍馬に内々会ったところ、同人は真の大丈夫と存じ、自分のかねてからの考えを伝え、この手紙も同人に託した」と書いている。

また、横井には、「坂本龍馬・沢村惣之丞《さわむらそうのじょう》両人は大道(人の行うべき正しい道)を解すべき人なりと見受け、話し中に刺《さ》されることも覚悟して、懐《ふところ》を開いて、公明正大の道はこの他にはあるまいと、かねてからの思いを話したところ、二人は手を打つばかりに納得してくれた」と書いている。

この時、大久保の話した内容は明記されていないが、春嶽・横井宛ての手紙の文面から推測すると、おそらく前年十月に初めて幕府内で披露《ひろう》し、幕閣には一笑《いっしょう》に付された大政奉還論だと考えられる。そして、春嶽が実行しようとしていた京都での諸侯《しょこう》会議のことも話したようだ。この話が後々の龍馬の行動に大きな影響を及ぼす。龍馬の大政奉還論は、大久保や春嶽の考えの延長線上にある、と私は考えている。

大久保は、春嶽宛ての手紙の中で「志士」についても論じている。「志士《しし》は着眼点が低く視野も狭く、意地を張る人も多いが、死を決する潔《いさぎよ》さをもっており、その覚悟の無い幕府の人より遥《はる》かに勝っている。これらの志士の中から心根の正しい者たちを速やかに採用すべきだ」と春嶽に進言した。春嶽はこの意見を採用して、龍馬に二回も使者を出して、福井藩に来ないかと誘った。しかし、龍馬は有名な「日本のせんたく」の手紙の中で、大藩からの誘いを二回とも断ったと書いている。

また、大久保は横井宛ての手紙でも龍馬ら志士のことを「暴論者」と書いているが、「暴論者の怒る中にも尤《もっと》もの義がある」「天理を以て解けば私欲無き暴論は解ける」とも書いている。大久保は、幕府に対して不満を述べた龍馬らの怒りに理解を示し、暴論ではあるが、私欲の無い人物と見て「真の大丈夫」「大道解すべき人」と評価したのだ。初めて会った幕府の重臣から認められる龍馬も凄《すご》いが、幕臣でありながら大政奉還を唱えたり、志士を登用しようとしたりする大久保はなかなかの「侠」者である。

龍馬自身は三年半後の一八六六（慶応《けいおう》二）年十二月四日、兄坂本権平《ごんぺい》一同宛ての手紙で、天下の人物論を述べて九人の名前を挙げている。幕府からは大久保一翁と勝海舟を選んでおり、龍馬も大久保のことを高く評価していたことが分かる。

さらに龍馬は、一八六七（慶応三）年六月二四日姉の乙女《おとめ》（一八三二—七九）と姪《めい》のおやべに宛てた手紙の中で、「二君に仕えず」という考えを披露している。この手紙の直前に姉の乙女から海援隊《かいえんたい》で商売に精を出して、利益をあげることばかりを考えているのではないか、という批判の手紙が届いていたようだ。それに対して、「土佐を脱藩した者が、別の藩に仕えることは、女性が二夫をもつことと同じで、自身の議論を貫くことができなくなる」と説明し、自分たちの活動資金を自分たちで手に入れるために「利を求めるのだ」と書いている。龍馬が「日本のせんたく」の手紙で春嶽の誘いを断ったのも、この考えがあったからである。

海援隊という商社兼海軍のような会社を興したため、龍馬のことを商人のように思う人も多いが、むしろ古風な武士的な考え方をもっていたからこそ会社を興した、と見るべきである。

また、最近では龍馬のことを、薩摩《さつま》藩士として薩摩藩の手先となって活動した、と捉える人もいるが、それも間違っている。脱藩以来もち続けている「二君に仕えず」という考えがあるからこそ、自分の考えを貫くことができ、人からも信用されたのである。確かに身分を隠すために薩摩藩士に成りすましていた時期はあるし、情報を送っていたこともあるが、薩摩藩士だからではない。情報の提供は長府藩にも行っていた。

薩長同盟の際、龍馬が薩長両藩から信頼されたのは、私利私欲が無く、二君に仕えるような人物ではないからである。私は常々、龍馬は潤滑油《じゅんかつゆ》のような人物だと言っている。薩長同盟は時代の流れで龍馬がいなくてもいずれ結ばれたと思うが、どちらにも与《くみ》することのない信頼できる龍馬が間に立つことで、薩長両藩は手を結びやすかったはずだ。

龍馬の度量の大きさ

龍馬の親友といっても過言ではない長府藩士の三吉慎蔵《みよししんぞう》（一八三一―一九〇一）は、龍馬の人となりについて、「過激なことは少しもなく、且《か》つ声高に事を論ずるようなこともない。容貌《ようぼう》を一見すれば豪気《ごうき》に見受けられるが、至極《しごく》おとなしい人なり。万事温和に事を処する人なり。ただし、胆力《たんりょく》は極めて大なり」と答えている。これは最も龍馬を的確に評した言葉である。他の人たちも龍馬の度量や胆力、心の大きさを指摘したり、豪傑と評したりする人が多数いる。ここでは龍馬の度量の大きさを示す話を、妻お竜《りょう》（一八四一―一九〇六）の回顧録《かいころく》などからいくつか紹介する。

海援隊には役者や貧乏な者も参加しており、それを土佐藩参政《さんせい》である後藤象二郎《ごとうしょうじろう》（一八三八―九七）に笑われたことがあった。当時、役者は、身分の低い者という意味が含まれる。その時龍馬は後藤に対して、「役者も居《い》れば乞食《こじき》もいるが、腸《はらわた》だけは綺麗《きれい》だぞ」と切り返した。後藤の性格と龍馬との関係性から考えて、後藤に悪気はなかったと思うが、藩の参政から笑われて、これだけ格好良く切り返せるとは、何とも頼もしい隊長である。

拘《こだわ》らないのは身分だけではなく、思想や所属、国籍にも拘らなかった。海援隊の前身である亀《かめ》山社中《やましゃちゅう》に入った越前《えちぜん》出身の小谷耕蔵《おだにこうぞう》は、佐幕的な考えをもっており、他の隊士らは小谷を追い出そうとした。しかし、龍馬は「一人くらい考えの違う者がいても構わない」として意に介さなかった。考え方が違っても操船《そうせん》技術を一緒に学ぶことはできるし、一人の佐幕派を説得できないようでは、国を変えることもできない、という理論だ。力や数の論理で追い出すのではなく、三吉の言葉通り、何事も温和に解決する人だったのだろう。

また海援隊には、幕府側の人物もいた。橋本久太夫《はしもときゅうだゆう》という人物で、大坂湾に停泊している幕府の船の中で酒に酔って喧嘩《けんか》し、そのまま海に飛び込んで龍馬らの船に乗り込み、雇ってくれと言ってきた。龍馬はそのまま受け入れ、随分目を掛けていた。お龍も気に入っていたようで、結婚の世話までしている。橋本は、快活な気質で、高い操船《そうせん》技術をもっていた。たとえ幕府の所属だったとしても、龍馬は橋本の人間性を愛したのだろう。

さらに、父親が上海《シャンハイ》の人で母親は長崎の人という者も海援隊におり、難しい中国名がついていたそうだが、はるばる日本まで来たということで、龍馬が「春木和助」という名前を付けていたそうだ。海援隊は世界を目指した集団なので、いずれ必要になる人材だと考えていたのだろう。

結局、龍馬が重視したのは、身分や思想、所属、国籍などではなく、「はらわた」なのである。海援隊の規則である「海援隊約規《やっき》」の冒頭には入隊の条件が書かれているが、「脱藩をしたことがある者」と、「海外を志す者」という二点だけである。幕末には多くの組織ができあがるが、こういう入隊条件は海援隊だけだろう。これらの話は、龍馬の度量の大きさを物語るもので、これが龍馬最大の魅力だといえる。

戦略家・龍馬

私は龍馬のことをかなり高度な戦略家だと見ている。龍馬は決して単純な平和論者ではない。徳川家との戦争も必要ならば行うとし、そのための準備を人一倍行っていた。

しかし、大政奉還を推進していたことや、大政奉還直後に福井藩の三岡八郎《みつおかはちろう》(のちの由利公正《ゆりきみまさ》、一八二九―一九〇九)を訪ねて、徳川家とは「不戦」だと明言していることなどから、平和倒幕論者として認識されることが多い。また、池内蔵太《いけくらた》の家族に宛てた手紙では「もうつまらぬ戦はおこすまい、つまらぬことにて死ぬまい」と内蔵太と約束したことが書かれている。姉乙女にも「人というものは短気を起こして簡単に死んではいけないし、人を殺してもいけない、と皆で話し合っています」とも書いている。これらのことから平和主義者だと思われている。

確かに人の命を大事に考える人ではあるが、「内乱を避ける」というのは当時の有識者の多くが考えていたことである。龍馬も同じで、できれば内乱を避けたいが、起こった場合でも短期間で最小限の被害で終わることを考えていた。勢力が均衡した状態で戦争が起これば長期間の戦いとなり、両方の被害が甚大となる。逆にどちらかの勢力が大きければ短期間で決着し、被害も小さくなる。それ以前に勢力の小さい方が戦いを避けるかもしれない。この状況を龍馬はつくりたかったが、間に合わなかったので、三岡に「不戦」だと答えたのだ。龍馬にとって「つまらぬ戦」とは、人が大勢死ぬ戦で、戦争そのものは否定していない。実際、第二次幕長《ばくちょう》戦争の時には下関海戦に亀山社中を率いて参戦しているし、大政奉還前には独断でライフル銃一〇〇〇挺《ちょう》を、土佐藩のために購入しているのだから。

龍馬の手紙には独特のたとえ話を書いたものが多く、その中でも通称「ねぶとの手紙」は面白い。

「ねぶと」とは「根太」のことでおできやニキビのことである。「天下に事を成そうと思う者は、ねぶともよくよく腫《は》れるのを待って針を刺さないと、膿《うみ》が出てこない」ということだ。その前段には時期を見極めるには情報が大事だ、とも書いている。

龍馬は豪快そうに見えるが、かなり緻密《ちみつ》な人で、場当たり的な行動をする人ではない。情報を集め、戦略を十分練って、勝てる準備を整えてから戦を行う人である。

木戸孝允からの手紙

一八六七(慶応三)年九月四日、幕府が大政奉還を行う少し前、長州藩の木戸孝允《きどたかよし》(一八三三—七七)は倒幕を能《のう》の大舞台に見立てた有名な手紙を龍馬に送った。

> 乾《いぬい》頭取《とうどり》の役目、今後は最も肝要《かんよう》と思います。なにとぞ万端の趣向を考え、この時においては乾頭取と西郷吉之助《さいごうきちのすけ》座元《ざもと》がしっかりと打ち合わせを行い、手筈《てはず》が整っていることがもっとも急務だと存じます。この狂言《きょうげん》(大政奉還)が食い違ってしまっては、世間の人から大笑いされてしまうことは元より、ついに大舞台(倒幕)の崩れは必然と存じます。そうであるからには芝居は中止となるでしょう。

というものだ。

大舞台＝倒幕を成功させるためには、まず土佐藩の武力を指揮する乾（のちの板垣《いたがき》）退助《たいすけ》（一八三七―一九一九）と、薩摩藩の武力を指揮《しき》する西郷吉之助（隆盛《たかもり》、一八二七―七七）の連携が必要で、次に、狂言＝大政奉還の手筈《てはず》が整っていることが重要だと書いている。さらに追伸部分には、龍馬に対して倒幕派の勢力を大きくするよう頼んでいる。

木戸は大政奉還の必要性を認めているが、乾の動きを重要視していることから、武力を背景とした大政奉還を考えていたことが分かる。

長崎でこの手紙を受け取った龍馬は、戦略家らしい面白い行動をとっている。全面的に木戸の考えに同意した上で、独断でライフル銃を購入し、木戸の手紙を持って土佐藩へ帰った。その時、あえて芸州《げいしゅう》藩の船・震天丸《しんてんまる》を雇って土佐へ帰るあたりが戦略家である。

芸州藩は、九月十八日に薩長とともに討幕の出兵を約束していた。また、土佐藩とほぼ同じ時期に大政奉還建白も準備していた。薩長に接近する芸州藩の反幕府的な行動は、前年一月から既に江戸で噂《うわさ》になっており、江戸の土佐藩邸史料に記録されている。このような芸州藩の船を雇ってライフル銃を土佐へ運ぶことがどういう意味をもつか、龍馬が計算していないはずがない。

長崎には幕府の長崎奉行所があり、あらゆる船の動きを監視している。積み荷の届け出も必要である。芸州藩の船にライフル銃一二〇〇挺が積み込まれ（二〇〇挺は下関で海援隊士に渡す）、目的地は下関を経由して土佐へ、となれば、幕府としては、絶対に見過ごすことができない。いや、むしろ龍馬は幕府に知ってほしかったはずだ。土佐や芸州が用意している大政奉還建白は「武力を背景としていますよ」と、幕府に圧力をかけていたのだと思う。

そして帰藩した龍馬は、土佐藩重役に木戸の手紙を見せて、武力を背景とした大政奉還及び倒幕への覚悟を促した。土佐藩は龍馬がもたらした情報とライフル銃をどうするべきか、大評定《だいひょうじょう》を開いて検討する。十六代藩主山内豊範《やまうちとよのり》(一八四六―八六)は、前藩主山内容堂《ようどう》(豊信《とよしげ》、一八二七―七二)の住む散田邸《さんでんてい》に出向き、重臣を集めて評定を行い、ライフル銃の購入を決める。本来、土佐藩は八月二〇日の時点で、武力を背景とした大政奉還は認めない、と容堂が命令を出していた。その方針を覆《くつがえ》したことになる。

もし龍馬のライフル銃を購入しなくても、幕府は長崎奉行所からの報告で、薩長芸と土佐は繋《つな》がっている、と考えるはずだ。それならば買った方がましだ。煮え切らない土佐藩を動かすには良い策だが、土佐藩にも佐幕派がいるため、恨みを買いそうな策である。たかが一〇〇〇挺とはいえ、芸州藩の船で土佐へ運んだ意味は大きかった。

新国家に必要なもの

龍馬は戦略家であるため、目標を定めると、それを実現するためには何が必要かを考えて行動する。龍馬は幕府を倒し、近代国家を創設すると、何が必要になるかを考えていたはずだ。それが領土問題と財政問題である。

現在、『広辞苑』などで「国家」という言葉を引くと、「領土と国民、主権」がその概念の三要素だと書かれている。龍馬は早くから領土の確定を考えていたようで、蝦夷《えぞ》の開拓と竹島《たけしま》の開拓を考えていた。龍馬が考えていた竹島は現在の竹島ではなく、今の韓国領の鬱陵島《ウルルンド》のことで、すでに李朝朝鮮の人が住んでいたので、開拓は無理であった。

龍馬には開拓を志す手紙はあるものの、明確な目的が書かれていないため、領土問題のことは念頭になかったと捉える研究者もいる。しかし、当時は蝦夷を語る時にロシアの南下を考えない人はいない。ましてや、龍馬は蝦夷の開拓に、京都に集まっている浮浪の輩《やから》を連れて行こうとしていた。これは屯田兵《とんでんへい》のようなものを意識していたのだろう。龍馬は開国をして諸外国と付き合いが始まれば、領土の確定が必要なことを分かっていたはずだ。これは当時の有識者には当たり前の問題で、幕府も小笠原《おがさわら》の開拓などを進めている。龍馬の素晴らしい所は、これを机上の論で終わらせるのではなく、自ら実行しようとしていた点である。

さらに、私が龍馬を高く評価する点は、新国家の財政問題の解決である。龍馬は「新政府綱領八策《こうりょうはっさく》」で日本の進むべき道を示した。数十年先を見通した大変優れた内容であるが、これは当時の先進的な知識をもった人ならば考え得る内容でもある。事実、赤松小三郎《あかまつこさぶろう》など同じような提案をした人がいる。しかし、龍馬はそこからさらに一歩踏み込んで、財源が一切ない政府をどうやって運営するか、という問題を解決しようとした。

新国家の財政問題について、大政奉還前の龍馬は、銀座《ぎんざ》の京都移転を後藤象二郎に提案している。銀座は貨幣の鋳造所《ちゅうぞうしょ》で、それを京都に移す案で、面白い案だが、これだけでは貨幣を作れないだろう。なぜなら徳川家が直轄領《ちょっかつりょう》として、金山・銀山を押さえているからで、それも奪い取らない限り貨幣を作れない。その上、金銀は無尽蔵《むじんぞう》にあるわけではない。龍馬もそれが分かっていたからこそ、より良い方策を求めて、大政奉還後に福井藩の三岡八郎を訪ねたのだ。

幕末には財政改革のために藩札《はんさつ》を導入した藩が多数あるが、成功事例は少ない。土佐藩も藩札を導入していたが、龍馬は土佐藩のやり方ではなく、福井藩のやり方を模範にしようとしていた。福井藩は横井小楠の「民が富むことが、国が富む元である」という『国是三論《こくぜ》』の教えを三岡らが実践しており、藩札を有効活用し、財政改革を成功させた。龍馬はそれを知っていたからこそ、ピンポイントで三岡を訪ねたのだろう。そして、三岡と話をして、財源のない新国家が取るべき道は、全国で通用する紙幣の発行しかない、と考えた。そして、それを担当できるのは三岡しかいない、と龍馬は考えていた。

暗殺される五日前、福井藩の重臣中根雪江《なかねせっこう》に宛てた手紙では、一日でも早く三岡を新国家に出仕させてほしい、と頼んでいる。「三岡の上京が一日遅れれば、新国家の財政が一日遅れてしまう」と訴えている。龍馬のこの案は、龍馬の死後も生きており、十二月になって三岡は上京し、日本で初めて全国で通用する紙幣太政官札《だじょうかんさつ》を発行した。

普通の人は、商人から無理やり金を出させるか、諸藩から集めるかのどちらかしか思いつかないだろう。しかし龍馬は、庶民に負担を強いるのではなく、横井の『国是三論』のように、民が富む方法を考えていたようだ。紙幣は、発行元の政府に信用があって初めて成り立つ。発足したばかりの明治政府ではかなり難しい事業であるが、長期的に見ると最良の政策といえる。

まとめ

以上のように、龍馬は一介の浪人の身でありながら、新しい国家を創設しようとした人である。最前線に出る人ではないので、過小評価されることもあるが、龍馬の果たした役割は決して小さくはない。

また、人間的な魅力は、幕末随一である。脱藩しても武士としての節度を重んじる人であり、行動力もある。こういう人間だからこそ、幕臣からも薩長からも土佐からも信頼が篤《あつ》かったのである。

海のような大きな心をもち、軍師のような緻密な戦略を練る。それが真の坂本龍馬である。

婚家存続のために尽力した「外交」と「内政」

篤姫（天璋院）と皇女和宮（静寛院宮）

…あつひめとこうじょかずのみや…

大石 学

幕末の政略結婚

一八六八（慶応《けいおう》四）年四月十一日の江戸城開城の前後、第十三代将軍の徳川家定《とくがわいえさだ》（在職一八五三―五八）の正室《せいしつ》篤姫《あつひめ》（天璋院《てんしょういん》、一八三六―八三）と、第十四代将軍家茂《いえもち》（在職一八五八―六六）の正室 和宮《かずのみや》（静寛院宮《せいかんいんのみや》、一八四六―七七）をトップとする大奥《おおおく》は、江戸に迫る新政府軍との戦争回避《かいひ》と徳川家存続のために、「外交」（新政府軍への嘆願《たんがん》）と「内政」（徳川家中への指示）を展開した。幕末のハイライトである江戸城無血開城は、新政府軍の西郷隆盛《さいごうたかもり》（一八二八―七七）と徳川家家臣の勝海舟《かつかいしゅう》（一八二三―九九）により決定したことで知られるが、実はこれに先行する天璋院と静寛院宮の「外交」と「内政」があったのである。

二人に共通するのは、それぞれ倒幕派勢力の薩摩藩《さつまはん》と朝廷から、政略結婚で徳川将軍家に嫁《とつ》ぎ、正室になったことである。

篤姫婚姻の政治的背景

篤姫は、一八三六(天保《てんぽう》七)年(天保六年説もあり)十二月、薩摩藩島津家《しまづけ》の分家今和泉《いまいずみ》島津家の当主島津忠剛《ただたけ》の長女として、鹿児島で生まれた。一八五三(嘉永《かえい》六)年三月、薩摩藩主島津斉彬《なりあきら》(一八〇九―五八)の養女となり、名を一子《いちこ》から篤子に改め、江戸の芝《しば》藩邸(東京都港区)に入った。一八五六(安政《あんせい》三)年七月近衛忠煕《このえただひろ》の養女となり敬子《すみこ》と名を改める。同年十二月、第十三代家定の三人目の正室となり御台《みだい》と称した。篤姫二二歳、家定三三歳であった。しかし家定は、一八五八(安政五)年八月に死去し、篤姫の結婚生活は、わずか一年半で終わった。これにより、篤姫は落飾《らくしょく》して天璋院を名乗った。

篤姫と家定の婚姻《こんいん》の政治的背景には、第十四代将軍をめぐって、一橋慶喜《ひとつばしよしのぶ》(一八三七―一九一三)を推す親藩《しんぱん》・外様《とざま》大名を中心とする一橋派と、紀州《きしゅう》藩主徳川慶福《よしとみ》(一八四六―六六、のち家茂《いえもち》)を推す譜代大名を中心とする紀州派の政治的対立があった。篤姫の婚姻は、幕閣内の一橋派老中《ろうじゅう》阿部正弘《あべまさひろ》(一八一九―五七)が推進した。同じく一橋派の島津斉彬は、越前藩士中根雪江《なかねせっこう》宛西郷隆盛書状に、「西城(世継)の御事ハ予《かね》てより御台様へも仰含め置れたる事も侍《はべ》り」(『昨夢紀事』)とあるように、篤姫に慶喜を第十四代将軍にする命を与えて正室とした。しかし、夫の将軍家定は慶福贔屓《びいき》であり、大奥《おおおく》も紀州派であり、篤姫自身も慶喜の個性と合わず、紀州派に傾いていった。その結果、篤姫は実家の薩摩島津家と対立するに至ったのである。

和宮婚姻の政治的背景

一方和宮は、一八四六(弘化《こうか》三)年閏《うるう》五月、仁孝《にんこう》天皇の皇女、孝明《こうめい》天皇(在位一八四六—六七)の異母妹として、京都に生まれた。篤姫より十歳年下である。一八五一(嘉永《かえい》四)年、有栖川宮熾仁親王《ありすがわのみやたるひとしんのう》(一八三五—九五)と婚約したが、公武合体を進める幕府は、婚約を強引に破棄させて家茂との婚姻を進めた。和宮は、婚姻を決意し、「惜しまじな　君と民との　ためなれば　身は武蔵野の　露と消ゆとも」の歌を詠んでいる。一八六一(文久《ぶんきゅう》元)年十月、和宮は中山道《なかせんどう》を通って江戸に下向した。京からの供《とも》は一万五〇〇〇人、幕府の迎えは一万人、人足も含めて総勢数万人にのぼった。行列の長さは約五〇キロ、総費用は今日現在の約一五〇億円と言われる。途中、和宮は、美濃《みの》(岐阜県)から木曽《きそ》(長野県)に向かう途中で、「住み馴《な》れし　都路出でて　けふいくひ(今日幾日)いそぐ(急)もつら(辛)き　東路のたび(旅)」と、都との別れを悲しみ、行く先の不安を詠んでいる。翌一八六二(文久二)年二月、婚儀をあげた。政略結婚であったが、夫婦仲はよかった。しかし、一八六六(慶応《けいおう》二)年、第二次長州戦争の最中、将軍家茂が大坂で没したため、和宮は薙髪《ちはつ》し静寛院宮を名乗った。

和宮と家茂の婚姻の政治的背景には、一八五八(安政五)年、紀州派の大老井伊《いい》直弼《なおすけ》(一八一五—六〇)が勅許《ちょっきょ》を得ないまま日米修好通商条約を締結《ていけつ》し、これを批判する一橋派大名や尊王攘夷論者《そんのうじょういろんしゃ》を多数処罰した安政の大獄《たいごく》への批判が高まったことがある。一八六〇(万延《まんえん》元)年に直弼が桜田門外《さくらだもんがい》で尊王攘夷激派に暗殺されると、幕府は、「公武合体」をスローガンに、和宮の家茂への降嫁《こうか》を迫った。これに対し、孝明天皇は、幕府の攘夷実行と引き換えに、和宮降嫁を許したのである。

嫁と姑

朝廷は、和宮の入輿《じゅよ》にあたり、幕府に対して、和宮の身辺では「御所風《ごしょふう》」を守り、京の女官《にょかん》を側近に置くなどの条件を示した。元奥女中の回顧談《かいこだん》によれば、「口さがなき部屋方などが悪口を申しましたのが響きまして、天璋院様との間がよくございませんで、天璋院様は二の丸に引移りになりましたから、嫁が来て姑《しゅうとめ》を出すのは奇体《きたい》だなぞと申しました」（『旧事諮問録』）と、天璋院と和宮の関係はよくなかった。天璋院が規律を重んずるのに対し、和宮は磊落《らいらく》で、その生まれから、ふるまいや威光は天璋院を上回っていたともいわれる（『定本江戸城大奥』）。勝海舟によれば、和宮が大奥に入ったさい、土産の包み紙に「天璋院へ」と敬称を付さなかったことから天璋院付の女中らが怒り、和宮付の女中らと張り合うようになったともいわれる（『勝海舟全集・海舟語録』）。さらに、幕臣で一橋家に出向した渋沢栄一《しぶさわえいいち》（一八四〇―一九三一）によれば、「幕府の大奥にては、初より宮の降嫁を悦《よろこ》ばず、万事御所風たるべき事は、其《その》最も嫌う所なれば……天璋院夫人の如きも、宮に対

皇女和宮（静寛院宮）（徳川記念財団蔵）

篤姫（天璋院）（尚古集成館蔵）

面の際頗《すこぶ》る礼を失し、唯、普通の親子同様に扱ひたれば、宮は無念の涙にくれ給へりなどいふこと、京都に聞えしかば、天皇はいたく逆鱗《げきりん》ましまし」と、大奥は当初から和宮の降嫁を喜ばず、御所風になるのを天璋院も嫌ったと述べている。

しかし、関係は徐々に改善されていった。勝海舟によれば、天璋院、和宮、家茂の三者が、浜御殿《はまごてん》(浜離宮、東京都中央区)に出かけた際、踏み石の上に天璋院と和宮の草履《ぞうり》があり、家茂の草履は下にあった。天璋院は先に下りたが、和宮はポンと飛び降り、自分の草履を除き、将軍の草履を上げてお辞儀した。こうした和宮の気遣いが影響したのか、以後、女中たちの争いは静まったという(『海舟語録』)。

またある日、天璋院と静寛院宮が、勝の屋敷を訪問した際、女中が「大変だ」と知らせに来たので聞くと、二人が給仕《きゅうじ》をしようと睨《にら》み合っているという。勝が行くと、互いに自分が給仕すると主張している。そこで、勝は笑って、お櫃《ひつ》を二つ出させ、一つずつ側に置き、「天璋院さまのは、和宮さまが為成《なされ》まし、和宮さまのは、天璋院が為成まし、これで喧嘩《けんか》はありますまい」というと、「安《あ》房《わ》(勝)は利口ものです」と大笑いになった。帰りは一つの馬車で帰った。その後、天璋院と和宮はいっそう仲良くなり、何事も互いに相談し、万事一つであったという。同じく勝によれば、彼は天璋院の供で、浅草の料理屋八百膳《やおぜん》(同、台東区)に二、三度、向島《むこうじま》(同、墨田区)の柳屋に二度、吉原(同、台東区)にも出かけている。このとき勝は、天璋院を妹といつわり、女子トイレの確保に心を配ったという(『海舟語録』)。勝のガイドによる市中見物は、お姫様育ちの天璋院と静寛院宮にとって、「ローマ」ならぬ「東京の休日」であったろう。

将軍家茂との文通

将軍家茂は、一八六三（文久三）年二月から六月、一八六四（元治《げんじ》元）年正月から五月、一八六四（慶応《けいおう》元）年五月から翌年七月と、二年間に三回上洛した。第一回上洛中、一八六三（文久三）年六月頃、天璋院は家茂宛の書状で、小姓《こしょう》・小納戸《こなんど》らが江戸に戻ったにもかかわらず、家茂が帰れないため、身辺が手薄になることを危惧《きぐ》し、「私願ニ而《て》上京いたさせ」と天璋院自らの判断で小姓らを再上京させている。そのうえで、「御長滞京ニ成り心配いたし候」と、長引く京都滞在を心配し、「御大事之事ゆへよく〳〵跡さき御かんかへニ而うかつに何事も御さた無やうニ存《ぞんじ》まいらせ候」と、若い将軍の軽挙を戒めている。天璋院は、大奥から指示を出していたのである。

第二回上洛中の一八六四（元治元）年二月八日、和宮は京都滞在中の夫家茂に対して、「猶々、当地（江戸）ハいまた余寒深々、雪も度々《たびたび》にて寒さにおはしまし候、京都ハいかか候や、なか〳〵御なれ遊ハさぬ土地、余寒も一入《ひとしお》きひしく思しめし候半、すい分御用心あらせられ候様存まいらせ候」と、自分の故郷京都の寒さを気遣っている。さらに、「天璋院さまニモ御機嫌よく、折からの御障《さしさわ》りも有らせられす候まゝめて度御心安思しめし」と、天璋院の無事も伝えている。

これに対する同二月の、家茂の和宮宛の書状には、「仰之通り春寒退兼《ひきかね》候得共、御所御機嫌能《よ》く被為成御同意 奉畏《かしこみたてまつり》 候、江府（江戸）静平天璋院様ニモ御機嫌能、折柄之御障りも不被為入趣、欣《きん》悦降心《えっこうしん》此事ニ候」と、和宮の兄孝明天皇の無事を伝え、天璋院の無事を喜んでいる。同年四月五日の和宮の家茂宛の書状には、先の家茂の書状が着いた際に、「御うつくしき御しほり、御いとほの御品々いたゝき恭《かたじけな》クまいらせ候、早節ひゐなの節賑々《にぎにぎ》しくかざり、人々にも拝見致させ」と、雛祭り用の絞染《しぼりぞめ》の衣装など品々を送ってもらったことへの御礼を述べている。さらに孝明天皇から下賜され、家茂が江戸に送った菓子や酒を賞味し、「遠方なからも御風味もかはり不申」と、遠方にもかかわらず、味が変わらず、おいしかったことを記している。これらの書状から、天璋院と家茂・和宮三人の仲の良さが知られる。

しかし、家茂は第三回上洛時の第二次幕長戦争のさなか、一八六六（慶応二）年七月二〇日大坂城において二一歳で病没した。和宮の結婚生活は四年五ヶ月であり、のち静寛院宮を名乗った

京都政局の帰趨

一八六六（慶応二）年十二月五日、かつて天璋院が支持を命じられた徳川慶喜が第十五代将軍（在職一八六六―六七）に就任した。しかし慶喜は、京・大坂に詰めきりで江戸城に戻ることはなかった。天璋院と静寛院宮は慶喜を嫌い、御台所の美賀子《みかこ》が大奥に入ることも拒否したと伝えられる。このため、江戸城最後の主は、実質的に天璋院になった。実際、天璋院は表の幕府役人をたびたび大奥へ呼び、報告を求めている。

幕末期、討幕派（倒幕派内の武力倒幕を目指す強硬派）と幕府・佐幕《さばく》派の攻防は熾烈《しれつ》を極めた。まず、討幕派公家岩倉具視《いわくらともみ》（一八二五―八三）らの朝廷工作により、一八六七（慶応三）年十月十三日に薩摩藩、十四日に長州藩に討幕の密勅《みっちょく》が下った。これに対し将軍慶喜は、徳川家を中心とする公議政体の

新政権構想をもとに、十月十四日、大政奉還《たいせいほうかん》を朝廷に申し出、十五日に許された。これにより、政権が朝廷に移行し、討幕派は名目を失った。逆に徳川家主導の議会制移行の可能性が高まった。しかし、十二月九日、薩長両藩は天皇に王政復古《おうせいふっこ》の号令を出させ、同日夜の小御所《こごしょ》会議では、討幕派が公議政体派を圧倒し、慶喜の辞官《じかん》・納地《のうち》(内大臣辞職と領地返上)を決定した。ここに幕府は廃止され、徳川家中心の政権構想もついえたのである。

一八六八(慶応四)年(同年九月八日に明治と改元)正月二日、大坂城の前将軍慶喜は、京都奪回を目指して旧幕府軍を進軍させたが、三日から六日の鳥羽伏見《とばふしみ》の戦い(京都市南区・伏見区)で敗れた。六日夜、慶喜は大坂城を脱出し、旧幕府の軍艦開陽丸《かいようまる》で海路江戸に逃れたが、七日追討令《ついとうれい》が発せられた。十二日慶喜は江戸城に入り、天璋院に静寛院宮との対面のとりなしを願い、十五日静寛院宮に会い、昨年以来の経緯と鳥羽伏見の戦いの報告をした(『静寛院宮御日記』)。この過程で、慶喜は静寛院宮に書状を送り、徳川家家臣に騒乱《そうらん》を起こさせないこと、徳川家の存続を朝廷に周旋《しゅうせん》すること、の二点を依頼している。旧幕府内部には抗戦論もあったが、二月十二日慶喜は上野寛永寺《かんえいじ》(台東区)に謹《きん》慎《しん》し、恭順《きょうじゅん》の意を表した。

勝海舟によれば、慶喜が江戸に戻った時、幕府内部において戦争の前に天璋院を薩摩に返すという話がもち上がった。天璋院は、大いに不満で、「何の罪があって、里にお還しになるか、一歩でもコゝは出ません。もし無理にお出しになれば自害する」と言い、昼夜懐剣《かいけん》を離さなかった。六人のお附の女中もこれにならった。勝海舟が説得しても受け付けない。そこで、勝は、「甚《はなはだ》お気の毒ですが、私は名を挙げますよ。天璋院が御自害を為されば、私だってすみませんから、その傍《かたわら》で腹を切ります。すると、お気の毒ですが、心中とか何とか言はれますよ」と言うと、天璋院は「御じょう談を」と笑った。勝はそれから三日間通いつめて天璋院と話し、ついに説得したという（『海舟語録』）。

江戸城開城をめぐる大奥の「外交」

四月十一日の江戸城開城の前後、慶喜の意向もあり、天璋院と静寛院宮は、江戸城大奥にあって戦争回避と徳川家存続のために、「外交」（新政府軍への嘆願）と「内政」（徳川家中への指示）を展開した。

まず、三月付で天璋院が、東海道鎮撫軍《ちんぶぐん》隊長宛てに、自分は慶喜を将軍に適当な人物と思っていなかったが、慶喜が在京中に決まったため、女の自分にはどうしようもなかった。このままでは、徳川家存続が危ぶまれ、先祖にたいして申し訳なく、一門家臣ともに苦しむことになる。女の私が朝廷に直接お願いすることはできず、日光門跡《もんぜき》が東海道をお詫びに行ったが、西郷らの仲介なしでは難しい状態であった。私にとって徳川家は大切なので、ぜひ朝廷への仲介《ちゅうかい》をお願いしたい。私の婚姻は、養父斉彬の指示によるもので、「私事徳川家江嫁し付候上ハ当家之土となり候」と、徳川家に嫁いだからには、徳川家の土になるつもりである、と述べている。そして「存命中当家万々一之事出来《しゅったい》候て、地下ニおゐ而何之面目も無之」と、徳川家に何かあったら、来世で夫家定に会わす顔がなく、徳川家存続が許されることとは、「私共一命相すくひ被下候よりも猶重く有難き事此上の悦《よろこび》御座無候」と、私の命を救うよりもありがたく思うと記している。そのうえで、「当時之形勢と申《もうし》、人情と申、外諸侯ニおひて可頼程之《たよるべきほどの》きりやう之者も御座無、又可尽力も無之候得ハ、御迷惑なから其御方のみ相便り候外工夫も御座無候」（NHKプロモーション編『天璋院篤姫』十二頁）と、今日、他に頼るべき者もいないため、西郷に頼むしかなく、もし温情をかけてもらえるならば、島津家の先祖や故斉彬に尽くすことにもなる、と徳川家存続を願ったのである。天璋院の使者が西郷と会ったさい、西郷は篤姫の書状を読み涙したものの、天璋院のこれまでの苦労を思うと言葉にならない。すべて逆賊《ぎゃくぞく》慶喜の所業であると、慶喜の責任にしたという（明治元年熊本藩探索書、東京大学史料編纂所維新史料要綱データ・ベース）。

三月十一日、天璋院は新政府軍の薩摩軍に再度嘆願書を送った。すなわち、「三月十一日、御年寄つほねト申モノ、此度官軍御差向ニ付薩州家へ御用御含ラレ今日東海道筋へ出立（注）つほねハ薩州ヨリ御供致シ候人ニテ老年ニ及ヒ、歩行六ケ敷《むつかしく》下宿致居候処、押テ出立」（「史料紹介『天璋院様御履歴』」財団法人徳川記念財団『財団法人徳川記念財団会報』第十号）と、新政府軍に赴いた使者つほね（幾島）は、老年のため歩行も困難で宿下がりしていたのを、呼び出されたものであった。

このときの一行は、「三月十一日、天璋院様御使御用として東海道出立、御年寄御局殿、病中ニ付差添表使　福田、御使番　さ津・小夜路、御広鋪番之頭　小倉十兵衛・神保槍之助、奥医師　浅田宗伯、然ル処、川崎宿ニ而薩州重役ニ（之）西郷吉之助ニ逢、内談有之、金凡六万両計、二歩金ニ而渡し、夜ニ入候へ共、川崎ニ泊らず、品川迄来釜屋泊、十三日朝四ツ時御城入也」（『藤岡屋日記』）と、つぼねが病気のため、添え役の大奥女中三名、幕府医師一名、警固の武士が二名、計七名であった。幾島は川崎宿（神奈川県川崎市）で西郷に六万両を渡している。

同じ三月十一日、静寛院宮も東海道と中山道の官軍先鋒総督《せんぽうそうとく》の岩倉具定《ともさだ》（具視の二男）に使者を立て、書状を送った。そこには、前将軍慶喜は、後悔懺悔《こうかいざんげ》して上野寛永寺（台東区）で謹慎し、家臣たちには新政府軍に不敬がないよう指示している。しかし、何分多くの武士がいるので、なかには心得違いの者がいるかもしれない。もし恭順の姿勢が崩れては、徳川家の存続は危ういと深く心配している。そこで、「何卒〳〵右御返答伺候迄の処、其御手の御軍勢御進ハしはし御猶予の事、ふしてく〳〵願まいらせ候」（『天璋院篤姫』一頁三八）と、進軍を停止することを願っている。『藤岡屋日記』（『近世庶民生活史料』十五）によれば、こちら中山道の一行は、「十一日中山道出立、静寛院宮様御年寄、玉しま殿、御使番二人、御広敷番之頭　本多喜八郎、右は大宮宿より十三日夕方帰ル也」（『藤岡屋日記』十五・四九二）と、年寄玉島、大奥女中二人、警固の広敷番頭一人であった。他方、東海道軍への静寛院宮の使者は、上臈《じょうろう》おふち（土御門藤子《つちみかどふじこ》）が派遣され、大奥とは別に、表からは輪王寺宮《りんのうじみや》と一橋大《だい》納言《なごん》殿、山岡鉄太郎《やまおかてつたろう》が駿府《すんぷ》に向かった（「史料紹介『天璋院様御履歴』」財団法人徳川記念財団『財団法人徳川記念財団会報』第十号）。

天璋院と静寛院宮は、それぞれのルートを利用して、戦争回避と徳川家存続のために、全力で「外交」を展開したのである。

江戸城開城をめぐる大奥の「内政」

彼女らは、新政府軍との「外交」と並行して、徳川家家臣への「内政」を展開した。一八六八（明治元）年三月八日、二人は家臣たちに、新政府軍に対して「不敬之義無之様」「恭順之境取失さる様」「人気御取鎮《おとりしずめ》之事」と、乱暴狼藉《らんぼうろうぜき》などを働かず恭順の態度を示すことを指示した。この末尾は、「右之通、大奥より被仰出候間、末々ニ至迄心得違無之様可致旨、向々江可被達候事、三月」（『幕末御触書集成』六・六五〇号）と、大奥が出した触《ふれ》なので、身分の低い武士までしっかりこれを守るよう記している。江戸時代初めての大奥発の家臣団への指示、女性が男性に命ずる法令が発されたのである。同文の触が『続徳川実紀』（五・四〇一）や『藤岡屋日記』でも見られる。『藤岡屋日記』には、「大奥より浅野美作守江御渡」と若年寄の浅野美作守氏佑《あさのみまさかのかみうじすけ》を通じて発布《はっぷ》したことがわかる。

続く三月十八日、静寛院宮も徳川家家臣に対して触を出した。すなわち、徳川家存続は、慶喜の恭順により寛大の処置が施される見通しとなったので、江戸の武士や庶民は、なお謹慎を守ること、徳川家家臣も、恭順すれば罰されないので、慶喜の処遇に関して文句《もんく》を言わないことを指示した。もし私たちが抵抗すると、今までの苦労（「外交」）が策略と見られるので、徳川家存続のため下々まで恭順することを命じたのである（『静寛院宮御日記』一・二四～二五）。

三月十八日、西郷は江戸城総攻撃の中止を伝えた。それは、前橋藩の史料に、「此度天璋院様より女中御使ニ而薩州先手隊長迄御歎願御頼ミ筋被為在《あらせられ》候所、西郷吉之助より右御請申上候趣有之、大総督府伺済迄御討入御見合ニ相成候」（「明治元年三月二一日　前橋藩庁日記」、東京大学史料編纂所維新史料要綱データ・ベース）と、天璋院が西郷に頼んだことが認められ、総攻撃が中止になったことが記されている。翌十九日の史料には、「天璋院様御意之趣仰出サレ、表ニ於テ向々へ触達ス」と、天璋院が大奥から表に出て、各役職に以下のことを伝えている。すなわち、「此度天璋院様より女中御使ニ而薩州先手隊長迄御歎願御願之筋被為在《あらせられ》候処、西郷吉之助より右御請申上候趣有之、大総督府伺済迄御討入御見合ニ相成候段、同人より相答候」と、天璋院が女中を派遣して願ったことを聞き届けた西郷が、大総督府に伺うので、一旦総攻撃を見合わせるとの返答があったと記し、徳川家家臣にあらためて恭順を命じたのである。文末には、「従天璋院様御意ニ被為在候、右之通大奥より被仰出《おおせいだされ》候間、向々江不洩様可被相触《もらさざるようあいふれらるべく》候」（「天璋院様御履歴」）と、天璋院の思いを大切にし、大奥からの触を漏らさず各部署に伝えることが指示されている。ここでも、大奥が徳川全家臣に対して命じているのである。

西郷隆盛と勝海舟の功績として知られる「無血開城」は、実は、こうした天璋院と静寛院宮の「外交」と「内政」を前提としたものだったのである。

その後の天璋院と静寛院宮

江戸城無血開城で協力した天璋院と静寛院宮二人は、その後再びそれぞれの道を歩む。

静寛院宮は、江戸城開城ののち一時京都に戻るが、一八七四（明治七）年、再び東帰する。一八七七（同十）年、脚気衝心《かっけしょうしん》のため療養先の箱根塔ノ沢《とうのさわ》（神奈川県足柄下郡）で死去、享年三二であった。遺体は遺言どおり、徳川家の菩提寺《ぼだいじ》である芝増上寺《ぞうじょうじ》(東京都港区)の家茂の隣に葬られた。

一方、天璋院は徳川家の家政にかかわり、六歳で田安家《たやすけ》から徳川宗家《そうけ》十六代当主となった徳川家達《いえさと》(一八六三―一九四〇)を養育した。家達は、一八七七(明治十)年イギリスに留学し、五年後に帰国すると、家達の妻になるべく天璋院に養育された近衛泰子《このえひろこ》と結婚し、天璋院と同居した。この間、一八八〇(明治十三)年十月、天璋院は旅の途中、静寛院宮が亡くなった箱根を訪れ、日記に「宮の君うせ給ひし　高殿とて　今も残れるに　むねふた(さ)かりて　こころ懐旧《かいきゅう》のなみだに　袖をしぼり侍りぬ」と、思い出に涙したことを記している(財団法人徳川記念財団編『特別展・徳川将軍家の遺宝』)。家達結婚の翌一八八三(明治十六)年十一月十一日、天璋院は発病、侍医の竹内正信は中風と診断、ドイツ人医師ベルツは、エンポリー(血栓)と診断した。皇后や島津家から見舞いが届いたが、十九日危篤《きとく》となり、二〇日、四九歳で波瀾の生涯を閉じた。遺体は、徳川家の今一つの菩提寺である上野寛永寺の夫家定の墓域に埋葬された。

歴史の大転換期をともに生きた二人は、さまざまなしがらみを越えて、お互い同志として、また親友として信頼しあうようになった。

静寛院宮は、「身は武蔵野の　露と消ゆとも」の歌通り武蔵国増上寺に眠り、天璋院は、書状の文言通り上野寛永寺の徳川家墓地に眠り、「徳川の土」となったのである。

将軍の人事も握る
幕末のキャリアウーマン

大奥御年寄 瀧山

…たきやま…

正木理恵

瀧山《たきやま》(一八〇六―七六)は、一八〇六(文化三)年、旗本《はたもと》の大岡権左衛門義方《おおおかごんざえもんよしかた》の長女として生まれた。通称、多《た》き。一八二二(文政《ぶんせい》五)年、十七歳で江戸城大奥に奉公にあがり、御錠口介《おじょうぐちすけ》、御錠口、御客応答《おきゃくあしらい》、将軍世子《せいし》付御年寄、将軍付御年寄と出世したキャリアウーマン。十一代将軍家斉《いえなり》(在職一七八七―一八三七)から十五代慶喜《よしのぶ》(在職一八六六―六七)まで五代の徳川将軍家に仕えた。その間、二度の将軍継嗣《けいし》問題(十四代と十五代選び)、四度の将軍家婚儀(将軍世子時代の家定と任子《ただこ》=一八四一(天保《てんぽう》十二)年、秀子=一八四九(嘉永《かえい》二)年)、十三代将軍となった家定(在職一八五三―五八)と篤姫《あつひめ》(一八五六(安政《あんせい》三)年)、十四代将軍家茂《いえもち》と和宮《かずのみや》(一八六二(文久《ぶんきゅう》二)年)、五度の江戸城火災(一八三八(天保九)年、一八四四(弘化《こうか》元)年、一八五二(嘉永五)年、一八五九(安政六)年、一八六三(文久三)年)などを経験する。一方では、徳川御三家はじめ諸大名家からも信頼された外交能力から、大奥のみならず徳川幕府を支えたトップ官僚の一人といえる。江戸城開城を見届けることなく、一八六七(慶応《けいおう》三)年、大奥を辞した。

旗本・侠の一族

大奥について書かれた資料の一つに、明治から昭和時代にかけて江戸風俗考証・随筆家であった三田村鳶魚《みたむらえんぎょ》（一八七〇―一九五二）の『御殿女中《ごてんじょちゅう》』がある。これは、維新《いしん》後に瀧山の姪《めい》の村山ませ子への取材をもとにした江戸城大奥についての聞書きである。ませ子の記憶違いなどもあり、一概に正確な資料とは言えないが、実際に大奥で十三代将軍家定正室であった天璋院《てんしょういん》付中臈《ちゅうろう》として働いていた者の証言だけに史料的価値が高いものとして評価されている。そのませ子の証言から瀧山の生い立ちを紹介しよう。

忠右衛門《ちゅうえもん》（ませ子の父、瀧山の弟）の先代（瀧山の父）は子女が多く、二〇〇俵の身上《しんじょう》では骨が折れた、瀧山さんはその貧乏の中で育ったのと、生まれつきも大分締《しま》った人であったので、八歳の時から手内職をして、親から小遣銭を貰ったことがなかったという。

（『御殿女中』、（）内は筆者補足）

瀧山の生家である旗本・大岡家は代々、大番に列していたが、瀧山が生まれた頃の父・義方は一説には鉄砲百人組《てっぽうひゃくにんぐみ》に属したといわれ、この後、大番の四番、八番の組頭を務めた。大番は、書院番・小姓組《こしょうぐみ》番・新番・小十人組とともに五番方《ごばんかた》と呼ばれる将軍直属の常備軍である。一六三四（寛永《かんえい》十一）年以降は十二組あり、各組は番頭一人（五〇〇〇石）・組頭四人（六〇〇石）に統率されていた。大岡家の家禄《かろく》は高二〇〇俵なので、足りない分は足高《たしだか》の加俸を給付された。よって、義方が大番組頭に就いた頃には家計にゆとりも生まれたかもしれないが、ませ子の証言からは、瀧山の少女時代の困窮ぶりと同時に、幼いながらも家を支えるしっかりとした性格の芽生えがうかがえる。

❖旗本四家相関系図

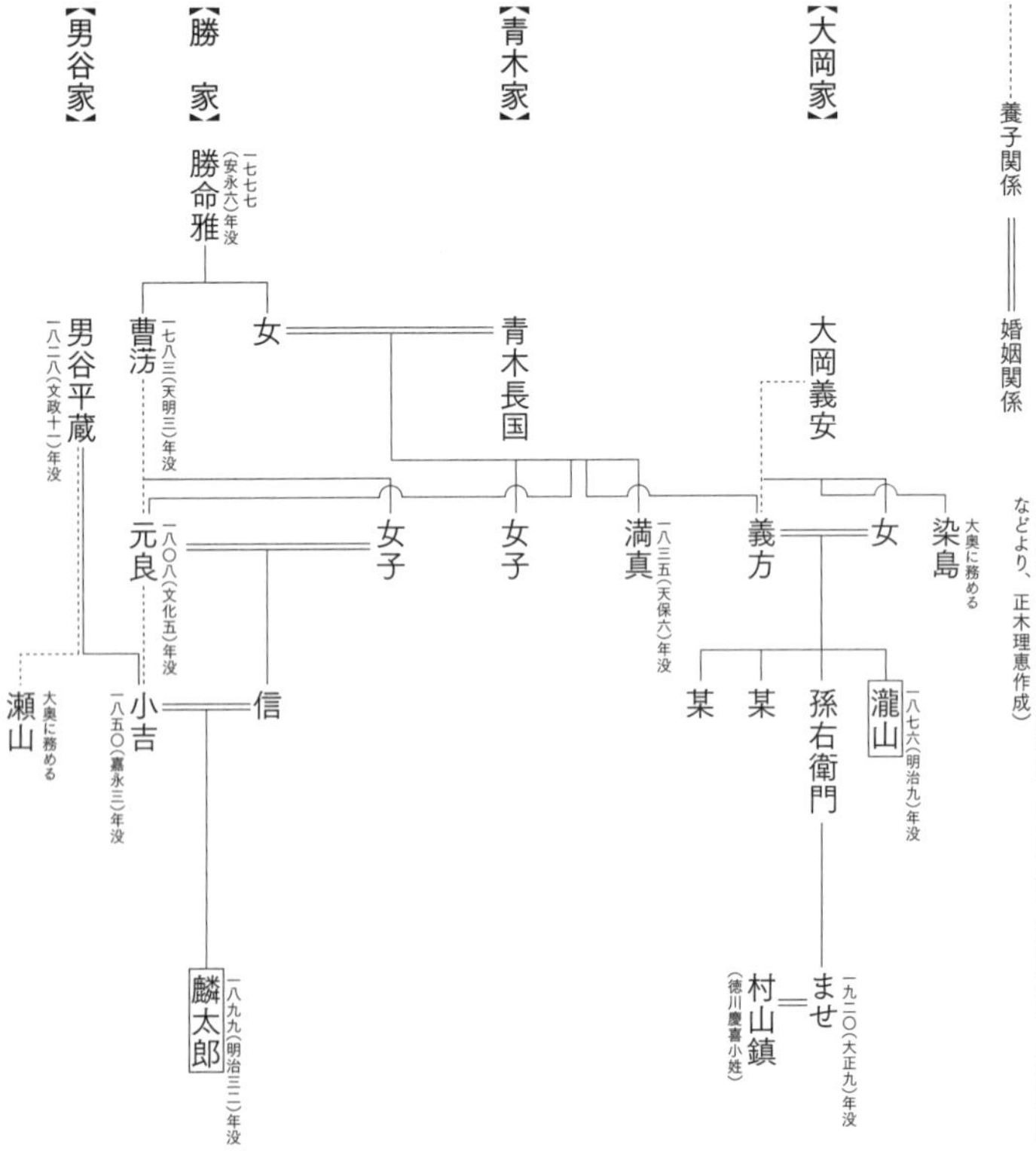

(『寛政重修諸家譜』、『大日本近世史料　柳営補任』、石井良助監修『編年江戸武鑑　文政武鑑四』(柏書房、一九九二年)、『夢酔独言』、『氷川清話』などより、正木理恵作成)

さて、義方は大番組頭の青木《あおき》左京《さきょう》長国《ながくに》の次男で、大岡家に婿養子《むこようし》として入ったのである。同じく三男で実弟の元良《もとよし》は、勝安五郎《かつやすごろう》曹湧《ともみち》の婿養子となり、娘・信《のぶ》が生まれた。信と旗本・男谷《おだに》家から勝家に養子に入った小吉《こきち》との間に生まれたのが、勝麟太郎《りんたろう》(一八二三—九九)であり、のちに江戸無血開城、徳川宗家《そうけ》存続に尽力した勝海舟《かいしゅう》である。つまり、瀧山と勝は父方の従甥《じゅうせい》の関係にあり、血縁上ごく近い関係にあった。そして、親しいという意味では、勝は少年時代から大奥の御年寄たちにモテていた。以下は、一八九八(明治三一)年の勝の回顧談《こだん》である。

初之丞《はつのじょう》サマといって、一ツ橋のあとに直る人だったが、大層《たいそう》、ワシがお気に入りで、十二までお附だった。……その時、後宮《こうきゅう》におって、可愛がってくれた老女などが多かったので、その後に大層助けになったよ。西郷《さいごう》なども(勝を)怖《こわ》がっていると聞いて、(老女たちは、勝が)えらいものになったと思って、「アー、麟《りん》さんのことかイ」などと言ったよ。それで塩煎餅《しおせんべい》だの、いろいろと持って往《い》って、それぞれ絶えないで置いたが、それが大層助かったよ。

(『新訂海舟座談』「氷川のしらべ」明治三十一年十一月十日条〔巌本善治編、岩波書店、二〇〇九年〕)

勝は、一八二九(文政十二)年、七歳で初之丞(十二代将軍家慶《いえよし》〔在職一八三七—五三〕の五男)の遊び相手として江戸城西丸大奥にあがった。二〇代の瀧山と同じ空間にいたのである。瀧山や、大奥の女中衆にかわいがられたのであろう。後年、薩摩藩《さつまはん》の西郷吉之助《きちのすけ》(一八二七—七七)をはじめ、長州藩《ちょうしゅう》、安芸藩《あき》が倒幕を計画し動揺と不安が広がる大奥で、勝の少年時代からの人脈が思いもかけず大奥との強い信頼関係を築き、無事に江戸城を新政府に明け渡すことにつながった。

幕末の江戸城の大奥で徳川幕府を支えたのが御年寄瀧山であり、表にいた成長した勝であった。大岡、青木、勝、男谷という小禄ながらも将軍直臣の旗本が、二六五年続いた徳川幕府と江戸の町を守り、将軍居城の江戸城内に一滴の血も流すことなく政権移譲を成し遂げた心意気は「侠」というにふさわしい。

内憂外患

簡単に瀧山が生きた時代を見ておこう。世情は、一八三三(天保四)年から三七年頃にかけて天保大飢饉《だいききん》がおきた。農村が荒廃して離村する農民が続出し都市へ流入、諸物価が高騰《こうとう》。諸藩は対策を講じるも十分な成果をあげられず、深刻な国内不安を生み出した。ついには一八三七年、大坂で幕臣・大塩平八郎《おおしおへいはちろう》が困窮《こんきゅう》する民衆救済のために幕府を相手に乱をおこす。また同年、浦賀沖に漂流民送還と通商を目的としたアメリカ船モリソン号が来航し幕府がこれを砲撃して打払うと、国内は攘《じょう》夷《い》か通商かで論争が起きる。そのようなか、一八五二(嘉永五)年、瀧山は四七歳で十二代将軍家慶の世子である家祥《いえさち》(後の家定《いえさだ》)付御年寄に昇進する。翌年六月三日、アメリカ使節ペリーが来航するが直後に家慶が死去、十三代将軍に家定が就任する。これにともない、瀧山も将軍付御年寄に就任。しかし、家定は生来の病弱であり、世子時代の二度の結婚で子をなすことはなかったため、早くも次代の将軍継嗣問題が発生する。諸大名間で、紀州《きしゅう》藩主徳川慶福《よしとみ》(後の家茂《いえもち》〔在職一八五八―六六〕)を推す井伊直弼《いいなおすけ》(一八一五―六〇)ら紀州派と、御三卿《ごさんきょう》・一橋家当主慶喜を推す前水戸《みと》藩主徳川斉昭《なりあき》(一八〇〇―六〇)ら一橋派が対立した。本稿では、この時期を中心に彼女をみていく。

座らない御年寄瀧山

さて、瀧山が務めた御年寄とは役職名のことで、年をとった人という意味ではない。御年寄には、上臈《じょうろう》御年寄と御年寄の別があり、前者は京都の公家《くげ》出身者で、後者は旗本出身者から採用された。将軍付、御台所付、姫君様付といった専属の主をもち、特に将軍付は表の老中に匹敵《ひってき》し、大奥女中第一の権力者であった。

> 御年寄は日々詰所《つめしょ》に端座《たんざ》し、煙草盆《たばこぼん》を前に控えて御用の外は少しも身を動かすことなく、諸向きより申し来る一切の事を裁決して夫々《それぞれ》に指揮し、御配膳を司り到来のお文を披露し、紅葉山、芝、上野等への御代参を勤め、御台所に代りてお目見え以下に物を下さる。総て奥向きの万事を締め括《くく》り、表にて申せば御老中に比《たぐ》ふべき大奥第一の重役なり。
>
> （『千代田城大奥』「女官職制」〈永島今四郎・太田贇雄編、朝野新聞社、一八九二年〉）

御年寄は月番制《つきばんせい》で、月番の者は毎日朝四ツ時（午前十時頃）に大奥の詰所である千鳥之間へ出勤すると、そこから動くことなく表使《おもてづかい》や右筆《ゆうひつ》を呼び出して指図し、夕七ツ（午後四時頃）に退出した。つまり、ほぼ一日中、定位置に端座し、部下に仕事の指図をするのが通常の御年寄の勤務スタイルである。それに対して、瀧山はどうであったか？キャリアウーマンは期待を裏切らない。

十四代には家茂を！

瀧山が二度にわたって関与した将軍継嗣問題からこれを検証してみよう。まずは、彼女に対する鳶魚の評価から。

（家定の）最後の結婚は政略的に行はれたのであつたから、大奥女中団を率ゐて随分困難な抗争もした、瀧山は天下の形勢を眺めて、それを女の身で考へても益がない、唯だ自分達は累世《るいせい》の恩のある徳川家の為《ため》になりたいとのみ決心した、家定夫人島津氏（篤姫）が一橋慶喜継嗣論を抱いて嫁に来られたのを大奥女中団の感化で持説を棄てさせたのには、他にも原因があらうけれども、水戸嫌いの瀧山の力を算《かぞ》へなければなるまい、慶喜公が十五代将軍になつた時、瀧山は直に御役御免を願ひ出た、けれども聴き届けられない、慶喜様にお仕へ申すのは真平《まっぴら》であるが、徳川家に仕へるのだからと云はれゝば、我慢《がまん》もしなければならぬと瀧山は云った。

（『御殿女中』、（）内は筆者補足）

二度ともに候補に挙がるも瀧山に拒絶された人物、それは徳川御三家・水戸家出身の一橋慶喜である。原因は彼の実父、水戸藩の九代目藩主・徳川斉昭にあった。一説によれば、斉昭の大奥女中への素行の悪さが原因と言われている。鳶魚は、十四代将軍に家茂が決定した裏には、慶喜を推す正室篤姫《あつひめ》（一八三六―八三）の懐柔《かいじゅう》に大奥の代表として奔走した瀧山の力が大きいとみている。

十五代には田安亀之助を……

十五代選びの時はどうであったろうか。当の慶喜は、明治も終わりの頃、次のように当時の心境を語っている。

昭徳公（十四代将軍・家茂）が御進発の前夜（慶応元年五月十五日）、跡目《あとめ》には田安亀之助《たやすかめのすけ》（後の家達《いえさと》）を立つべしと仰せおかれしとの事、天璋院様（篤姫）などは御承知ありつらんも、予は少しも知らざりき。ほかの人々も同様なりしなるべし。予にして当時これを知りたらば、亀之助を立てて後見をするとか、何とかせんようもありしならんに、全くその事を知らざりしより、遂に自ら相続するに至りしなり。

宗家《そうけ》相続の議起りし時（慶応二年七月）、予は大奥・諸有司などに対し大いに懸念するところありて、予が相続して折り合うや否やということをばいたく憂慮したり。これも辞退の重《おも》なる原因の一つなりき。

（『昔夢会筆記』明治四十四年三月一日条〔大久保利謙校訂、「東洋文庫　七六」、平凡社、一九七六年〕、（）内は筆者補足）

家茂は、第二次長州征討《せいとう》に出陣する折、もしも自分の身に何か起きた時は、後継の十五代将軍に御三卿・田安亀之助を据えるよう言い残していた。つまり、遺言である。慶喜は事前にそれを知っていたなら、自分は大奥、諸大名に反対されているのは承知していたのだから、亀之助を将軍にして自分は将軍後見職にでもなるのであった、と嘆いたのである。

大奥は政治から遠ざけられているというイメージが強いが、明らかに御三卿はじめ大名諸家は新将軍擁立に大奥の影響力の強さを意識していたことがわかる。瀧山自身も、「天下の形勢を眺めて」とあるように、幕府を取り巻くさまざまな状況から最善の選択を模索する姿勢が見える。大奥は、表方の役人に引けをとらない政治的影響力をもつ女性官僚集団であり、なかでも瀧山は将軍から高い信任を得ていた。というのも、この遺言は、出陣前夜、瀧山が将軍家茂から直接託されたことであった。

> 大樹殿(家茂)昨夜仰置候由にて瀧山御めみへ願御直々申上らるゝ右は此度御進発に付何分御若年にもあらせられ候御事御不慮のほとも計《はかり》かたく万々一の節御跡御相続田安亀之助殿の思《おぼ》しめし故御発途後に此たんをよくよくたき山より御内々　和宮殿天璋院殿へ申入置の様仰付られ候。
>
> (『静寛院宮御側日記』慶応元年五月十六日)

つまり、十五代将軍指名の遺言は、自身の正室・和宮や義母・天璋院ではなく御年寄瀧山に託され、彼女から伝わるよう言い残されたのである。将軍と将軍付御年寄という役職上の関係もあろうが、幕府の将来を心配して江戸を旅立つ家茂が次期将軍指名という政治的トップシークレットを瀧山に託せたのは彼女への信頼とともに、それを実現する能力を見込んでのことであり、将軍の人事さえも瀧山はじめ大奥が深く関与していた事例といえよう。

将軍押込計画を阻止せよ!

瀧山が家茂の信頼を獲得したできごとの一つを紹介する。

十四代将軍継嗣問題と同時期に、大老・井伊直弼は勅許《ちょっきょ》を得ぬまま日米修好通商条約に調印した(一八五八〔安政五〕年六月十九日)。これを聞いた一橋派の徳川斉昭・慶篤《よしあつ》父子、松平慶永《よしなが》(一八二八―九〇)らは二四日、不時登城して面責し、慶喜もこれに加わった。翌日、直弼は、家茂を将軍後嗣として発表しこの問題を決着させると、一方では不時登城をした一橋派に隠居《いんきょ》・謹慎《きんしん》などの徹底した粛清《しゅくせい》を加えた(安政の大獄《たいごく》)。その直後に家定が死去し、同年十月二五日、家茂は十三歳で十四代将軍に就き、瀧山はそのまま将軍付御年寄となった。一八六〇(万延《まんえん》元)年三月三日、直弼が江戸城桜田門外で水戸浪士らの襲撃に遭《あ》い暗殺されると、将軍家茂や幕府は条約無勅許問題や攘夷実行を迫る朝廷との関係修復に苦慮することになる。

二年後、幕府は隠居・謹慎中であった一橋慶喜を将軍後見職に、松平慶永を政事総裁職《せいじそうさいしょく》に任命して幕政に復帰させることにした。これに、彦根《ひこね》藩家臣で直弼遺臣の宇津木景福《うつきかげよし》や長野義言《ながのよしとき》は警戒した。概要はこうである。

(前略)国持《くにもち》御大名より追々京地 幷《ならびに》 公邊《こうへん》え難題種々御申立 公邊に而《て》も被遊方《あそばされかた》無之折を見極メ、兼而《かねて》人望有之一橋ヲ御後見、越前ヲ再勤大老ニ被 仰付候ハヽ治り付可申と申立候者出来《しゅったい》、恐《おそれ》多くも 上様ヲ押込《おしこめ》、兼而之陰謀成就為致候手段鏡ニ懸ケ見る様ニ被存……。

（井伊家史料二十九」〔文書番号六二二〕「文久二年四月二十九日富田権兵衛・宇津木六之丞〔景福〕から長野宛書状」東京大学史料編纂所編、二〇一六年）

家茂の政治体制に反感をもつ国持大名が朝廷に苦情を申し立てており、朝廷内でもそれを理由にして慶喜と慶永を復帰させればこの苦情が止むという者がいる、これは、家茂を押込、つまり将軍の座から降ろす計画であるのは明白だ、というのが宇津木らの主張であった。この計画を阻止すべく、宇津木らは、家茂生母・実成院《じつじょういん》と乳母《めのと》の浪江《なみえ》に忠告しようとするが、浪江は病であったため、代わりに「堅《かた》く御口留《おくちどめ》」して瀧山に話した。

さて、ここからは瀧山の動きを追っていこう。瀧山は「堅く御口留」されていたにもかかわらず、すぐさま将軍付上臈御年寄万里小路《までのこうじ》に相談した。

瀧山事も一大事之事ニ付萬里小路へ談し候所、一印（慶喜）御ゆるめと申事ハもはや御評決ニ付、今日ニも可被仰出も難計ニ付、早々表へ申通し被仰出無之様指留候事専一と存、平丹（御側御用取次《おそばごようとりつぎ》・平岡道弘）之登城ヲ待兼申通候処、此儀ハもはや被　仰出済ニ成候事ニ付取計方無之、乍去《さりながら》大和《やまと》（老中・久世廣周《くぜひろちか》）江可談と申聞候迚《とも》働立いたし候心持ニ而實印様（実成院）へも申上候事ニ而、少しも悪心ハ無之との事。

（前同、（）内は筆者補足）

相談の末、一刻も早く、表の役人に事の次第を伝えて一橋慶喜の謹慎解除の公表を止めることが第一と考え、御側御用御取次・平岡の登城を今か今かと待ち、発表の取りやめを訴えたが、すでに慶喜の謹慎解除は決定したことで覆《くつがえ》せない、しかし、老中に相談してみようということになった。

御側御用御取次とは、「君邊第一の重任なり、御政事筋御相談、諸大名諸旗本御逢對客等を御受にて、人材の善悪を辨知りて、御尋ねあれば御直に申上る」(『古事類苑』「明良帯録餘篇」)ことを役務とする。つまり、将軍と老中以下の諸役人との間にあって、重要事務を取りついだり、将軍から直に政治や人事について相談を受ける将軍のブレーンである。瀧山は、将軍の進退がかかる一大事に、将軍に直言できるポジションの平岡に相談し、さらに老中・久世に訴えようと行動したのである。そして、そのことは事前に実成院にも相談がなされていた。

勇み足の俠

結局のところ、慶喜、慶永の幕政復帰は攘夷決行を迫る天皇の勅命であり、幕府と家茂はこれを受け入れたもので、宇津木らの警戒と瀧山の行動は家茂を守るために出た勇み足の俠であった。

その後、この一件は実成院から家茂の知るところとなり、将軍の身を案じるあまりの間違いであり、「櫻田大精忠之者」(「井伊家史料二十九」〔文書番号七三〕「文久二年五月十日渡邊與八郎書取、彦根藩側役宇津木景福宛書状」)、彦根藩井伊家は将軍に対して大忠義者であると認められた。

勇み足であったとはいえ、将軍押込、事によっては暗殺もされかねない計画があると知った時の瀧山の行動は、迅速かつ慎重である。いかにして自分の主である将軍を守るか。誰に相談し、どう行動するのが最善か。将軍生母にも事前相談する根回しの計画性。正確、冷静な分析力と行動力で困難なミッションに立ち向かう姿は、そのまま現代のキャリアウーマン像に通じる。

若き将軍家茂にしてみれば、自らの地位の危うさを思いもかけず忠臣井伊家の勇み足から思い知ると同時に、万一の時は将軍を補佐する瀧山はじめ家臣のチームプレーに心強さを感じる一件になったことであろう。

慶喜様にお仕へ申すのは真平

家茂は、第二次長州征討の途上、一八六六(慶応二)年七月二〇日、大坂城で脚気衝心《かっけしょうしん》のため急死した。十五代将軍に、天璋院は「昨年御進発の節仰置れ候御通田安亀之助殿に遊し度」(『静寛院宮御側日記』慶応二年七月二十四日)としてあくまでも家茂の遺言を守ろうとするが、「只今の御時勢御幼年(亀之助・四歳)にてはいかゝと御心配遊し」(同)た和宮の冷静な判断もあり、遺言に反して一橋慶喜に決定した。

実は、家茂は危篤《きとく》状態になってから「一橋中納言殿へ　御相続被仰出且防長之儀は至急に付為御名代出陣出張被仰付候」(同書、慶応二年八月七日)として、慶喜に将軍就任と長州征討の名代を命じていた。このことを瀧山は、「大坂表同役より申来り候へ共周防守河内守《すおうのかみかわちのかみ》共所労にて登城かね候て申上す今日両人共押て登城申上候」と、大坂城の御年寄から報告を受け、老中の松平周防守（康直《やすなお》）と井上河内守（正直《まさなお》）に申し上げたが、瀧山としては「甚《はなはだ》不都合の段御断申上度よし」、つまり慶喜が将軍というのは全く道理に合わないのでお断りしたいという心境を和宮に伝えている。

ここで注目すべきは、第一に、瀧山は家茂の遺言であっても慶喜が将軍になることには不賛成だということである。主人に忠義は尽くすが、いわゆるイエスマンではなく「天下の形勢を眺めて」「累世《るいせい》の恩のある徳川家の為になりたい」という侠の心意気が、将軍家茂に対してさえも奮起されるところが瀧山のブレない凄味《すごみ》といえよう。

第二に、次期将軍を託す遺言のやり直しが、大奥の御年寄を経由して老中に伝えられたことである。将軍が死を目前とした状況で遺言を第一に託す相手が御年寄瀧山であったという事実は、次期将軍指名の上意下達が表方の老中よりも大奥の将軍付御年寄に任された一例とみることができ、ここでも大奥の御年寄が幕府官僚機構の中で重要な役割を果たしていたといえるのである。

リア充のファーストキャリアウーマン

「慶喜様にお仕へ申すのは真平」と言っていた瀧山は、一八六七（慶応三）年、五〇年近く務めた大奥を辞し、自分の部屋方女中であった仲野の生家を頼って二軒在家村（埼玉県川口市）に居を構えた。仲野を母とした夫婦養子に瀧山姓を名のらせて家を興こし、大奥のトップ官僚としては実現できなかった自分の家族と家を作った。明治維新をむかえ、新しい時代に自分の人生を再出発させたのである。

瀧山の菩提寺である真言宗智山派錫杖寺《しゃくじょうじ》(前同)は、往時は将軍家が日光参詣の折に立ち寄る休息所であった。そこに浄土宗系の戒名「瀧音院殿響譽松月祐山法尼」と墓石に記され、現在も供養されている。さらに今回の調査では、同寺に真言宗の戒名(非公開)が記された過去帳があり、その記述の上からこの浄土宗系の戒名の札が貼り付けられていることが明らかとなった。つまり、瀧山は異なるふたつの宗派の戒名を持つ。この歴史的経緯は不明である。徳川家の菩提寺《ぼだいじ》である浄土宗の増上寺が授けたものであろうか。人生の大半を江戸城大奥ですごし、幕末の徳川幕府を支えた瀧山に対して最上級の感謝の念が込められた贈り物かもしれない。

一八七六(明治九)年一月十四日没。享年七一。

折しもこの年から西日本を中心に、不平士族と明治新政府の間で対立が本格化する。熊本・神風連《じんぷうれん》の乱、福岡・秋月の乱、山口・萩の乱、そして翌年には、西郷吉之助が指揮する西南戦争が勃発した。滅亡するラストサムライとは逆に、俠の心意気と卓越した政治力で自らの使命を全うし、第二の人生のプライベートも充実させたリア充なキャリアウーマンの先駆け＝ファーストキャリアウーマンが御年寄瀧山なのである。

⊙参考文献

韮塚一三郎『埼玉の女たち』(さきたま出版会、一九八〇年)

巌本善治編『新訂　海舟座談』（岩波書店、二〇〇九年）
財団法人徳川記念財団編『徳川将軍家ゆかりの女性』（二〇〇八年）
大石学編『徳川歴代将軍事典』（吉川弘文館、二〇一三年）

●参考資料

『寛政重修諸家譜』（続群書類従完成会、一九八〇年）
『古事類苑』「官位部」（吉川弘文館、一九六八年）
三田村鳶魚『御殿女中』（春陽堂、一九三〇年）
正親町公和編『静寛院宮御側日記』（皇朝秘笈刊行会、一九二七年）
大久保利謙校訂『昔夢会筆記』（「東洋文庫　七六」、平凡社、一九七六年）
東京大学史料編纂所編『大日本維新史料　類纂之部　井伊家史料二十九』（二〇一六年）
東京大学史料編纂所編纂『大日本近世史料　柳営補任』（一九八三年）
永島今四郎・太田贇雄編『千代田城大奥』（朝野新聞社、一八九二年）
勝海舟『氷川清話』（江藤淳・松浦玲編、講談社、二〇一五年）
勝小吉『夢酔独言』（川崎宏編、中央公論新社、二〇一二年）

●協力

真言宗智山派錫仗寺（埼玉県川口市）

幕末の動乱を駆け抜けた
徳川の世の「模範生」

河井継之助

…かわいつぎのすけ…

行田健晃

河井継之助《かわいつぎのすけ(つぐのすけ)》(秋義《あきよし》、一八二七―六八)は、一八二七(文政十《ぶんせい》)年正月に越後長岡藩《えちごながおかはん》の藩士河井秋紀《あきのり》の子として生まれた。継之助は中層の家格ながら幕末には藩の要職にまで上り詰め、長岡藩の命運を握った人物とも目される。継之助の事績としては、継之助が郡奉行《こおりぶぎょう》を務めた頃より始まる藩政改革が評価される一方で、長岡藩が敗北した北越《ほくえつ》戦争への参加の契機をつくりだしたことが知られる。現在までにさまざまな評価がなされてきた継之助だが、そもそも彼はどのような信条によって行動したのであろうか。

若き継之助、読書に没頭する

継之助は幼少期より学問・武術に励んだが、「目的を達することができればそれでよい」という考えのもち主で、形式や約束事に関心をもたなかったため、方々の師匠《ししょう》は非常に手を焼いていた。また、彼の知人をして「強情《ごうじょう》」な気質とのことで、年長の者に憎まれることも多かったようだが、どんなに痛めつけられて涙を流しても許しを請うことはなかったという。

ただ、「腕白《わんぱく》」な時期を過ごした継之助も、十六歳で元服《げんぷく》するころになると、読書に熱中する。その手段は専ら写本で、継之助の妹安子曰く「他所《よそ》から書物を借りて、藩の祈禱寺《きとうじ》である玉蔵院に毎日籠《こも》って写し取った」という。河井家は一二〇石という禄高《ろくだか》のわりに裕福であったというから、あえて写本という手段を取ったのは、学問を自らの血肉にしようという継之助なりの考えあってのことであろう、と『河井継之助伝』は述べる。実際、生涯を通じて継之助は多くの写本を残している。

継之助は、学問の中でも陽明学《ようめいがく》に傾倒した。それには、彼が学びを得た藩校崇徳館《そうとくかん》の都講《とこう》高野松陰《のしょういん》（一八一一―四九）の影響もあろう。継之助はやがて高野の同窓であった山田方谷《やまだほうこく》（一八〇五―七七）の門を叩くことになる。当時の継之助の写本の中には、高野の師である佐藤一斎《さとういっさい》（一七七二―一八五九）による『言志録』がある。

継之助の藩政改革と「民は国の本」

継之助は、一八五二（嘉永《かえい》五）年、二六歳にして江戸に遊学《ゆうがく》し、儒者斎藤拙堂《じゅしゃさいとうせつどう》（一七九七―一八六五）、のち同じく儒者の古賀謹一郎《こがきんいちろう》（一八一六―八四）に学んだ。

さらに後、継之助は経世《けいせい》の学を求めて藩への短い出仕《しゅっし》を挟みながら江戸や中国地方への遊学を行い、やがて十一代藩主牧野忠恭《まきのただゆき》（一八二四―七八）に従って藩政を支える一員となって、一八六五（慶《けい》応《おう》元）年には郡奉行に就任する。

❶賄賂嫌い

郡奉行に就任した継之助は、就任早々行動に出る。従来の慣例であった「祝儀」と称する村からの贈物を受け取らず、持ち帰らせたのである。継之助が郡奉行に就任した当時、この地域では賄賂《わいろ》が横行しており、村役人が新たに就任した際に奉行や老中に金品の付け届けをしていた。継之助はこれを禁止するとともに、代官や名主《なぬし》を役宅に集めて豪奢《ごうしゃ》を強く戒《いまし》めるように達した。その「賄賂嫌い」ぶりは、家中の者に対しても徹底したらしく、それがもとで、ある「事件」も起きた。妹安子の語りを紹介しよう。

> ある時生家の仲間《ちゅうげん》の宅から、親爺《おやじ》の米寿《べいじゅ》の餅《もち》を持って来た所が、廊下番《ろうかばん》が、平常厳《いかつ》がましくいはれて居《い》るものだから、有無《うむ》もいはせず突き返して仕舞《しま》ったのを、暮方《くれがた》兄が帰って来てこれを聞いて、さぞ先方で不吉がるであらうと云《い》ふので、樽酒《たるざけ》を仲間の宅へ持たせて詫《わび》を云ふて餅を貰《もら》ひにやったこともありました。
>
> （『河井継之助伝』）

家の仲間が父の米寿の祝いに餅を持って来たのを、普段から賄賂の受け取り拒否を厳命されている廊下番が、賄賂と勘違いして突き返してしまったのである。暮れに帰ってきた継之助が詫びを入れて一件落着となったが、継之助の徹底ぶりが垣間見《かいまみ》えるエピソードである。

❷継之助の藩政改革

これを皮切りとして、郡奉行・継之助は風紀《ふうき》を改める政策を次々と行った。継之助は藩がこれまで、その年の豊凶《ほうきょう》に関係なく受け取り、いたずらに藩庫《はんこ》を肥やすだけになっていた「御手当米」を廃止し、その分を相互に融通《ゆうずう》しあう「相対救《あいたいすくい》」の制度を設けた上で、社倉《しゃそう》の掟《おきて》を復活させた。ほかにも、水害を受けた地域に対する免税措置を不当に延長する役人を処罰するなどの是正《ぜせい》を行った。その一方では河川の改修を行い、百姓《ひゃくしょう》の生活安定に努めた。

一八六六(慶応二)年には町奉行も兼任したため、こうした人々の生活安定・綱紀粛正策《こうきしゅくせいさく》は町場へも広がった。おごりを極めた商人の追放、軽罪の者のための寄場《よせば》の設置、賭博《とばく》の徹底的な取り締まりが行われた。特に寄場は、これまでの牢獄《ろうごく》よりも生活環境を向上させたもので、更生施設としての性格ももちあわせた。また、遊郭《ゆうかく》を廃止し、私娼《ししょう》も禁止したが、遊郭廃止に関しては、当の継之助がかつて遊郭にふけっていたことを揶揄《やゆ》して、次のような落書《らくしょ》があったという。

＝河井くと　今朝までおもひ　今は愛想も　継之助(つきのすけ)

（『河井継之助伝』）

❸民は国の本、吏は民の雇

さて、こうしたときにかつての自分の行動とも背反するように見える継之助の藩政改革は、どのような思想的背景をもって行われたのだろうか。こうした継之助の思想を反映した著名な言葉に、次のようなものがある。

＝民は国の本、吏《り》は民の雇《やとい》

民は国のもとであり、吏（役人）はその民に雇われたに過ぎない――継之助の信条を象徴する文言である。

ただし、ここで留意したいのは、この表現は継之助のオリジナルではなく、前半・後半それぞれに出典があるということである。元をたどれば、前半は中国の歴史書『書経《しょきょう》』中にある「民惟邦本」（民はこれ邦の本）などの表現に行きつき、後半は同じく中国で刊行された唐《とう》・宋《そう》時代の模範文例集である『文章軌範《ぶんしょうきはん》』中の表現に行きつく。特に後半部分を含む文章は、「雇われた者が給料を受けながら仕事を怠《おこた》るだけでなく盗賊《とうぞく》のようなことをしている者までいる。この後に「しかし、天下には仕事を怠り、物を盗んだとしたら、その家の主は必ず怒るだろう」と続く。この表現はまさに藩政改革を遂行せんとする継之助の方針と一致するではないか。

❹徳川の世の「理想」――『太平記評判秘伝理尽鈔』の楠木正成――

しかし、継之助は、この知見《ちけん》を一体どのように得たのであろうか。このうち後半の出典である『文章軌範』については、二度目に江戸に遊学した際に、読書を行った記録が残っている。

前半の語句を考えるにあたっては、歴史学者若尾政希氏による研究成果が有用である。ここからは氏の著作『「太平記読み」の時代』に拠りつつ話を進めよう。この「民は国の本」という表現だが、実は継之助と同じような文脈でのこの語を用いる人々が、既に十七世紀に存在していた。その時代の学者、山鹿素行《やまがそこう》（一六二二―八五）と熊沢蕃山《くまざわばんざん》（一六一九―九一）である。山鹿・熊沢はともに「民は国の本」という言葉をキーワードにして農政《のうせい》について論じているが、彼らの思想に大きな影響を与えたのは、南北朝の動乱期を描いた『太平記《たいへいき》』の事件や人物について批判・論評した『太平記評判秘伝《ひでん》理尽《りじん》鈔《しょう》』（以下『理尽鈔』）であった。『理尽鈔』の内容は本来、講釈師《こうしゃくし》による口誦《こうしょう》での伝達に限られていたが、十七世紀に書籍として刊行されると地域・身分を越えて広く流布《るふ》し、そのテキストは、江戸時代の「政治常識」として人々に共有されていった。そこでは『太平記』中の武勇に優れた「ヒーロー」である楠《くすの》木《き》正成《まさしげ》（？―一三三六）が、領民の貧苦を救い、百姓のために政治を行う、農政に長けた理想的な為政《いせい》者《しゃ》として描かれている。領民のために働く武士の姿は、実は江戸時代の前期頃から定着しはじめた政治的理想だったのである。ただし、この「理想」は同時にその支配の「恩恵」に応えて年貢などを遅《ち》滞《たい》なく負担することを百姓に強く求めることとセットであり、この時代の身分制を正当化する装置でもあった。

そして、継之助の郡奉行としての姿も、この『理尽鈔』中で語られる楠木正成と相通ずる。おそらく、河井継之助は、『理尽鈔』そのもの、あるいはその影響の下にある経世の学から、こうした思想を獲得したのであろう。その意味では、後半の「吏は民の雇」も、模範文例集の一部としてではなく、江戸時代の長きにわたって蓄積された『理尽鈔』をベースとする経世の学の文脈を帯びているものと思われる。継之助は、『理尽鈔』に基づく江戸時代の政治的理想を体現しようとした、いわば

河井継之助（1859〔安政6〕年、長崎で撮影）

徳川の世の「模範生」だったのである。なお、継之助は二三歳の時点で「『太平記』八箇条」なるものを筆写している（ただし、この典拠が『太平記』そのものなのか、その解釈書である『理尽鈔』なのかは不明である）。

継之助の建白書と「太平の恩沢」

❶幕府の敗北と「幕府後」をめぐる争い

さて、長岡藩の藩政改革と同じ時期、藩の外では一大事件が起きていた。一八六四（元治《げんじ》元）年の禁門《きんもん》の変とそれに続く第一次長州戦争において幕府に恭順《きょうじゅん》の意を示した長州《ちょうしゅう》藩が、降伏後、幕府への態度をめぐって二つに割れ、内戦の結果藩論を転換させたのである。これは「幕府が攻撃してくるならば、抗戦する」というもので、長州藩が再び幕府にとって脅威《きょうい》となり始めることを意味していた。

一八六六（慶応二）年、これに対応して権力回復を目指した幕府が再び長州と戦争をはじめた（第二次長州戦争）。しかし、大義《たいぎ》なき戦争に疑念を抱く藩が長州に同情する状況が生まれ、特に先の禁門の変で敵対した薩摩《さつま》藩と長州藩が協働する体制が構築されたこともあって、幕府は劣勢に追い込まれた。そして、同年七月にときの第十四代将軍徳川家茂《いえもち》（在職一八五八―六六）が亡くなると、一ヶ月後にこれを理由として停戦した。幕府が敗北し、その対立構図は禁門の変から大きく変化した。

明けて一八六七（慶応三）年以降、次第に政局は「幕府後」をめぐる争いへ移行する。新しい政体の樹立に際して、徳川家を武力で倒すか、それとも平和裏に行うか。前者を「武力倒幕派」、後者を

「公議政体派《こうぎせいたい》」と呼ぶ、二派の争いである。同年十月、第十五代将軍徳川慶喜《よしのぶ》(在職一八六七―六八)が大政奉還《たいせいほうかん》をすると、薩摩をはじめとする武力倒幕派は「討幕の密勅《みっちょく》」を手に入れ(これはいわゆる「偽勅《ぎちょく》」であることが今日定説化している)、十二月には王政復古《おうせいふっこ》クーデタを実行し、徳川慶喜の辞官納地《じかんのうち》が決定した。この直後、河井継之助は十二代藩主牧野忠訓《まきのただくに》(一八四四―七五)の名代として建白書《けんぱくしょ》を新政府に提出する。

❷長岡藩の建白書

この建白書では、徳川家を擁護《ようご》して「是迄《これまで》の通り、万事徳川氏へ御委任在《あ》らせられ候《そうろう》より、治安の道はこれ無き義と存じ奉り候」(『河井継之助伝』)と述べる。今まで通り徳川家が政権を握る以外に「治安の道」はない、というのである。では、なぜこのような主張をするに至ったのか。その理由は同書中の別の部分に窺《うかが》える。

徳川氏、撥乱治平《はつらんちへい》に至り候後、もし政権、朝廷に帰し奉り候えば、今日の治世はこれ有るまじく、昇平万国にたぐい無きは、神国の御威光《ごいこう》、徳川氏祖宗《そそう》の功業《こうぎょう》、天下の万民、今日太平の沢《たく》ニ浴し候も、これにほかならざる儀と存じ奉り候。
(『河合継之助伝』)

天下の万民が「太平の沢」に浴する今日の治世は、戦国の世を平定した徳川家の「祖宗の功業」であるとして、政権が朝廷に返っていたならばこのようにはならなかったと主張している。さらに、これに続く部分では、現在の混乱状態は徳川家のみの責任ではないと弁明し、大乱を起こさずに強国に成長した功を徳川家に求めている。

また、この時期に盛んとなった、西洋の変革の説を受けた「変乱がかえって社会を前に進める基《もとい》になるのではないか」という言説に対しては、一理あるとしながらも結局は個人的な利欲に走っているものだとして、次のように反論する。

天下の諸侯《しょこう》、幕府に臣服《しんぷく》し、数百年太平の恩沢《おんたく》を忘却せざるの義心これ有り候て、朝廷の不安はこれ無く、徒《いたず》らに尊王《そんのう》の名を借り、幕府へ不平を懐《いだ》き、時勢に乗じ、徒に義を唱へ、あるいは私利を営み候様なる人心にて、朝廷の安き事これあるべきや。

(『河合継之助伝』)

天下の諸侯が幕府に従い、「太平の恩沢」を忘れずにいることで、朝廷の不安がなくなるというのに尊王の名を借りて幕府に不平をいだき、私利を営む人心がある状況で朝廷が心中穏やかでいられようか。

このように、建白書には幕府による「太平の恩沢」を重視する継之助の心情がにじんでいる。継之助は、二六〇年の「太平の恩沢」を「徳川氏祖宗の功業」と評価し、これを継続するためにこれ以降も徳川家が政権を握るべきだと考えたのである。

❸「太平の恩沢」論理

ところが、この「太平の恩沢」を「徳川氏祖宗の功業」とする考えもまた、継之助だけのものではなかった。

この考え方がつよく現れだしたのは開国が迫る嘉永期の頃であり、この論理を持ち出したのは驚くべきことに当の幕府であった。この論理はどのような文脈で用いられたのか、具体例を一つ挙げよう。

一八六二(文久《ぶんきゅう》二)年、幕府は、兵制改革の一端として歩兵《ほへい》を百姓層から取り立てることにした(「兵賦令《へいぶれい》」)。一八六五(慶応元)年にはその範囲が従来の旗本領《はたもとりょう》のみならず、幕府直轄領《ちょっかつりょう》にも拡大するのだが、この時に幕府が代官に達した文書のうち、百姓向けに出す達書の中に「太平の御恩沢」という表現が登場する。

そもそも、百姓層に軍役を負わせることは、「兵農分離」を原則とする江戸時代においては明確なルール違反である。これに対応するため、幕府はやむなく兵として取り立てた百姓を武家奉公人《ぶけほうこうにん》格とし、一時的に武士に準ずるものとして扱う身分変更を行った。しかし、これによって百姓が武士のごとく振舞《ふるま》うようになることは幕府にとって許せるものではない。そこで、この達書《たっしがき》で幕府は、「百姓の気風を保ったまま軍役を負うこと」という理不尽な要求を百姓たちに突きつけたのである。そして、百姓たちにこの要求を飲ませるために使われた論理が、「これに応えることが、徳川家によってもたらされた『太平の御恩沢』に報いることになる」というものであった。

つまり、「恩沢」の論理は、幕府の支配原理が崩れそうなときに、それを繋《つな》ぎ留めるために用いられたものだったのである。そして、継之助は、徳川家当主の辞官納地という、まさに幕府の支配原理が根底から覆《くつがえ》されようとしたその時に、譜代藩《ふだいはん》の重役としてこれと同じ論理を朝廷に突きつけんとした。ここでも継之助は、徳川の世を治める者たちの「模範生」としての行動を選択したのである。

小千谷談判の決裂と戦争、そして継之助の最期

❶戊辰戦争はじまる

継之助の建白もむなしく、一八六八(慶応四)年一月、ついに戊辰《ぼしん》戦争がはじまる。同月三日にはじまった鳥羽《とば》・伏見《ふしみ》の戦いでは、旧幕府側は直轄軍《ちょっかつぐん》に加えて桑名《くわな》藩・会津《あいづ》藩などが戦力となった。この戦いはすぐに幕府側が劣勢に置かれるようになり、開戦から四日目の一月六日、徳川慶喜が大坂城から江戸へ脱して大勢は決した。このとき継之助も藩主牧野忠訓とともに江戸へ向かっている。

そして七日に有栖川宮熾仁親王《ありすがわのみやたるひとしんのう》(一八三五—九五)による慶喜追討令《ついとうれい》が出されると、新政府による東征軍が組織される。東征軍は北陸道・東山道・東海道の三つの陸路から慶喜のいる江戸に向かうことになり、全国の藩は東征軍から「恭順《きゅうじゅん》か抵抗か」の二者択一を迫られた。三月十七日、長岡藩も越後高田にいる北陸道先鋒総督《せんぽうそうとく》兼鎮撫使《ちんぶし》高倉永祜《たかくらながさち》から、越後に出兵している会津藩兵取り締まりのための兵力供出《きょうしゅつ》を迫られた。ほどなくその要求は献金三万両の要求に変わったが、受諾か拒否かをめぐって藩論は割れた。それには、これより前に会津藩から北越諸藩に向けて連携《れんけい》の打診があった

影響もあろう。恭順を主張する一派がいる一方で、藩内には東征軍との一戦を主張する者たちも多かった。

このとき、継之助が選択したのは、「兵制改革を推し進めつつ、和戦《わせん》を明らかにしない」という態度であった。四月に長岡藩の家老本職に上った継之助は、徳川家擁護《ようご》の方針を会津藩などと確認し、藩内に布告しつつも(なお、ここでも徳川家擁護が徳川家による「太平の恩沢」に報いることになるという文脈を以て語られている)、同時期に行われた、会津藩の謹慎説得《きんしんせっとく》を目指す越後諸藩の会議には欠席するなどして諸勢力との微妙《びみょう》な距離感を保った。

しかし翌閏《うるう》四月、京都より越後諸藩へ会津征討のための出兵要求が出たとの情報が現地にもたらされ、会津藩はいよいよ東征軍との対決色を鮮明にしていく。

戦いの足音が越後に響く。長岡藩にも、確実に選択の時が迫っていた。

❷継之助の最期

二六日、北陸道の東征軍が東山道の軍と合流して長岡へ向かうなか、継之助は藩の軍事総督に任命された。五月二日、継之助は藩主牧野忠訓の嘆願状《たんがんじょう》を懐中《かいちゅう》に携え、みずから小千谷《おぢや》の東征軍本営へ戦闘回避の交渉に臨む。この嘆願状は、列強諸国が日本に迫りくるこの時勢に発生した内乱を、領民を苦しめ、農事を妨げて疲弊をもたらすものと位置づけ、「世界へ恥無きの強国」にするために、戦いを避けることを述べている。

しかし、会談で相対した東山道軍の岩村精一郎《いわむらせいいちろう》(高俊《たかとし》、一八四五—一九〇六)は、これをはねつけた。

会談は決裂し、継之助は幾度か会談の継続を申し入れようとしたものの受け入れられず、ついに小千谷を退去した。
退去の道中、継之助は旧知の仲である川島億次郎《かわしまおくじろう》(一八二五—九二)と面会している。そこで先刻の談判《だんぱん》の首尾《しゅび》を尋ねられると、継之助は開戦もやむなしとの見解を示した。これに対して川島がこれまでの継之助の考えと違うではないか、再考することはできないのかと尋ねると、「できない」という。川島がしきりに再考を促すと、継之助はしばらく考えたのち、決心したようにこう述べた。

然らば我が元を斬り、三万金を添へて西軍の本営に差し出すべし、我藩或《あるい》は事なきを得むか。

(『河井継之助伝』)

自分の首とともに三万両を西軍(東征軍)に差し出せ。そうすれば長岡藩は無事かもしれない——事ここに至り、なお東征軍に屈する選択を取るような長岡藩には、自分は生きる必要がない、という継之助の強い意志がこもる。
そして、継之助の選択によって、長岡藩は戦争に向かう。ほどなく会津兵などが長岡に入り、長岡藩は奥羽越列藩同盟《おううえつれっぱんどうめい》の一員となった。長岡藩は、東征軍に対して兵制改革の功や列藩同盟の援軍などもあり、一時は序盤で奪われた長岡城を取り返す奮戦を見せるが、七月二九日、再び長岡城が陥落すると敗走した。この戦いのさなかで銃弾を膝《ひざ》に受けた継之助は、八月十六日、会津藩領の只《ただ》見村《みむら》にて眠るように没したという。享年四二、一譜代藩の命運を握った男の最期であった。

おわりに——「理想」をめぐる戦いと継之助の選択

列強に迫られ、日本のあり方が問われた幕末期にあって、継之助の国家観を表す、次のような史料がある。一八六〇(万延《まんえん》元)年、中国遊学の最中、松山にて義兄にあてた手紙の中の一節である。

> 一 外国との御交際は、必然、免れざる御義と存じ候。然る上は、公卿《くぎょう》も覇府《はふ》もこれ無く、政道御一新、上下一統、富国強兵に出精を要する事、第一義なるに、何時迄《いつまで》も御治世、移り変り無きものと量見し候は、浅慮《せんりょ》この上も無く、慨《なげ》かわしき次第に候。
> (『塵壺』)

安政の五か国条約をめぐる混乱のなかにあって義兄より意見を求められたことに対する返答であるが、ここには条約締結以後の風潮にあって、「公卿も覇府(幕府)もなく」、新しい政治の形の下で、いずれわたりあわなければならない外国に比肩《ひけん》しうる国家を作るべきという継之助の主張とともに、現状としてそうなっていないことへの嘆きが綴られている。

果たして、継之助のこの見通しは的中した。実際にこの後、日本は幕府に代わる新たな政体の模索に舵《かじ》を切ることになる。そしてこれは、武力倒幕派と公議政体派のどちらにも共有された目標であった。しかし、問題はさらにその先、この新しい政体の「理想」をどこに求めるかという所に待ち構えていたのである。従来理想としてきたものが機能していない現状を前に、あくまでも「徳川の世の理想」を実現しようとするか、それともそれに代わる新たな理想を掲げるか。幕末・維新の闘争は、「理想」をめぐる戦いでもあった。

先に述べた「恩沢」についても、明治を代表する知識人の一人、福沢諭吉《ふくざわゆきち》(一八三五―一九〇一)が『学問のすゝめ』の中で反論を述べている。曰《いわ》く、政府が法を設けて人民を保護するのは、政府がやるべき当然のことで、これを「御恩」というのは誤りだ。それを言うのであれば、百姓や町人は年貢や運上金《うんじょうきん》を政府に対する「御恩」と言ってよいはずだ、と。「恩沢」論理の急所を突く一撃である。

だが、当の継之助とて、政治腐敗との戦いを含んだ藩政改革を通して「徳川の世の理想」の実現度合いと向き合う機会は十分にあったはずである。実際、先に取り上げた長岡藩の建白では幕府の政治について「それぞれ届き兼《か》ね候」と、及ばない部分があることを認めている。

しかしそれ以上に、幼い天皇を戴いて徳川を退けんとする薩摩・長州や、戊辰戦争において長岡藩の前に現れた東征軍は、これに代わる理想をしっかりと掲げられていたのだろうか――おそらく継之助の眼には、とてもそのようには見えなかったのであろう。

そして継之助は、最後まで「徳川の世の理想」の体現者であることを選び、幕末の動乱を駆け抜けていった。徳川の世に生き、民を治める職分をもった者たちにとっての「模範生」たらんとする――それが河井継之助という男の生きざまであった。

◉参考文献

慶応元年「兵賦御用留」(「伊豆韮山江川家文書」(五四二)、国文学研究資料館蔵)
今泉鐸次郎『河井継之助伝』(目黒書店、一九三一年〔国立国会図書館デジタルコレクション〕)
安藤英男校注『塵壺』(平凡社、一九七四年)
冨山房編輯部編『漢文大系』(第十八巻)(冨山房、一九七六年、増補版)
福沢諭吉『学問のすゝめ』(岩波書店、一九七八年、改版)
渡辺慶一「河井継之助」(『国史大辞典』〔第三巻〕、吉川弘文館、一九八三年)
安藤英男『河井継之助の生涯』(新人物往来社、一九八七年)
今井正之助『太平記秘伝理尽鈔』(一～四)(平凡社、二〇〇二～二〇〇七年)
保谷徹『戊辰戦争』(吉川弘文館、二〇〇七年)
大橋健二『気の文明と気の哲学』(勉誠出版、二〇〇九年)
若尾政希『「太平記読み」の時代』(平凡社、二〇一二年〔原版は一九九九年〕)
藤田覚『幕末から維新へ』(岩波書店、二〇一五年)
栗原伸一郎『戊辰戦争と「奥羽越」列藩同盟』(清文堂、二〇一七年)
新潟県立博物館編『戊辰戦争一五〇年』(新潟県立博物館、二〇一八年)

忖度なしの直言居士、
非業の死と埋もれた功績

小栗上野介忠順

…おぐりこうずけのすけただまさ…

小嶋 圭

小栗上野介忠順《おぐりこうずけのすけただまさ》(一八二七—六八)は、幕末期の江戸幕府を支えた旗本《はたもと》である。忠順は、一八六〇(万延《まんえん》元)年の遣米使節として渡米したことで知られる。帰国後は、数々の重職を担い、日本の近代化の礎《いしずえ》を築いた人物である。幕末維新期のキーパーソンでありながら、戊辰《ぼしん》戦争(一八六八〜六九年)の混乱の中で処刑され、その功績は長く世に知られることがなかった。

小栗上野介忠順は、一八二七(文政《ぶんせい》十)年、江戸神田《かんだ》駿河台《するがだい》に生まれた。幕府の使節として日米修好通商条約の批准《ひじゅん》に立ち会った後、外国奉行《ぶぎょう》に始まり、勘定《かんじょう》奉行・町奉行・歩兵《ほへい》奉行・陸軍奉行並軍監《ぐんかん》奉行など、国防や幕府財政を司《つかさど》る職掌《しょくしょう》を歴任している。

一見、スーパーエリートのように見える経歴のもち主でありながら、忠順は度々幕府に罷免《ひめん》され、転退職を繰り返した人物であった。一度職を免じられたら復職の難しい時代にあって、勘定奉行にいたっては四度も就任している。これは忠順が、幕府になくてはならない存在であって、一方で幕府権力にとって〝扱いづらい〟存在でもあったことを物語る事例である。忠順は、幕府権力の中枢《ちゅうすう》にありながら、その地位や名声に甘んじることなく、相手が誰であろうと正論を押し通して退かなかったという。幕臣の一部からも疎《うと》まれることとなった忠順は、反幕府勢力にとっては憎むべき幕府の象徴であった。

一八六八(慶応《けいおう》四)年閏《うるう》四月六日、忠順は新政府軍により朝敵《ちょうてき》とされ、弁明をする機会も与えられず、斬首されることとなる。

非業《ひごう》の死を遂げるに至るまで、忠順が貫いた思いとは何だったのか。維新という時代の転換期に、薩長《さっちょう》史観の陰に埋もれた忠順の事績を振り返っていきたい。

ネジ一本で痛感した世界との差

万延元年遣米使節とは、日米修好通商条約の批准書を交換するために幕府により派遣された使節である。一八五八(安政五)年、井伊直弼《いいなおすけ》(一八一五―六〇)が大老《たいろう》に就任すると、日米修好通商条約と貿易章程が調印された。忠順は、大老井伊により抜擢《ばってき》され、アメリカとの条約批准書を交換する使節に内命された。署名により確定した条約は、批准書を交換することで、その効力が発揮《はっき》される。

使節は、正使が外国奉行と神奈川奉行を兼帯していた新見豊前守正興《しんみぶぜんのかみまさおき》(一八二二―六九)、副使は同じく両奉行を兼帯していた村垣淡路守範正《むらがきあわじのかみのりまさ》(一八一三―八〇)、そして目付に小栗上野介忠順という三人の旗本で編成された。使節団の総勢は七七名、開国後最初の公式訪問団として渡航することとなる。その足取りは、三〇〇余日におよぶ世界一周の長旅であった。

一八六〇(万延元)年一月十八日、使節団はアメリカに向け出航する。一行が乗船したのは、アメリカ海軍のポーハタン号、米人乗船員三一二名との航海であった。

出航して数ヶ月後にアメリカ大陸へ上陸すると、使節団は大変な歓迎を受けたようである。アメリカの外交官や軍の将校を務めたジョン・フォスターが記した『米国の対東外交』にその一端が示されている。


一行は、サンフランシスコに到着するや、アメリカ人から懇切《こんせつ》な歓迎を受けた。パナマにおいて、一行は、他の軍艦に乗り換え、ワシントンに至った。

一行は、国賓《こくひん》として、大統領から公式の歓待を受け、国務長官の宴会に招待された。大西洋沿岸の各都市は、競って一行を歓迎した。敬意と優遇と、ただその及ばざらんことを恐れた。

一行は、いたるところで深厚《しんこう》な讃辞を受けた。その威儀《いぎ》は、特に注意をよび、アメリカ国の新聞紙がみな評して云うには、
品格、知慮、修養は、いずれの国、いずれの代に比べても遜色《そんしょく》がない。

一行の日本人もまた、大いに歓待を受けたことを歓び、見聞するところ、一として驚嘆せざるはなかった。

盛大な歓迎を受けるなか、一行が堂々とアメリカの地を闊歩《かっぽ》したことがうかがえる記述である。

閏三月二八日、新見・村垣・小栗の三使はブキャナン大統領の官邸に招かれ、四月三日には国事館において条約の批准書交換が無事行われた。こうして、遣米使節としての任務が遂行《すいこう》されたのである。

ワシントンにおいて、使節一行は海軍造船所を視察している。この際、所長自らが工場を案内し、忠順は造船所内のさまざまな工程の説明を受けた。この時もらい受けた造船所で使われたネジとバネが、忠順の遺品として伝わっている。機械によって精巧なネジやバネが大量生産されている事実に衝撃を受け、アメリカとの国力の差を痛感させられたのであろう。ワシントンでの海軍造船所での体験は、横須賀造船所の竣工《しゅんこう》や滝野川火薬製造所建設など、忠順による軍備増強政策へとつながっていくこととなる。

毅然として「ノー」

使節団は、その後、フィラデルフィアへ立ち寄っている。使節団としての使命は、すでにワシントンにおいて終えているが、忠順渡米の真の目的はフィラデルフィアにあった。日米通貨交渉である。

当時、安政の五か国条約における「外国の諸貨幣は日本の同種同量を以て通用すべし」という規定より、国内からの膨大な金の流出が起こっていた。これは、メキシコドル銀貨が一分銀三枚とされた交換レートによるもので、三倍の利益を生む一分銀が外国人に買い漁《あさ》られ、その結果金貨が大流出していたのである。忠順は、ドル金貨の価値を把握し、交換レートを見直すための交渉という密命を与えられていたのである。

日米通貨の分析試験は、フィラデルフィアの造幣局で行われた。忠順は金貨の正確な分析計量を希求し、国務長官ルイス・カスを相手に、天秤《てんびん》とそろばんを駆使してし烈な交渉を展開している。

ところが、小栗監察は苦情を唱えて曰《いわ》く、「かかる小片を試験するだけでは日本政府は満足させられない、少なくとも一個の貨幣について試験しなければならない、もしできるのであれば、なお多量の貨幣について試験せよ」と、実に彼は我々の試験の観念が了解出来ぬらしかった、もしくは少しもこれを信用しなかった。

これは、ポーハタン号の乗組士官であり、アメリカ側の接待係であったジェームズ・ジョンストン中尉《ちゅうい》の「手記」における記述である。忠順は、正確な分析結果が得られるまで、その主張を曲げなかった。外国人に対しても怯《ひる》まずに「ノー」と異議を唱える小栗の姿勢は、ジョンストン中尉に次のような感想を抱かせた。以下、「ジョンストン中尉の手記」による。

豊後守(忠順)は、一行のうちで最も敏腕《びんわん》な、最も実際的な人物であった。使節らが訪問した所々の官吏との交渉は、全て彼によってのみ処理されたのである。彼は小男であったが、骨相学《こっそうがく》から判断すれば、抜群《ばつぐん》に優れた知能の人物であった。少しばかりアバタの顔は、智力と聡明さに輝いていた。

国を亡ぼす言葉

一言を以て国を亡ぼすべきものがあるだろうか、「どうかなろう」という一言、これなり。幕府が滅亡したのはこの一言なり。

これは、旧幕臣福地《ふくち》源一郎《げんいちろう》（一八四一—一九〇六）に語った忠順の言葉であり、福地の著した『幕府衰亡論』の一説である。遣米からの帰国後、勘定奉行として幕府財政の立て直しを試みる忠順であったが、直面する課題はあまりにも大きかった。破綻《はたん》していく幕府財政は、海防による軍事費の膨《ぼう》張《ちょう》、京都手入れ等の対朝廷費といった莫大な支出により混迷を極めた。

この時期、幕府財政及び忠順を苦しませたものに、諸外国に支払わされた賠償金《ばいしょうきん》がある。生麦《なまむぎ》事件、下関戦争といった攘夷《じょうい》決行のツケは、幕府がその責任を負い、賠償金を支払うことで清算された。

福地源一郎は、財政を司る忠順を「その経営に努

小栗上野介忠順
体は小さかったが、激しい気性であった。

め、あえて欠乏をきたすこともなく、無事にすごしえたのは、実に、小栗ひとりの力であった」（『幕末政治家』）と忠順を評している。一心に幕府財政の立て直しを試みる忠順にとって、攘夷決行による賠償金ほど苦々《にがにが》しいものはなかったのであろう。一八六三（文久《ぶんきゅう》三）年四月二三日、忠順は、生麦事件の賠償を幕府が支払うことに猛反対して辞職した。

この時の生麦事件に対する忠順の言動が、政事総裁職《せいじそうさいしょく》である福井藩主松平春嶽《しゅんがく》（慶永《よしなが》、一八二八—九〇）の「逸事史補《いつじしほ》」（『旧幕府』）に記述されている。

島津三郎（久光）の家来が生麦において英人を殺害した一件があり……一同は驚愕《きょうがく》した。すぐに余はこの一大事を将軍家へ上申した。それより勘定奉行・大目付等を呼び集めて評議させておき、用部屋にては老中一同で相談するが、これといった良い策がなかった。勘定奉行の小栗豊後守が言うには、「これでは島津三郎の処置が甚《はなは》だよろしくない。徳川家も迷惑を被《こうむ》り、暴動が起きてしまうに違いない。兵隊を差し向けて島津家を討伐するしかない」と過激の論を出した。衆議は一決しなかった。

幕府にとって、この後起こり得る英国による抗議と薩摩藩島津久光《ひさみつ》（一八一七—八七）の武力との板《いた》挟《ばさ》みとなって、これといった策もなかった。無策の幕閣に対して、忠順は猛然と持論を展開する。忠順は、島津久光を許してはならず、出兵して討伐することを訴えた。

主権国家として締結した国際条約は、当事者である幕府が責任をもって履行《りこう》すべきである。通商条約の批准に立ち会った忠順にとって当たり前である国際感覚は、「過激の論」であると切り捨てられた。高橋敏氏は、先の国を亡ぼす一言「どうかなろう」の精神で、徳川一門の政事総裁職松平春嶽、将軍後見職一橋慶喜《ひとつばしよしのぶ》（一八三七―一九一三）に忠順の意見が一蹴《いっしゅう》されたところに、幕府衰退の極みがあったと述べている。

フランスに国を売る？

忠順の幕閣としての実績は、財政に関するものだけではない。国防を中心とした近代化への諸政策が次々と打ち立てられているのである。

一八六一（文久元）年に軍制掛《ぐんせいがかり》に就任すると、兵制改革の構想案を作成し、翌一八六二年に「兵賦《へいふ》令《れい》」を出して形骸化《けいがいか》した旗本の兵力に代わる銃隊編制の重歩兵を在野から徴発した。この年、忠順は初代歩兵奉行に就任している。忠順が兵制改革で描いた構想は、歩兵・騎兵・砲兵の三兵編制の洋式陸軍である。その実現のためにフランス公使ロッシュ（一八〇九―一九〇一）の協力を得ている。ロッシュにより三兵の教官が任命され、フランス軍事顧問団《こもんだん》による訓練所での指導が始まることとなる。こうして創設された幕府陸軍は、福地源一郎によれば、「これ日本における徴兵制度の基礎である」（『幕末政治家』）という。

洋式軍隊が編制されるとともに、武器を幕府直営によって製造する必要が生じてくる。幕府直営の関口鋳造所が建設されると、忠順は鉄炮製造の責任者に任命されている。さらに、滝野川に反射炉と火薬製造所の建設を開始し、自前で軍備を供給できる体制の実現を目指した。

陸軍だけでなく、海防の軍備増強策として、それまで外国からの輸入に頼っていた軍艦を、自国で製造するための製鉄所・造船所も模索された。忠順は、盟友である目付の栗本鋤雲《くりもとじょううん》とともに製鉄所建設についてフランス公使ロッシュとの予備交渉を行った。度々の交渉の末、一八六四(元治元)年十一月には忠順の進言を受けた幕閣が、正式にロッシュに製鉄所建設のための技術者推薦《すいせん》を申し入れ、フランスの技師ヴェルニー(一八三七—一九〇八)が招かれることとなった。忠順は、栗本とヴェルニーとともに製鉄所の建設候補地を調査し、結果として横須賀が選定された。十二月十八日、忠順は軍艦奉行へと転任、大砲・造船などあらゆる鉄製品を生産する横須賀造船所の建設にまい進していく。しかしながら、建設に対する幕府内部や他方からの反発はすさまじく、各所で反対論が展開された。栗本が記した『匏菴遺稿《ほうあんいこう》』には、「今その一、二をあぐれば、海軍部下のものは政府の旨趣の何たるを解せず、そのことを仏国に委ねることを非難し、他方の論者は無用不急の務なりと口うるさく騒ぎ、大系に暗い儒者や武人の類は口を極めて罵詈《ばり》したり」と書かれている。薩摩《さつま》・長州《ちょうしゅう》両藩からはフランスに身売りする売国奴《ばいこくど》といった批判が広がり、幕臣の勝海舟《かつかいしゅう》(一八二三—九九)さえも絶対反対を唱えた。こうした造船所建設にあたった忠順に対する反発は後の世まで引きずられ、フランスに国を売ってまで徳川絶対主義国家樹立にまい進した買弁《ばいべん》というレッテルが忠順に貼《は》られることになる。

しかしながら、当の忠順の思惑は『匏菴遺稿』に記された忠順本人の言葉に明確に表れている。忠順は、造船所について、「いよいよ出来上がったならば、旗号《きごう》に熨斗《のし》を染め出すことになっても、なお土蔵つきの売家の栄誉は残すことができる」と語っているのである。旗号に熨斗を染め出すとは、現政権である幕府が倒れ、政権が移ったとしても、製鉄所は熨斗を付けて譲っても価値のある財産であるということである。世界を経験した開国主義者の忠順にとって、たとえ幕府が滅んでもこの製鉄所が日本の近代化に大きく貢献するだろうという信念があったのである。

明治に至って鰻上《うなぎのぼ》りの栄誉と評価を受けた勝海舟に対して、仏国の買弁と貶められた忠順について、福沢諭吉《ふくざわゆきち》(一八三四―一九〇一)は以下のように述べている。

小栗等が仏人を招いて種々計画していたことは事実であるが、その計画は、造船所の設立、陸軍編成等、専ら軍備を整える目的に他ならない。すなわち、明治政府において、外国の金を借り、またその人を雇って、鉄道、海軍の事を計画しているのと、少しも異なるところはない。

忠順の諸政策が、微塵《みじん》も抗弁性がなく、明治政府による外国からの借款《しゃっかん》等と同様の行為であったことを福沢は見抜いていた。忠順が断行したさまざまな政策は、明治政府の近代化政策を先取りしたものであり、その素地の上に日本の発展があったのである。

罪なくして斬らる

鳥羽《とば》・伏見《ふしみ》にて戊辰《ぼしん》戦争が開戦して数日後の一八六八(慶応四)年一月十五日、忠順は将軍慶喜(在職一八六六―六七)により勘定奉行を罷免《ひめん》された。この日が忠順にとって最後の登城となる。この突然の人事は、鳥羽・伏見の戦いで大敗を喫し、配下の軍を置き去りにして大坂より帰還した慶喜に対し、忠順が薩長との徹底抗戦を唱えたことに起因する。錦《にしき》の御旗《みはた》が揚がり朝敵《ちょうてき》とみなされたことで、慶喜の肚《はら》は朝廷に対する恭順《きょうじゅん》で決していた。そのなかにあって、具体的な軍事作戦を執拗《しつよう》に具申《ぐしん》する忠順は、排除すべき存在として処分された。新政府軍のブレーンであった大村益次郎《おおむらますじろう》(一八二五―六九)が、忠順の軍事作戦が実行されていたら、新政府軍は壊滅《かいめつ》させられていただろうと恐れをなしたことは有名な逸話《いつわ》である。

それだけ理に叶《かな》った策を建言しながら、忠順が罷免された裏側には、慶喜と忠順とのこれまでの確執《かくしつ》が影響していると考えられる。その一つは、一八六五(慶応元)年に当時将軍後見職であった慶喜が、朝廷・雄藩の意向になびき、条約勅許《ちょっきょ》・兵庫開港の幕議を覆《くつがえ》した一件である。これにより、幕朝《ばくちょう》間が動揺し、慌《あわ》てた慶喜が奔走《ほんそう》して事態収拾に漕《こ》ぎつけた。こうして、幕朝双方の面目を保った慶喜の功労に対し、孝明《こうめい》天皇(在位一八四六―六六)が褒賞《ほうしょう》を与えるよう幕府に指示した。提示された褒賞の中に、摂津《せっつ》・河内《かわち》・和泉《いずみ》・播磨《はりま》の四国から十万石の領地を与えよという項目があったが、このことに対し、財政再建に尽力していた忠順が、「自らの死をもって上諭《じょうゆ》を拒《こば》む」(『匏菴遺稿』)と死を賭《と》して諫言《かんげん》し、阻止したというものである。

もう一つは、鳥羽・伏見開戦の一因となった薩摩藩邸《はんてい》の焼き討ち事件である。一八六七(慶応三)年、討幕《とうばく》の密勅《みっちょく》を得た薩摩藩は、関東に不逞《ふてい》浪士を潜伏させ、市中取り締まりの庄内《しょうない》藩等を挑発《ちょうはつ》し、商家を襲って金品を強奪する関東攪乱《かくらん》作戦を敢行《かんこう》した。薩摩藩の暴動と挑発行為に対し、「薩藩は、奸賊《かんぞく》である。速やかに討つほかない。大坂が決断できずに時期を逃しているのは、在坂の面々がいずれも臆病者《おくびょうもの》であるがゆえである。関東から端を開き、その眼をさまさせるにしかず。」(『徳川慶喜公伝』)という忠順の主張が通り、十二月二五日に薩摩藩邸への討ち入りが決行された。松平春嶽らに働きかけ、自身の新政府への参画が内定していた慶喜にとっては、配下の幕臣が軍事報復へと暴走することはその意に反するものであった。結果として、本事件が戊辰戦争の引き金を引くこととなり、朝敵とみなされることとなった慶喜にとって、忠順を冷酷《れいこく》に罷免することは必然であった。

一八六八(慶応四)年一月二八日、忠順は領地である上野国群馬郡権田《ごんだ》村(高崎市倉渕町権田)への土着願を提出する。非業《ひごう》の死へのカウントダウンが始まった。三月、権田村へ到着した忠順一家と少数の家臣を、草莽《そうもう》の志士に煽動《せんどう》された世直し一揆勢が襲った。忠順が討伐した関東攪乱を行ってきた不逞浪士の残党はもとより、兵賦令による徴発や貴重な収入源である生糸・蚕種《さんしゅ》が財政再建の名のもとに増税され苦しんだ関東の民衆は、忠順に対する憎悪の念を募らせていた。総勢二〇〇〇人にも及ぶと伝わる一揆勢の襲撃は、忠順と近代軍制を心得た家臣数名によって撃退された。四月二二日、東山道総督府が、忠順の追補《ついぶ》を高崎・安中《あんなか》・吉井の三藩へ命じた。この時すでに新政府の東征軍により江戸城が明け渡されており、上州の諸藩は恭順・勤王を誓わされていた。東山道総督府による追捕令は、忠順が権田に砲台を備えた陣屋《じんや》を構え叛《はん》逆《ぎゃく》を企てているという無実の言いがかりを根拠とするものであった。閏四月五日、三藩に捕らえられた忠順は、一切の取り調べを受けることなく、翌六日に斬首された。新政府軍にとっても、忠順は脅威《きょうい》であり排除すべき存在であったのである。

忠順が処刑された烏川の水沼河原には、「偉人小栗上野介罪なくして此所に斬らる」と刻まれた顕彰慰霊《けんしょういれい》碑《ひ》が立っている。

万延元年の遣米使節は、明治の代に渡米した岩倉使節団に比して、その功績は広く知られず、正当に評価されてはこなかった。近代化を一心に目指して進めた諸政策も幕府内部で反発にあい、諸藩や民衆に多くの敵を作った。忠順は、文字通り命を懸けて、時代のうねりに立ち向かった。周囲の者に常々語っていた次の言葉が、忠順の貫いた信念を象徴するだろう。

小栗上野介忠順終焉の地・顕彰慰霊碑　群馬県高崎市倉渕町権田に建つ。（筆者撮影）

国亡び、身倒るるまでは、公事に奔走することこそ、真の武士である。

（『幕末政治家』）

⊙参考文献

高橋敏『小栗上野介忠順と幕末維新　『小栗日記』を読む』（岩波書店、二〇一三年）
蜷川新『維新前後の政争と小栗上野の死』（日本書店、一九二八年）
蜷川新『開国の先覚者小栗上野介』（批評書、二〇一八年）
市川光一・村上泰賢・小板橋良平『小栗上野介』（「みやま文庫」、二〇〇四年）
栗本鋤雲『匏菴遺稿』（東京大学出版会、一九七五年）
福地源一郎『幕府衰亡論』（「東洋文庫」、一九六七年）
福地源一郎『幕末政治家』（「東洋文庫」、一九八九年）

土方歳三…ひじかたとしぞう…

「鬼の副長」「滅びの美学」からの解放

三野行徳

土方歳三《ひじかたとしぞう》（一八三五―六九）といえば、新選組を組織し鉄の規律で動かした「鬼の副長」として、また、滅びゆく徳川幕府に殉じて最期まで戦った「最後のサムライ」として、これまで数多くの作品で描かれてきた。端整《たんせい》な顔立ちの写真が残っていることもあり、多くのファンから愛され、幕末の人物のなかでももっとも有名な人物の一人だろう。土方を主人公としたフィクションの作品は、マンガ・小説・ゲーム・映画・ドラマなど、多種多様な媒体《ばいたい》で毎年多くの作品が登場する。人々のなかに、土方歳三という明瞭な人物像が存在している。しかし、知名度に比して、土方に関する歴史学的研究は僅《わず》かしかない。また、ある程度史料は残されているが、数多くある作品において、それらが積極的に利用されているようにはみられない。むしろ、ある時点で創作されたイメージが土方歳三の人物像に決定的な影響を与え、その人物像が土方を「鬼の副長」にし続け、滅びの美学で描くことを下支えしている。これは、フィクションの世界の人物像が肥大化してしまった人物に共通する特徴であり、史料に基づいて人物を描こうとしても、この肥大化してしまった人物像から自由になることは難しい。ここでは、土方自身が残した書簡と、近藤の書簡をはじめとする多摩に残された同時代の史料から土方の生涯を素描し、「鬼の副長」「滅びの美学」から解放するための素地をつくることを目指したい。

土方歳三イメージの形成

土方歳三は武蔵《むさし》国八王子に生まれ、近藤勇《こんどういさみ》に従って京都に滞在して尽力した。英才にして剛直な人柄であったが、年を取るに従って温和になり、周りの人々は赤子が母を慕うように接した。京都を退いた後は東北戦争で英《えい》名《めい》を上げ、蝦夷島《えぞがしま》に渡ってからも多くの美名を顕《あらわ》した。明治二年五月十一日、箱館《はこだて》が陥落するさい、数名の兵を率いて猛虎が羊の群れを走り回るように遮二《しゃに》無二《むに》駆け巡り、終《つい》に狙撃《そげき》され馬上で討ち死にした。すべての兵たちはおおいに悲しんだ。当世の豪傑《ごうけつ》というべき人である。

これは、多摩《たま》郡寺方村（東京都八王子市）に生まれ、天然理心流《てんねんりしんりゅう》を

「戦友姿絵」の土方歳三
（新選組の中島登が描いたもの、市立函館博物館蔵）

学び、一八六四(元治《げんじ》元)年に新選組に入隊し、箱館戦争まで土方とともに戦った中島登が、明治政府軍に降伏して箱館(今の函館)弁天岬《べんてんざき》台場に幽閉《ゆうへい》されているさいに描いた「戦友姿絵」の一節である。中島はこのなかで、錦絵《にしきえ》の義士伝を模した形で、二六名の新選組隊士と五名の徳川方の人物を描いている。冒頭に自身たちを蝦夷地に運んだ開陽丸《かいようまる》、そして「戦友姿絵」を描く自身の様子を描いた後、最初に描かれるのが近藤勇(一八三四—六八)、そして土方歳三である。身近に土方を知る者が描いた、等身大の人物評というべきであろう。中島が土方を表現する言葉は、「英才」「剛直」「温和」「豪傑」であり、周りの人々は赤子が母を慕うように接していたという。箱館戦争に奮戦《ふんせん》するさまはフィクションのなかの土方を想起させるが、「鬼の副長」を見て取ることはできない。

現在、新選組の登場する多くのフィクション作品において、中心的に描かれるのは土方である。しかし、明治維新以後、戦前期の新選組表象においては、新選組の中心は一貫して近藤だった(以下、新選組表象の歴史については三野行徳「新選組! 剣術家集団の実像」参照のこと)。明治政府の正当性を証明する官制史学を代表する『維新史』において、新選組は「守護職の耳目《じもく》となり、爪牙《そうが》となって」いたと評される。重要なのは、幕府ではなく守護職であること、そして、「耳目」である。この点は後述する。一方、戦前の革新史学の中心の一人である服部之総《はっとりしそう》は、「新撰組」という短文のなかで、近藤らの攘夷《じょうい》思想を指摘したうえで、新選組が薩長《さっちょう》勢力と対立した要因を、近藤らの出自《しゅつじ》である関東農村の封建制の強固さに求める見解を示している。ここでは、攘夷思想という基盤を同じくするものがなぜ京都で対立関係に至ったのかを問う視点が、重要なポイントである。戦前期の歴史学において、新選組とは、守護職配下の攘夷思想集団と理解されていたのである。一方、フィクションの世界では、新選組は中里介山《なかざとかいざん》『大菩薩峠《だいぼさつとうげ》』や大佛次郎《おさらぎじろう》『鞍馬天狗《くらまてんぐ》』などの小説において、主人公のライバルとして描かれる。そこでは、厳格な剣客近藤と、策略家土方という人物造形がなされる。重要なのは、あくまで物語上の人物造形として、そうした役割が与えられたという点である。周知の通り、新選組の市民権獲得に大きく貢献したのは、子母澤寛《しもざわかん》による新選組三部作である。子母澤は、可能な限り当事者に取材し、多くの史料を分析したなかで、新選組像を作りあげた。子母澤は、新選組は暴力集団ではない合法の警察隊であり、剣客《けんかく》のリーダーである近藤と冷徹な土方がいた、というイメージを作る。このイメージをさらに魅力的に膨《ふく》らませたのが、司馬遼太郎《しばりょうたろう》『新選組血風録《けっぷうろく》』と『燃えよ剣』である。前者は各隊士に即したオムニバス、後者は土方を主人公とした新選組通史である。とくに後者において、近藤と土方の人物像に決定的な造形が行われる。司馬は、近藤の政治思想や政治活動を徹底的に無意味なものとして描き、また、土方自身にも、政治から距離を置くスタンスを取らせることで、新選組の政治性を奪う。以後、新選組叙述において、政治性の無意味化が再生産されることになる。司馬は、新選組を日本で最初の組織と捉《とら》え、土方と隊士たちとが組織のありかたをめぐって対立しつつも、組織を維持運営していく物語として、新選組を位置づけた。組織の維持管理のためには実力行使も辞さない冷徹な副官としての土方像が誕生する一方、新選組の政治性は、土方の政治性も含めて、剝奪《はくだつ》されてしまったわけである。しかし、これは実像とはほど遠い、あくまでフィクションの世界での人物像形である。それでは、同時代史料のなかの土方や近藤はどのような姿を見せるのか、見てみよう。

多摩時代の土方歳三

土方歳三は、一八三五(天保《てんぽう》六)年に武蔵国多摩郡石田村(東京都日野市)の土方家に生まれる。石田村は多摩川沿いの村で、甲州道中とも近く、柴崎《しばざき》村や日野宿《ひのじゅく》など甲州道中沿いの中核村と日常的につながりがあり、姉らん(のぶ)は日野本郷名主《なぬし》佐藤彦五郎《さとうひこごろう》(一八二七―一九〇二)に嫁ぎ、兄大作(良《りょう》循《じゅん》)は府中下染谷村粕谷《かすや》家の養子となっている。石田村の宗門人別帳《しゅうもんにんべつちょう》からは、一八四八(弘化《こうか》五)年に奉公に出て、一八五七(安政《あんせい》四)年に十年季を終えて石田村に戻っていることがわかる。土方家は石田散薬という家伝薬を製造しており、同家に残された記録から、多摩地域をはじめ、現埼玉県や神奈川県など広い地域に販路をもっていたことがわかっている。

近世後期、関東の農村の治安は、離農・離村者の増加と集団化によって極度に悪化する。甲州道中沿いの村々もまさにそのような状況にあり、村人たちはアウトローから身を守るために、剣術を身につけて武装する必要があった。天然理心流は、一七〇〇年代末に浪人近藤内蔵之助《くらのすけ》によって創立され、二代目近藤三助が八王子千人同心《せんにんどうしん》のなかに有力門人を獲得し、八王子を中心に多摩地域に広まった。三代目周助《しゅうすけ》は八王子より東の地域、甲州道中沿いを中心に、豪農《ごうのう》層の門人を獲得していた。四代目となる近藤勇は、同じく甲州道中沿いの中核村である調布《ちょうふ》上石原村の宮川家の三男として生まれ、一八四九(嘉永《かえい》二)年に近藤周助の養子となり、一八六一(万延《まんえん》二)年に天然理心流宗家《そうけ》四代目を襲名《しゅうめい》している。重要な点は、近藤家は武士身分の浪人の家であり、近藤はこの時点で既に武士身分を獲得していることである。養子となることで武士身分を獲得することは、江戸時代に広く見られたことで、百姓や町人の身上がり願望を満たしつつ、優れた家の後継者を獲得し、組織や集団に優秀な構成員を獲得する、近世社会の基本的な仕組みでもあった。

天然理心流の神文帳《しんもんちょう》によると、土方が天然理心流に入門したのは一八五九（安政《あんせい》六）年の春のことで、一八六二（文久《ぶんきゅう》二）年には宗家を継いだ近藤から中極意目録を与えられている。土方は、一八六〇（万延元）年に府中六所宮《ろくしょぐう》で行われた天然理心流の奉納《ほうのう》試合や翌年の近藤の四代目襲名披露《しゅうめいひろう》野試合《のじあい》にも参加しており、門人のなかでも一定の実力を備えていたと思われる。

多摩時代の土方と近藤を考える上での重要な記録は、交友の痕跡《こんせき》である。とかく剣術修業にあけくれていたように思われるが、当時の剣術は、地域社会の人々が身につけるべきさまざまな素養の一部であった。当時の村人たちは、剣術を学び、句を詠んで自分の気持ちを表現し、漢詩や書に強い思いを表現した。近藤と土方が足繁く通ったのが、本田覚庵《かくあん》（一八一四―六五）である。覚庵は下谷《しもや》保村《ほむら》（国立市谷保）の在村医であり、多摩きっての書家・文化人として知られていた。覚庵の妻は歳三の従姉妹である。土方はたびたびこの覚庵のもとを訪れており、覚庵の日記に「……近藤勇石田年蔵来……」「……老母東朔日ノ石田ノ年蔵病気ニ付、日ノ佐東へ行……」などと記される。土方が俳諧を学んでいた記録も残されており、土方が若くして多摩の文化人ネットワークのなかにあったことがわかる。

土方の早い時期の書簡に、一八六〇(万延元)年、歳三が二六歳の時に、小島鹿之助《こじましかのすけ》(一八三〇―一九〇〇)の母きくに宛てた書簡がある。きくが風邪《かぜ》をこじらせて寝込んだことを聞いた歳三が、きくに対し、以前に見本として紹介した薬の効き目が良ければ取り寄せるので連絡をほしいと伝えている。服用方法を細かく記すなど、優しい心遣いを見て取れる書簡である。多摩地域に残された書簡からは、家業を手伝いつつ、剣術に励み、書や俳句に親しんでいた歳三の姿を知ることができる。

浪士組への参加――新選組の基礎的性格

天然理心流の道場は、江戸市ヶ谷《いちがや》柳町《やなぎちょう》「市ヶ谷甲良屋敷」にあった。近藤は道場「試衛《しえい》」を拠点に、多摩地域の人々に剣術を指南して生計をたてていた。一八六三(文久三)年正月、近藤のもとに、幕府が浪士のなかから「尽忠報国《じんちゅうほうこく》の有志」を募集しているとの情報がもたらされる。この計画は、従来、清河八郎《きよかわはちろう》(一八三〇―六三)が策謀《さくぼう》をめぐらして幕府をだまして討幕の兵を挙げた、と描かれることが多いが、それは誤りである。清河ら政治犯の赦免《しゃめん》と有力浪士の登用による全国の浪士層の組織化を目して、幕臣松平忠敏《まつだいらただとし》が松平春嶽《しゅんがく》(一八二八―九〇)に働きかけて実現したもので、目的は幕府を主体とした攘夷の実現である。清河は一八六二(文久二)年末から北関東を中心に浪士の中心人物に募集を行っており、近藤のもとにも、複数の線から情報がもたらされたようである。土方が一八六三(文久三)年正月に小島鹿之助に宛てた年賀状でも、「文武両様のものであれば百五拾石《ひゃくごじっこく》より弐《に》百石まで、壱通りにては五拾石づつ下され候」や、「御上洛《じょうらく》御供《おとも》として三拾俵弐人扶持《ぶち》ツ、被下候」などとする情報が記されている。参加を決めた一同は、正月十五日に土方が、十六日に近藤が、十七日に沖田《おきた》総司《そうじ》(一八四二?—六八)と山南敬介《やまなみけいすけ》(一八三三—六五)が小島鹿之助を訪問している。土方は刀を、近藤は鎖帷子《くさりかたびら》を借りており、上京に伴って留守となる江戸の道場や多摩の門人のことについて、相談したのだろう。

二月四日、浪士取立希望者は伝通院《でんづういん》に集められ、京都に向かう。希望者は二三五名にもおよび、二月二三日、京都に到着する。幕府は上洛する将軍の警護のために浪士たちを上京させるが、一方で将軍は天皇に攘夷の実現を約束するために上洛するのであり、一行が京都へ向かう道中でも、その点が確認されている。将軍の警護が目的なのではなく、攘夷の実現が目的なのであり、将軍の警護は、その過程に過ぎない。幕府があえて「尽忠報国」の有志を募集した点からも、その点は合意されていたと理解するべきである。しかし、京都に着くと、浪士達は、即時攘夷を主張する清河らと、上洛し天皇に攘夷の実現を約束するはずの将軍とともに攘夷戦争をすべきと主張するものとで路線をめぐる対立が起こる。前者が圧倒的に多く、清河らは朝廷の学習院に建白書を提出し、すぐに江戸に戻って横浜での攘夷戦争の実現を目指す。二〇〇名以上の浪士がこれに従って江戸に戻るが、攘夷戦争の実現の前に清河は暗殺され、浪士集団は新徴組《しんちょうぐみ》と名を変えて、庄内藩《しょうないはん》の管轄《かんかつ》下で江戸市中の警備にあたる。後者の中心は、芹沢鴨《せりざわかも》(一八三一?—六三)ら水戸派と、近藤ら天然理心流関係者である。近藤ら十七名は、何のために上京し、なぜ清河らと折り合わずに残留したのだろう。近藤自身がこの経緯について詳しく説明している。

近藤は、上京直後の一八六三(文久三)年三月、多摩の仲間に宛てて、「志大略相認書」という長文の書簡を送っている。そこでは、「京地一統奸人《かんじん》多人数横行《おうこう》仕、実ニ天下之安危《あんき》切迫…」と、京都に来てみたら、京都は治安が悪く大変危険な状況なので、「願わくハ右姦悪《かんあく》共斬戮《ざんりく》仕、寸志御奉公仕度」と、思い立ったという。この記述は、従来の新選組のイメージに近いように見える。一方で京都で清河らから独立した近藤たちは、「若亦《もしまた》御聞届ヶも不相成節《あいならずそうろうせつ》、京地おゐて亦々浪体身与《と》相成、勤王攘夷基キ捨命可仕与覚悟《しゃみょうつかまつるべくとかくご》」と、もしも希望が聞き入れられなかったら、再び主を持たない浪人になってしまうけれど、勤王攘夷の精神で命を捨てる覚悟だと述べる。重要なのは、近藤らの行動の動機が「勤王攘夷」とはっきりと表明されている点である。つまり、天皇のもとで攘夷戦争をすることが、近藤らの上京の目的だったのである。近藤らの主張が京都守護職松平容保《かたもり》(一八三六—九三)に認められ、松平肥後守御預りとして京都に残留することになった。「然者乍不及《しかればおよばずながら》志以テ天朝并大樹公御守護奉り、右之賊奸《ぞくかん》誅戮《ちゅうりく》仕候、然ル上関東下向仕度心底」と、天皇と将軍を守り、天皇の意志の実現を阻害する悪人を懲《こ》らしめたのち、攘夷のために関東に戻ると意気込みを記す。近藤らが明確な政治目的をもって上京し、政治目的の実現のために京都に残留し、会津藩の配下に入った経緯が明確に記されている。近藤らの政治思想がはっきり表明された最初の書簡であり、近藤の人物像は、ここを起点にすべきである。この書簡では、攘夷の実現のために当時京都にいた老中《ろうじゅう》板倉勝《いたくらかつ》静《きよ》(一八二三—八九)のもとに歎願書を提出して攘夷と海防について議論し、また諸藩にも「種々周旋《しゅうせん》」をしていたと記す。周旋とは幕末期の政治活動の特徴で、政治目的の実現のために多数派工作を行うことである。板倉にもまさに周旋していたわけである。当時の近藤らの心情をよく表すのは、「士木之身不及事ニ候へ共、尽忠報国高下無御座」という箇所である。自分たちは低い身分だが、尽忠報国に高下はないというのである。新選組のフィクションの定型として、百姓出身であることに起因する武士身分への憧れや身分制へのルサンチマンが描かれるが、近藤は武士身分を既に獲得している。また、この後も近藤は自身を草莽《そうもう》と表現しており、出自を卑下《ひげ》することはない。近藤も土方も、このの ち度々郷里の仲間に宛てて多くの書簡を残しており、地域社会の課題を農村に暮らす仲間と共有しつつ、政治活動を行っていたのである。

もう一点、重要なのは、近藤が配下となった松平容保の政治的特質である。従来、京都守護職は幕府と一体と見做《みな》されることが多かったが、近年の幕末政治史の進展にともなってそうした見方は大きく修正されている。近藤が配下となった会津藩《あいづはん》はこの後、中川宮朝彦親王《なかがわのみやあさひこしんのう》(一八二四—九一)、禁《きん》裏《り》守衛総督になる一橋慶喜《ひとつばしよしのぶ》(一八三七—一九一三)、京都所司代になる松平定敬《さだあき》(一八四七—一九〇七)とともに、一会桑《いっかいそう》勢力と呼ばれる政治勢力を形成する。一会桑勢力が中心におくのはあくまで天皇であり、孝明《こうめい》天皇(在位一八四六—六七)の意向の実現こそが、最重要課題になる。江戸の幕閣は、幕末より前の将軍・譜代《ふだい》大名を中心とした国政運営への復帰を目指しており、一会桑とは理想とする政体が相容れない。さらに、孝明天皇は強硬な攘夷家であり、一会桑勢力は、将軍を主体とした攘夷を要求する。これも、攘夷をやり過ごしたい幕閣《ばっかく》とは相容れない。江戸の幕閣と一会桑勢力は、政体構想でも、政策でも、鋭く対立していたのである。近藤の上京の目的は先に見たとおり将軍を主体とする攘夷の実現であり、近藤が将軍より天皇を上位に置いていることは明かである。政体構想でも、政策でも近藤と一会桑は共鳴しており、新選組は一会桑の政策実現のための有力な遊軍となっていくのである。つまり、一〇〇名を超える人員で京都市中に捜査網・情報網を構築し警衛を担当しつつ、近藤の政治力で一会桑勢力の遊軍として周旋を担う、というのが、新選組の基礎的性格だったのである(多摩の地域史料と新選組の基礎的性格については三野行徳「新選組の史料論」および三野行徳「幕府浪士取立計画の基礎的検討」参照のこと)。

土方歳三の書簡

近藤の書簡は、先に見た「志大略相認書」をはじめとして、長文で内容も豊富なものが多い。一方、土方書簡は、近藤書簡と比べるとやや淡泊で、政治的な事柄よりも、身辺のことを書いたものが多い。しかし、そこからも、土方がどのような人格で、何を目的として京都で活動していたのかを垣《かい》間見《まみ》ることができる。以下、土方書簡に迫ってみたい。

土方が京都から最初に送った書簡が、一八六三(文久三)年十一月に小島鹿之助に送った書簡である。土方の親戚《しんせき》である松本捨助《すてすけ》が新選組入隊を希望して壬生《みぶ》の屯所《とんしょ》を訪問し、土方が入隊を許可せずに送り返したさいに届けさせたものである。近藤の書簡との違いがみえるのは、連絡が遅れたことを詫びるなかで「小子之筆信ニ而ハ京師形勢申上兼候間《もうしあげかねそうろう》」と、京都の状況を伝えるのは自分の文章では難しいと伝えている点である。こうした表現は以後も何度かみられるが、近藤と土方との間で、ある種の役割分担があったのかもしれない。「松平肥後守御預り新撰組浪士勢ひ日々相増」と、自身を取り巻く状況が順調であることを強調して本文を閉じている。この書簡には追伸があり、むしろ追伸箇所が土方の人柄をよく表している。「拙義共報国有志と目かけ婦人しとひ候事筆紙難尽」と、自分たちが報国有志となるべく励んでいると、女性にたいへん慕われるというのである。続けて京と大坂のなじみの女性の名を上げて自慢している。そして、「報国の心ころをわするゝ婦人哉」という、土方のもっとも著名な句を添えている。続けて孝明天皇が一八五三（嘉永《かえい》六）年正月に詠んだ和歌を記し、文末には「天下の栄勇有之候ハゝ早々御のほせ可被下候」と、隊士に相応しい者があれば、京都に送ってほしいと記している。この書簡に見られるように、土方の書簡は、政治的なことは最小限にとどめ、ユーモアを交えつつ、身辺のことと政治・思想に関することを行きつ戻りつしながら構成されるのが特徴である。俳句のできはともかくとして、書簡の背景には、文化的な素養や文章表現そのものを楽しむような人格が見える。もう一点、重要なのは、土方自身が、ユーモアを交えつつも、自身を「報国有志」と称している点である。報国とは尽忠報国の意であり、先に見た新選組の基礎的性格を土方も共有し、また多摩地域の仲間たちとも共有していたことを示している。土方自身にさしたる政治思想がなかったかのような描き方は、フィクションの産

土方の書簡の一部

小島鹿之助宛の文久3年11月の書簡、「報国の……」の句がある。
（東京都、小島資料館蔵）

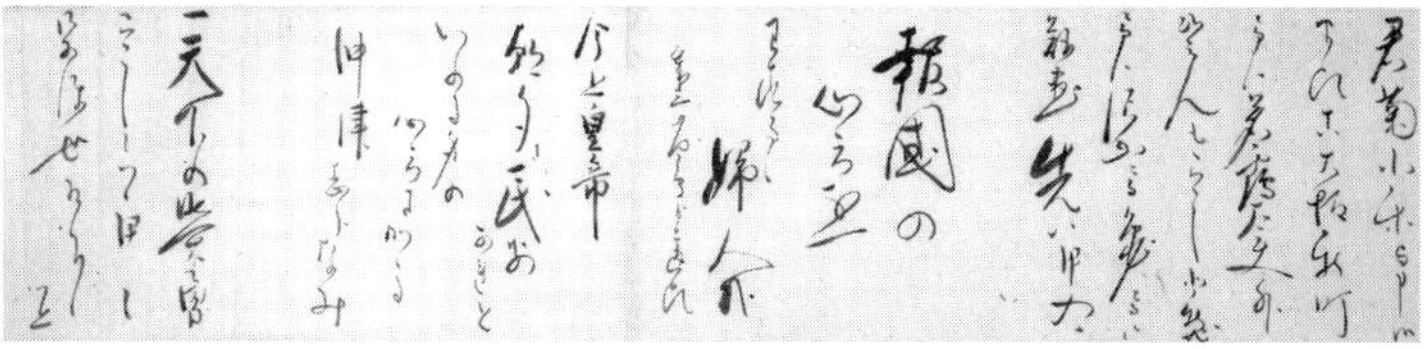

物である。

一八六四(元治元)年四月の書簡では、これから戦争状態に入り、土方自身もいつ戦死するかもしれないので、自身の死後のために土方がこれまでの「日記」を同封して送ったと記している点である。日記は発見されていないが、土方ないし、新選組の日次記が存在していたのである。これも、新選組という組織の性格を理解するうえで重要であろう。

同年九月頃と推定される、隊士募集のために江戸に戻っていた近藤と佐藤彦五郎に宛てた書簡では、多摩出身の天然理心流門人が入隊のために京都の新選組屯所に来たこと、長州藩の処分のために大目付永井尚志《ながいなおゆき》らが西国に出発すること、新選組隊士が西洋炮《せいようほう》の調練を行っており、長州戦争にも従軍できることなど、近藤留守中の新選組の様子を要領よく伝えている。

一八六五(元治二)年三月に佐藤彦五郎に宛てた書簡では、壬生の屯所から西本願寺の講堂に屯所が変わったことを伝えている。この書簡は土方の政治的な見識が多く表明される、重要な書簡である。土方は幕閣の動向について「関東の思し召し」と表現し、幕府・将軍家の将来を「徳川家の御衰ウン今壱度此所に於いて引き返し」と述べるのである。徳川家や関東という表現には、将軍や幕府に対して一定の距離を置いて状況を理解していることがわかる。近藤や土方は尽忠報国の有志を募る、という趣旨に賛同して上京したわけだが、何とか尽忠報国の四字を守って忠勤したいと述べる。つまり、上京以来一貫して尽忠報国の立場から政治活動を行い、孝明天皇の攘夷意志を実現しようとしない将軍・幕閣を非難しているのである。忠誠心の対象が将軍・徳川家ではないのは明白である。

この書簡に明らかなように、土方自身にも明確な政治目的があり、その実現のために新選組副長を勤めていたわけである。西本願寺との関係では、近年西本願寺で発見された史料により、土方が新屯所に関わる交渉に携わり、苦心していた様子が明らかになっている。

京都時代の土方は、近藤と政治思想・政治目的を共有しつつ、政治活動の中心である近藤を支え、二〇〇名を超える隊の維持・管理をしていたのである。土方といえば、一般的には新選組の鉄の規律で統御《とうぎょ》し、拷問《ごうもん》や粛清《しゅくせい》を辞さない強硬な運営をしたと理解されているが、土方が新選組を統制する法度《はっと》を作ったり運用したりしたという同時代の記録はない。むしろ、西本願寺との屯所をめぐる交渉や、豪商への金策などに土方の名が多く見られる。土方は、副長として新選組のマネージメントを担当していたと理解するべきだろう。

土方のその後

土方が本格的に戦場に身を投じるようになるのは、大政奉還《たいせいほうかん》・王政復古《おうせいふっこ》を経た一八六八(慶応《けいおう》四)年正月からの、戊辰《ぼしん》戦争である。近藤の負傷によって、鳥羽伏見《とばふしみ》戦争では新選組を率いて奮戦した。江戸帰還後、甲陽鎮撫《こうようちんぶ》のために派遣された新選組は、甲州勝沼《こうしゅうかつぬま》で新政府軍に敗退し、流山《ながれやま》で再起を図る。しかし、同年四月、新政府軍に包囲され近藤が投降すると、以後、土方は新選組の隊長として残る戊辰戦争を戦う。新選組は大鳥圭介《おおとりけいすけ》率いる旧幕軍と合流して北上し、宇都宮《うつのみや》城を攻略して会津に向かう。当時、東北諸藩では会津藩・庄内藩の救済を嘆願する奥羽越列藩同盟《おううえつれっぱんどうめい》を結んでいた。土方は会津で会津戦争を戦い、敗色濃厚ななか、九月に仙台《せんだい》へ向かう。当時、仙台には榎本武揚《えのもとたけあき》(一八三六―一九〇八)率いる旧幕府海軍が到着しており、仙台で奥羽越列藩同盟の軍議にも参加した。同盟諸藩が降伏していくなか、土方は新選組隊士を率いて旧幕府海軍に同行して蝦夷地《えぞち》へ渡る。

徳川家の名誉回復・蝦夷地の下賜《かし》を求めて発足した蝦夷地政府では、土方は陸軍奉行並として陸軍の指揮にあたった。新選組には北関東から仙台の過程で吸収した桑名《くわな》藩士や唐津《からつ》藩士など、多くの新たな隊士を迎えていた。しかし、一八六九(明治二)年四月から新政府軍の総攻撃がはじまり、土方は馬上で新選組を率いて奮戦するが、五月十一日、銃弾を受けて死去した。

土方歳三の生涯を振り返ると、百姓の身から京都政局に身を投じ、盟友近藤勇を補佐して京都の有力な政治集団・軍事力を率い、近藤没後は新選組の隊長として戊辰戦争を戦い抜いた、幕末の動乱を象徴するような人物であった。フィクションの世界が肥大化した土方だが、土方の実像を知るための手がかりは意外と多く残されている。参考文献に記した史料を手がかりに、土方の実像に迫ってほしい。

⦿参考文献

(土方を知るための史料)

土方歳三を知るためには、何よりもまず、彼自身の残した史料に触れることである。新選組研究家菊地明氏の重要な仕事である『土方歳三、沖田総司全書簡集』(新人物往来社)には、二八通の土方の書簡が、写真入りで掲載されている。また、自治体や公共機関と連携して歴史資料をweb公開するデジタルアーカイブシステム「ADEAC」では、小島資料館・佐藤彦五郎新選組資料館と連携して「多摩デジタル新選組資料館」を公開している。同サイトでは、多くの新選組関係資料が写真と翻刻、現代語訳とあわせて公開されており、土方歳三の書簡は九通、詩書が一点、肖像写真が三点公開されている（https://trc-adeac.trc.co.jp/WJ11C0/WJJS02U/1391015100）。さらに、土方歳三没後一五〇年に、日野市立新選組のふるさと歴史館で開催された特別展『土方歳三――史料から見たその実像――』は、まちがいなく現時点での土方歳三研究の水準を示すものである。同展の展示図録『土方歳三――史料から見たその実像――』には、書簡に加えてたいへん多くの関連史料が翻刻と併せて掲載されている。

（土方を対象とした歴史学研究）

宮地正人『榎本武揚と土方歳三』（山川出版社、二〇一八年）

あさくらゆう『慶応四年新選組隊士伝』（崙書房出版、二〇〇九年）

中村武生「土方歳三小論――その個性解明の試み――」（『新選組と土方歳三』徳間書店、二〇一三年）

日野市新選組のふるさと歴史館『土方歳三――史料から見たその実像――』（二〇一八年）

hajime0083「土方歳三がいつの間にか「鬼の副長」と呼ばれていた経緯」（Webサイト「自由研究とか」https://hajime0083.hatenablog.com/entry/toshizo-not-oni、二〇一九年一二月二〇日閲覧）

明治日本の功臣で「商鞅《しょうおう》」と評された男

江藤新平
…えとうしんぺい…

門松秀樹

江藤新平《えとうしんぺい》(一八三四—七四)は佐賀藩の下級藩士の出身で、副島種臣《そえじまたねおみ》(一八二八—一九〇五)の実兄枝吉神陽《えだよししんよう》(一八二二—六二)に学び、尊王攘夷《そんのうじょうい》思想の影響を強く受けた。明治維新《めいじいしん》後、江藤は抜擢《ばってき》されて明治政府に出仕し、一八六八(慶応《けいおう》四)年に徴士《ちょうし》に任じられたことを皮切りに、東京鎮将府《ちんしょうふ》会計局判事、太政官中弁《だじょうかんちゅうべん》、制度取《とり》調《しらべ》専務、文部大輔《もんぶだいゆう》、左院副議長、司法卿《しほうきょう》、参議などの要職を歴任し、中央政府機構や諸制度の整備などに辣腕《らつわん》を振るった。特に、司法卿時代における井上馨《いのうえかおる》(一八三五—一九一五)・山県有朋《やまがたありとも》(一八三八—一九二二)・槙村正《まきむらまさ》直《なお》(一八三四—九六)ら、長州系の政府要人に対する汚職事件の追及は有名である。その後、留守政府における中核的存在となったが征韓論《せいかんろん》などをめぐる「明治六年政変」で参議を辞し、「民撰議院設立建白書《みんせんぎいんせつりつけんぱくしょ》」に名を連ねた後、佐賀に帰郷した。佐賀では、不平士族の鎮静化《ちんせいか》を図ろうとするが失敗し、かえって「佐賀の乱」の首《しゅ》謀者《ぼうしゃ》の一人に祭り上げられた。「佐賀の乱」に敗れた後、高知で捕縛《ほばく》されて裁判に臨むも、除族の上、梟首《きょうしゅ》の刑に処され、一八七四(明治七)年四月に刑死した。享年四一(満年齢四〇)。

江藤新平の脱藩と「正義」

江藤新平といえば、司法卿として近代司法制度の確立に尽力し、また、山県有朋や井上馨らの長州閥の汚職に真っ向から立ち向かった「正義」の人というイメージが強い。板垣退助《いたがきたいすけ》(一八三七―一九一九)が後に江藤を「江藤君は余りに正義なりし為に、遂にその奇禍《きか》を買うに至りし也」と評したことなどからも、それは窺《うかが》える。江藤が自らの「正義」を貫こうとするその姿勢は、すでに幕末期に垣間見《かいまみ》えている。

江藤は、父が放蕩《ほうとう》を理由に失職したことなどから苦労を重ね、一八四八(嘉永《かえい》元)年に十六歳にして藩校弘道館《こうどうかん》に入学した。佐賀藩士の子弟は六、七歳頃に弘道館に入学して学問を始めることが一般的であったことと比べれば、周囲に遅れたようにも見えるが、漢籍の素養のある母から受けた教育により、『四書・五経』の自学自習を中心とした弘道館の教育内容はすでに江藤の自得するところであり、その成績評価は優秀であった。弘道館の教育に飽き足らない思いを抱いていた江藤は、副島種臣の実兄で、江戸遊学を終えて弘道館指南役となった国学者枝吉神陽に傾倒し、その影響を強く受ける。枝吉の下には、副島や江藤、大木喬任《おおきたかとう》や大隈重信《おおくましげのぶ》(一八三八―一九二二)、中野方蔵《なかのほうぞう》(一八三五―六三)など、佐賀藩を代表していく俊秀が集い、尊王論《そんのうろん》の研究・実践のために「義祭同盟」を結成する。江藤も加わった「義祭同盟」は、後に、尊王攘夷論《じょういろん》に基づく藩政改革を求める政治結社的な色彩を帯びていくことになる。

一八五六(安政《あんせい》三)年九月、江藤は、今後の日本が採るべき道として『図海策』を著した。『図海策』

において、日本と欧米諸国との軍事力の格差を熟知し、現状での対外戦争は亡国をもたらすものであり、人材の登用と技術・知識の吸収、通商の振興や蝦夷《えぞ》地開拓によって富国強兵を実現した後に列強の一員として国際社会に加わるべきことを江藤は論じた。長州藩の長井雅楽《ながいうた》(時庸《ときつね》)や幕臣の勝《かつ》海舟《かいしゅう》(安芳《やすよし》)らが説いた「大攘夷」論を江藤もまた主張していたことが分かる。しかし、江藤の献策は佐賀藩の容れるところとはならなかった。

その後、中央政局は、日米修好通商条約の締結や安政の大獄、さらに桜田門外の変や坂下門外の変を経て、激動の時代へと移っていく。坂下門外の変に際して、「義祭同盟」における同志であり、江藤と親交の深かった江戸遊学中の中野が、大橋訥庵《おおはしとつあん》との関係を疑った幕府によって囚《とら》われ、獄死《ごくし》してしまう。江藤は佐賀藩に中野の赦免《しゃめん》を働きかけるようにたびたび求めたが、結局、これも叶わなかったのである。

一八六二(文久《ぶんきゅう》二)年六月、江藤は佐賀藩庁に意見書を提出すると、ついに脱藩《だっぱん》して京都に向かった。脱藩した江藤の心境を、後に大隈は「全藩勤王実現が困難であることを知った江藤は、まず、京都において諸侯や公家《くげ》の理解を得た上で、国許《くにもと》の有志と連携して前藩主鍋島直正《なべしまなおまさ》(閑叟《かんそう》、一八一四―七二)の心を動かすべく脱藩した」と回想している。

上京した江藤は、中野の知己であった久坂玄瑞《くさかげんずい》を頼って山口藩邸を訪ねた。久坂に会うことはできなかったが、桂小五郎《かつらこごろう》(木戸孝允《きどたかよし》、一八三三―七七)と出会い親交を結んだ江藤は、桂の紹介で尊攘激派として知られていた姉小路公知《あねのこうじきみとも》の知遇を得る。さらに、江藤は意見書である「密奏《みっそう》の議」を、姉小路を通じて孝明天皇に奉呈《ほうてい》する。

京都で活動する江藤は朝幕間の融和を第一と考え、そのために大藩を中心とする諸藩の協力が重要であるとして、京都から諸藩に活動範囲を広げ、中でも福井藩主の松平慶永《よしなが》(春嶽《しゅんがく》)への入説を試みようとしていた。しかし、慶永との面識もなく、福井を訪ねたところでその成果は疑わしいものといわざるを得ない。その折に直正が国事周旋《しゅうせん》のために上京するという噂を耳にする。大藩の連携のために、まず佐賀藩を動かすべきと考えた江藤は、改めて直正を説得すべく佐賀に帰藩することを決意した。

帰藩した江藤に対して、藩重役は規定通り死罪に処することを主張したが、江藤が提出した京都の情勢報告書である「京都見聞」を目にした直正は、その才能を惜しみ、罪一等を減じて永蟄居《えいちっきょ》とすべきことを命じた。

江藤の行動は、藩政を担う重役たちからすれば秩序を逸脱した反逆的行為ということになる。しかし、江藤は枝吉の「日本一君論」、すなわち、天皇以外に真の君主たる存在はなく、天皇への忠誠を尽くすことこそが正義という見解に深く共鳴していたため、むしろ、藩主を尊王という正道に導くことが藩主に対する自らの忠誠であると考え、自らの信ずる「正義」に従って行動したのである。江藤の才能に目を留め、これを惜しんだ直正によって江藤の命は救われたが、江藤の信ずる「正義」は藩重役の解するところとはならなかったようだ。

江藤の明治政府出仕

江藤の永蟄居は一八六七(慶応三)年の大政奉還を機に解かれ、郡目付《こおりめつけ》に任じられる。藩主鍋島直大《なおひろ》(一八四六―一九二一)の上京に同行した江藤は、徴士《ちょうし》として明治政府によって登用され、東征大総督府の軍監《ぐんかん》に任じられるなど、その活躍の場を広げていく。総督府を改めた鎮将府では会計局判事となり、民政や財政の安定に尽力したが、藩主直大の要請によって帰藩し、財政危機に陥った佐賀藩の藩政改革に当たるなど、多忙な日々を過ごしていた。

一八六九(明治二)年十月、再び政府への出仕を命じられた江藤は中弁《ちゅうべん》に任じられた。中弁とは、政府の庶務を管轄する弁事の次官である。江藤は、政府機構の構築などにも取り組んだようだが、特に、民法編纂《へんさん》に意欲を見せた。当時は、副島が箕作麟祥《みつくりりんしょう》(一八四六―九七)に命じたフランス民法典の翻訳《ほんやく》作業が進んでいる最中であったが、副島によれば、江藤は箕作によって翻訳されたフランス民法典を借り、これを基に民法編纂に当たっていたという。江藤が民法編纂に意欲を見せたのは、中弁として全国から中央政府である太政官に寄せられる上申書の整理に当たるに際して、地方官が訴訟を管轄するという、江戸時代以来の司法と行政の未分化の状況に加えて、民法をもたないがゆえに地方官の恣意的《しいてき》な判決が横行していたことから、民事訴訟の処理に関する質問が相次いで寄せられていたこととも密接な関係があったのではないかと、大庭裕介氏は指摘している。

一八七〇(明治三)年、制度取調掛《とりしらべかかり》に任じられた江藤は、統治機構の確立に向けて活発に意見書を提出していく。江藤の根本的な構想は、「君主独裁」国家の実現にあった。枝吉の「日本一君論」に基づき、天皇を中心とする中央集権国家体制を目指すもので、日本の国力を強化して「宇内《うだい》ヲ併呑《へいどん》」するという「大攘夷」の思想もいまだ健在であった。江藤は議会制度や司法制度の確立を主張したため、西洋近代主義に立脚した国家観をもつ人物と理解されることが多いが、江藤自身は「尊王攘夷」を行動の根本原理としており、近代的諸制度の導入・確立は、あくまでも日本の国力強化に資することが優先であり、民主主義的な発想に基づくものであったとは限らない。

江藤の太政官を強化して中央集権体制を構築するという構想は、「尊王攘夷」という思想的背景をひとまず措《お》くのであれば、大久保利通《おおくぼとしみち》（一八三〇―七八）の考えに近いものであったため、一八七一（明治四）年には、大久保の求めに応じて後藤象二郎《ごとうしょうじろう》とともに「官制案」という中央政府機構案を作成している。

一八七一（明治四）年七月に、山県有朋や野村靖《のむらやすし》、鳥尾小弥太《とりおこやた》らの廃藩置県《はいはんちけん》の即時断行を求める「書生論」を契機として廃藩置県が実現すると、政府の官制改革も時をおかずして実施された。木戸の発案に基づき、太政官を、内閣に相当する正院、法案の審議など立法的機能を担う左院、諸省間の調整を担う右院に分割する太政官三院制へと改めたのである。これにともない諸省の機構も見直され、文部省と司法省が新たに設置された。

江藤は新設された文部省の大輔《だいゆう》に任じられる。大輔は現在の次官に相当するが、文部省では大臣に相当する卿が不在であったため、江藤が文部行政の最高責任者となった。初代の東京大学総長となった加藤弘之《かとうひろゆき》（一八三六―一九一六）によれば、江藤の大輔就任の経緯は次の通りである。

文部省の前身であり、文教行政機関と最高学府を兼ねていた大学が、儒学者《じゅがくしゃ》と国学者の対立により機能不全に陥ったため、加藤が文教行政刷新のための人材について木戸と相談したところ、江藤の名が挙がり、翌日には江藤が大輔として赴任してきた、というのである。江藤は、儒学や国学、洋学など、学問が国別に分けられていることに疑念をもち、「これを一つ打壊《うちこ》はすということにしなければいかぬ」と述べ、学問体系の再編に取りかかるとともに、国学はむしろ国家神道を補完するものとして神祇省《じんぎしょう》管轄の学校に移管し、洋学を中心とする文教行政への道を開いた。

もっとも、江藤は大学内の人事において、能力に基づく登用と称して、江戸幕府の開成所以来の序列を排して加藤や神田孝平《かんだこうへい》の上席に箕作を据えたため、加藤らの深い恨みを買うことになったという。江藤の文部大輔在任はわずかに十七日に過ぎず、すぐに左院一等議官に異動し、その後、間もなく副議長となる。ごく短い在任期間中に学問体系の再編と文教行政の方向付けを行うなど、非常に高い決断力と実行力を有していることが分かるが、自らの正しいと信ずるところは周囲の反応を顧みずに断行し、不興を買ってしまうところも、脱藩をした頃からほとんど変わっていないといえる。

司法卿江藤新平と長州閥

江藤は、左院副議長と教部省(神祇省を改組した宗教行政を所管する官庁)御用掛《ごようかかり》の兼務を命じられていたが、一八七二(明治五)年四月に司法卿に任じられた。当時、司法大輔であった佐佐木高行《ささきたかゆき》によれば、近代的司法制度を確立するためには、保守的な思想をもつ佐佐木やその前任者であった宍戸璣《ししどたまき》らでは埒《らち》が明かないとして、井上馨が江藤を推薦したという。井上の腹心であった渋沢栄一《しぶさわえいいち》は、江藤は行政向きの人物ではないからやめた方がよいと諫言《かんげん》したが、井上はこれを聞き入れなかったようだ。後の「尾去沢《おさりざわ》銅山事件」などを考えれば、実に数奇な巡り合わせといえる。

司法卿となった江藤の活躍はよく知られている。たとえば、裁判所の設置である。かねてから裁判所の設置と司法権の地方行政からの分離を江藤が主張していたことから、江藤の司法卿着任後、急速に各府県における裁判所の設置が進展する。

他には、司法省達第二二号、一般には「芸娼妓《げいしょうぎ》解放令」として知られる、人身売買を禁ずる法令を挙げることができる。これは、一八七二(明治五)年七月に発生した「マリア・ルス号事件」を端緒《たんしょ》とする。横浜に入港したペルー船マリア・ルス号に移民として乗船させられていた清国人《しんこくじん》が脱走し、その非人道的な待遇を訴え、救助を求めてきたことに対し、この移民契約を奴隷《どれい》契約と判断した外務卿の副島が神奈川県権令《ごんれい》(知事に相当)の大江卓《おおえたく》に人道的立場から清国人(二二九人)の救助と解放を命じたことによって生じた事件である。ペルー政府は、日本政府に対して抗議の上で損害賠償を求め、最終的にはロシアを仲裁国《ちゅうさいこく》とする国際仲裁裁判にまで発展した。この裁判において、日本における芸娼妓の年季奉公《ねんきぼうこう》は奴隷契約ではないか、とペルー側から批判を受けたため、一八七二(明治五)年十一月に「芸娼妓解放令」が達せられ、その解放が進められたのである。同年十月に布告されていた太政官布告第二九五号が人身売買を禁じ、また、芸娼妓らの年季奉公人の解放とそれに対する前借金《まえがりきん》に関する訴訟をすべて不受理とすることを定めたこととあわせ、日本における「奴隷解放」は進められたといえる。

しかし、司法卿としての江藤の活躍としてもっとも有名なものは、やはり、長州閥の有力者である井上馨、山県有朋、槙村正直の不正を追及したことではないか。長州閥という巨大な権力を後ろ盾とした「悪人」たちと圧力に屈せず戦い、彼らを追い詰めていった、というところこそが、江藤が「正義」のイメージで語られる所以《ゆえん》であろう。

まず、井上である。井上の「悪事」は「尾去沢銅山事件」として知られている。これは、南部《なんぶ》藩の御用商人であった村井茂兵衛《むらいもへえ》が経営する尾去沢銅山を、廃藩置県における藩債《はんさい》処理の過程で没収し、井上が自らの知己である岡田平蔵《おかだへいぞう》に安価で払い下げたことが事件の発端となっている。そもそも、財政危機に陥った南部藩は、村井から五万五〇〇〇両を借り入れ、さらに尾去沢銅山の経営を村井に委ねたが、当時の慣習として、証文の形式上は村井が藩から借金をし、藩からの出資で銅山の経営を行っているという体裁となっていた。井上は、この証文を理由に村井に借金の返済を求め、その代償として銅山を没収したのである。これにより破産を余儀《よぎ》なくされた村井は憤激し、この一件を司法省に訴え出た。江藤は司法少丞の島本仲道《しまもとなかみち》らに捜査を命じ、井上の罪状を追及したが、三条らの介入などもあり、井上が大蔵大輔を辞任したことでその逮捕は見送られる結果となった。

次に山県である。山県が追及されたのは「山城屋和助《やましろやわすけ》事件」である。奇兵隊《きへいたい》以来、山県と親交のあった野村三千三《のむらみちぞう》は、その後、商人に転じ、山城屋和助を名乗っていたが、山県との関係から陸軍省の御用商人となった。山城屋は六五万円あまりの陸軍省の公金を基に事業を行っていたが、生糸相場の暴落などもあって経営危機に陥った。挽回《ばんかい》のため渡仏した山城屋は、なぜかパリで豪遊《ごうゆう》を重ね、駐仏中弁務使(駐仏大使に相当)の鮫島尚信《さめじまなおのぶ》から不審の廉《かど》で外務省本省に報告されるに至る。山城屋が関与する陸軍省の不正会計を掴《つか》んだ桐野利秋《きりのとしあき》ら薩摩藩出身の陸軍軍人は、山県の追及を始める。山城屋が手形の発行で形式的に全額を返金したことで桐野らは追及を諦《あきら》めたが、代わって江藤率いる司法省が、公金の返済が空手形《からてがた》による偽装に過ぎないことを明らかにして山城屋と山県の追及を始めた。不利を覚《さと》った山城屋が関係書類をすべて焼却した上で割腹《かっぷく》自殺を遂げたため、真相の解明が困難となり、また、西郷隆盛《さいごうたかもり》が山県の救済に動いたこともあって山県は追及を免れ、事件は終息する。

最後に槇村である。槇村は井上・山県と異なり後に元老と呼ばれることがなかったため、いささか格下の印象を受けるかもしれないが、当時は京都府大参事として府政を担う有力者の一人であった。槇村の事件は「小野組転籍事件」である。京都を本拠とする豪商の小野組が、明治維新後に拠点を東京に移すことを京都府に願い出た際、槇村は小野組からの税収や御用金を失うことを恐れて、小野組の東京転籍を妨害した。一八七二(明治五)年十一月に達せられた「司法省達第四六号」は、今日でいうところの行政訴訟を認めたものであったため、小野組はこれに従って京都府を裁判所に提訴する。その結果、京都府は敗訴となり、最終的に、府知事長谷信篤《ながたにのぶあつ》は懲役一〇〇日もしくは贖《しょく》罪金《ざいきん》四〇円の支払い、槇村は懲役一〇〇日もしくは贖罪金三〇円の支払いを命じられた。ところが、槙村らは裁判所の命令を無視し続けたため、ついに東京出張の際に槙村が司法省によって身柄《みがら》を拘束の上、収監《しゅうかん》されるに至った。槙村への強硬措置に動揺した長谷は小野組の転籍を認め、槙村も、「明治六年政変」によって江藤が下野したことなどもあり、岩倉具視《いわくらともみ》の政治的判断によって釈放され、事件は一応の結末を見る。

これらの長州閥の要人のうち、江藤と直接的な対立関係にあったのは井上である。大蔵大輔であった井上との間には、裁判所の設置によって、当時、大蔵省の下にあった地方官から司法権を分離する、すなわち大蔵省の権限縮小を図ったことで軋轢《あつれき》が生じ、さらに、裁判所設置のための多額の費用を予算として司法省が計上したことが、大幅な赤字財政体質を改めるべく緊縮財政の方針を示していた大蔵省との衝突を招いていた。江藤と井上の関係は、江藤が自身以下、司法省幹部の辞職を盾《たて》に裁判所設置予算を要求して井上の緊縮財政への批判を続けたことも相まって、もはや政敵というべき段階まで悪化していく。かかる状況で村井の提訴によって「尾去沢銅山事件」が幕を開けることになるのだから、司法省の井上への追及が厳しいものとなったことは想像に難くない。

ただし、これらの事件に本格的に司法省が関わっていくのは一八七三(明治六)年四月十九日の江藤の参議転出以降であり、実は、江藤自身の関与は明らかではなく、江藤が長州閥の不正を追及したとまではいえないのではないか、とする大庭氏の指摘もある。その一方で、一九一一(明治四四)年に刊行された江藤の伝記である『江藤新平』では、明治四四年当時において、江藤に対する顕彰《けんしょう》事業が多くの人々の賛同を得ながら実施できないのは、元勲《げんくん》となった山県・井上ら長州閥の江藤に対する怨恨《えんこん》がいまだに残っているためではないか、とする観測を記すなど、すでに長州閥の不正を追及した江藤を「正義」とするイメージが形成されている。江藤が本当に長州閥の不正を追及したかどうかはともかく、「正義」の人である江藤の姿は、藩閥政治家の重鎮《じゅうちん》として君臨する山県らに対する人々の想いを映し出したものであったとはいえまいか。

明治日本の「商鞅」

佐賀の乱を鎮圧《ちんあつ》した大久保利通は、その裁判において江藤に弁明の機会を与えず、さらに江藤に梟首《きょうしゅ》(さらし首)の刑が宣告された時の様子を、日記に「江藤醜態笑止《しゅうたいしょうし》なり」と記したことから、江藤の「敵」と目されることが多い。その大久保は中国・秦《しん》の商鞅《しょうおう》に擬《ぎ》して江藤を評している。大久保は、江藤の能力を認めた上で、優れた制度設計者でありながら反乱を起こし、自らの手による法制度によって処刑された点を商鞅と江藤の類似点として指摘している。

大久保は十分に指摘しなかったが、ともに国家の基盤を整備した「功臣《こうしん》」でありながら最終的には反乱に踏み切らざるを得なかった両者の共通点はどこにあったのか。それは、自らの信ずる「正義」に従って行動すれば、周囲の人々も必ず自分の真情を理解してくれると考えるがゆえに、周囲の理解を得

さらし首になった江藤新平

る努力を欠き、遂には次々と敵を作ってしまう「正義」への過信ではないかと筆者は考える。人間同士の関係における「正義」は、ある意味で相対的なものであり、自分にも「正義」があれば、相手も自ら信ずる「正義」があり、その衝突によって紛争が生ずると見ることもできよう。「正義でありすぎるがゆえに、命を落とすことになってしまった」という板垣の江藤評と、商鞅に擬した大久保の江藤評からは、かかる「正義」の相対性を窺うことができるのではないか。

⊙主要参考文献

国立公文書館所蔵『公文録』
江藤新平（江藤熊太郎・江藤新作編）『南白遺稿』（博文館、一八九二年）
日本史籍協会編『大久保利通日記』（日本史籍協会、一九二七年〔マツノ書店より、二〇〇七年復刻〕）
円城寺清『大隈伯昔日譚』（立憲改進党々報局、一八九五年）
鹿島桜巷『江藤新平』（実業之日本社、一九一一年）
的野半介『江藤南白』（南白顕彰会、一九一四年〔原書房より「明治百年史叢書」で一九六八年復刻〕）
大庭裕介『江藤新平』（「戎光祥選書ソレイユ」、二〇一八年）
毛利敏彦『増訂版　江藤新平』（「中公新書」、一九九七年）
毛利敏彦『明治六年政変』（「中公新書」、一九七九年）

戊辰戦争の英雄から
自由民権運動の指導者へ

板垣退助

…いたがきたいすけ…

望月良親

はじめに

一八六八（慶応《けいおう》四）年三月四日の夜九時頃、甲府町年寄坂田与一郎《こうふまちどしよりさかたよいちろう》（一八一七―九五）は、土佐藩の秋沢《あきざわ》太吉《たきち》と依光恒吉《よりみつつねきち》より呼び出され、彼らの宿所であった甲府柳町の旅籠《はたご》を訪れた。雨天の中、与一郎が赴くと、彼ら一行、一五〇人分の夜具《やぐ》が足りず、至急用意して欲しいとのことであった。与一郎は、早速魚町の名主与次兵衛《なぬしよじべえ》に古着屋から夜具を集めるようにと指示を出した。甲府の町の騒々しい様が窺《うかが》われる。雨の中、その日に使用する夜具を夜九時から集めるなど、大わらわであっただろう。

土佐藩兵《とさはんぺい》に命じられ、甲府の人々が必死に夜具を集めていたのは、なぜだろうか。これは慶応四年、すなわち明治初年のことであり、前年十月に大政奉還《たいせいほうかん》、十二月に王政復古《おうせいふっこ》のクーデタが起こった直後のことであった。武力征討《ぶりょくせいとう》を辞さない新政府は、兵を東に進めていたのであった。その過程で、東征軍が甲府に到来していた。この軍勢を指揮していた一人が、本稿の主人公、板垣退助《いたがきたいすけ》（一八三七―一九一九）である。

板垣退助は、一八七四（明治七）年の民撰議院設立建白書《みんせんぎいんせつりつけんぱくしょ》に端を発した、自由民権運動の指導者として名をよく知られているだろう。しかし、近年では戊辰《ぼしん》戦争(一八六八～六九年)の英雄としての姿にも研究の目が向けられるようになっている。この二つの姿は如何《いか》にして結びつくのだろうか。そこで、本稿では、戦争の英雄から自由民権運動の指導者へ、如何にして退助は転換していったのか、探っていきたい。特に、その転換において重要な地の一つとなった甲斐国《かいのくに》・山梨県において起こった事柄を中心に見ていこう。

「乾」から「板垣」へ

乾《いぬい》退助とは、板垣退助のことである。このように書くと首をかしげる諸氏もいるだろうが、退助の最初の姓は乾であった。板垣と名乗る契機として、戊辰戦争と甲斐国が大きく関係していた。

退助は、土佐藩士乾栄六《えいろく》(正成《まさなり》)の嫡男《ちゃくなん》として、一八三七(天保《てんぽう》八)年に土佐で誕生した。乾家は、三〇〇石の知行《ちぎょう》を取り、藩内において上級に位置する武士であった。一八六〇(万延《まんえん》元)年に父栄六が亡くなると、退助は二四歳で家督《かとく》を継ぐ。その後、退助は一八六一(文久《ぶんきゅう》元)年には、江戸での勤務を命じられ、翌六二(同二)年には藩主山内容堂《やまうちようどう》(豊信《とよしげ》、一八二七―七二)の側への務めを命じられるなど、藩の重要な役職を担っていった。しかし、容堂や吉田東洋《よしだとうよう》などの公武合体論《こうぶがったいろん》・開国論が優勢な土佐藩では、退助が主張する尊王攘夷論《そんのうじょういろん》は反主流派であった。

そのようななか、退助は一八六六(慶応二)年頃には江戸で西洋式の騎兵《きへい》を学び、翌年には西郷隆盛《さいごうたかもり》(一八二七―七七)らと倒幕挙兵の密約《みつやく》を結ぶなど、藩の軍事面において大きな位置を占めるようになっていった。退助は、同年には兵制改革などを手がけ、さらに藩の武力を充実させていったが、同年十月、土佐藩の後藤象二郎《ごとうしょうじろう》たちの画策により、大政奉還が行われ、武力での倒幕は一旦は遠ざけられた。それに対して、倒幕派は同年十二月に王政復古のクーデタを起こした。そして、戊辰《ぼしん》戦争がはじまった。乾退助、三二歳のことであった。

一八六八(慶応四)年一月、鳥羽《とば》・伏見《ふしみ》で戦いの火蓋《ひぶた》が切られた。それに呼応するように、土佐においても出兵の準備が進められ、退助は土佐藩の迅衝隊大隊司令《じんしょうたいだいたいしれい》に任じられた。これが戊辰戦争の英雄となる第一歩であった。迅衝隊は土佐藩兵の中心となった部隊である。丸亀《まるがめ》、高松《たかまつ》、大坂を経て、土佐藩の軍隊は京に入った。入京後、退助は容堂に謁見《えっけん》し、彼の薩長《さっちょう》へのわだかまりを解き、藩論が武力倒幕に決したと言う。江戸へは、東海道と東山道(中山道《なかせんどう》)、北陸道の三つの従軍ルートがとられ、退助は東山道を行く東山道先鋒総督府参謀《せんぽうそうとくふさんぼう》を命じられた。二月十四日に京都を出発した退助たちは、美濃《みの》国大垣《おおがき》(岐阜県大垣市)に同月十八日に到着し、三月一日には信濃《しなの》国の上諏訪《かみすわ》(長野県諏訪市)に達した。いよいよ冒頭に触れた甲斐国に近づいてきた。「乾」から「板垣」への転身である。

唐突《とうとつ》であるが、山梨県を代表する戦国武将と言えば武田信玄《たけだしんげん》(一五二一—七三)の名前を挙げることができよう。それは江戸時代も変わらなかった。退助が向かっていた甲斐国には「武田浪人《ろうにん》」と呼ばれる人々が江戸時代には多数暮らしていた。武田浪人とは、信玄など武田家に仕えていたと言う由緒《ゆいしょ》をもち、甲斐国の村落に居住しながら苗字帯刀《みょうじたいとう》の特権を認められていた人々のことである。十八世紀の初頭には、その存在を確認できるが、その数のピークを迎えたのは十九世紀の最初であった。一八六八（慶応四）年には六五人を数えた。幕府の直轄領《ちょっかつりょう》であった甲斐国で、武田浪人たちは、その地位を守るために幕府への奉公《ほうこう》を度々願い出ていた。奉公することで、その地位を維持しようとしていたのであった。幕末に北方の警衛などが問題となると、蝦夷地《えぞち》における奉公を望んだ。さらに、甲斐国には、この武田浪人以外にも江戸時代には武田家との由緒を誇る人々は多くいた。甲府の坂田与一郎もその一人である。退助が、このような甲斐国の状況をどこまで踏まえていたかは十分には分からないが、彼らを新政府軍に取り込もうとしていた。その手段の一つとして、姓を「乾」から「板垣」へ改めたのであった。

甲斐に進軍する前に、退助は京都において岩倉具視《いわくらともみ》（一八二五—八三）から、甲斐の人々を容易に制御することは難しいが、彼らは信玄をよく慕っている、その思いを踏まえれば、彼らの心を掴《つか》むことができると伝えられていた。甲斐に入った退助は、その状況は具視の言葉通りであると思い、甲斐の人々に次のような檄《げき》を飛ばした。

甲斐国は、幕府領であったが、徳川家はすでに朝敵《ちょうてき》であり、恩はない。甲斐の人々は、信玄の残した民であり、身を立て家を興《お》こしてきた。実は、退助も信玄の遺臣《いしん》であり、甲斐国の人々と心は変わらない。朝廷のためにこの地を守るのは信玄の心でもある。

乾家の初代正信《まさのぶ》は、信玄重臣、板垣信方《いたがきのぶかた》の子息であったとされる。正信は、武田家の滅亡後、板垣姓を乾姓に改め、山内一豊《やまうちかつとよ》（一五四五—一六〇五）に仕えるようになったと言う。一豊の土佐入国にともない、正信も従い、子孫は代々土佐藩に仕え、幕末の退助に至ったのである。このため、乾から板垣と姓を改め、甲斐の人々の心を掴もうとしたのである。改姓した場所は、この甲府とも、大垣であったともされている。

話を戻そう。この檄を飛ばしたのは、三月五日のこととされ、冒頭で記したように、甲府町年寄たちが必至に夜具の用意をしていた四日の翌日のことであった。新政府軍の呼びかけに武田浪人などは応じ、断金隊《だんきんたい》、護国隊《ごこくたい》が結成された。断金隊は、東北まで退助とともに従軍し、護国隊は甲斐国の防衛を担った。退助の目論見《もくろみ》は当たったと言えよう。

甲府では旧幕府軍との交戦もなく、甲府城を奪取した新政府軍は、その後勝沼《かつぬま》で近藤勇《こんどういさみ》率いる甲陽鎮撫隊《こうようちんぶたい》を撃破し、三月十四日には江戸に入った。江戸城は開城されたが、東北諸藩の抵抗は続いていた。退助たち土佐藩兵は、日光《にっこう》、白河《しらかわ》、会津《あいづ》へと進軍していった。東北戦線での彼らの活躍はめざましいものであったと言う。これが新政府で土佐藩が重要な位置を占める布石になったとされる。土佐藩兵たちは、十月には東京に戻り、土佐へは十一月に凱旋《がいせん》した。出発から一年ほどが経とうとしていた。

土佐に帰った退助は、家禄《かろく》が加増され一〇〇〇石となり、藩の陸軍総督、家老格に任じられた。土佐藩における最大の戦争の功労者であった。新政府からも破格の一〇〇〇石を与えられている。なお、同じく戊辰戦争で活躍した西郷隆盛は二〇〇〇石を与えられている。乾退助から名を改めた板垣退助は戊辰戦争の英雄となっていた。

「余ハ死ヲ以テ自由ヲ得ル」——自由民権運動の指導者

一八六八(慶応四)年に土佐藩兵の夜具を用意していた甲府町年寄坂田与一郎は、先には記さなかったが、退助が進軍した五日には握り飯三〇〇〇人分を用意するなど、戊辰戦争に巻き込まれ、多忙な日々を、この時過ごしていた。その後も甲府町年寄職が一八七二(明治五)年に廃止されるなど、維新の激動を生き抜いていた。廃止後に就いた区長職からも退き、ようやく落ち着きを見せてきた一八七四(明治七)年に起草された民撰議院設立建白書を彼も読んでいた。与一郎が、この時に退助の戊辰戦争における活躍を想起していたかは分からないが、軍隊の指導者ではない姿を見たことになるであろう。この建白書で自由民権運動の火蓋は切られることになり、退助は一挙に自由民権運動の指導者として名を馳《は》せるようになる。退助、自由民権運動の指導者へのスタートであった。維新後の退助の姿を追っていく。

退助は、当初は参議に就くなど、新政府でも重きをなしていた。しかし、一八七三(明治六)年、西郷隆盛とともに征韓論《せいかんろん》を唱え、大久保利通《おおくぼとしみち》らとの対立に敗れ、下野《げや》することになる。この翌年に民撰議院設立建白書が提出され、全国に論争が広がっていった。この時、退助三八歳であった。しかし、大阪会議などを経て、翌七五(同八)年には木戸孝允《きどたかよし》とともに退助は再び政府に復帰した。かくの如く、一旦は復帰したが、急進的な立憲主義《りっけんしゅぎ》体制の確立を目指していた退助は、今回も政府内で対立を深め、再度、野《や》に下ることになった。なお、甲府の坂田与一郎は退助の動きを追い、下野直前、明治天皇に提出した急進的な政府改造計画を述べた上書も記録に留めている。その後、一八七七（明治十）年の西南戦争などを経て、武力での反政府闘争はなくなり、言論での運動が主流となった。退助たちが主導した自由民権運動は、ここから全国的な広がりを見せるようになる。

一八八一（明治十四）年になると、退助は、戊辰戦争、因縁《いんねん》の地である東北に遊説《ゆうぜい》に向かった。これは、同年に誕生することになる自由党結成に向けた戦略の一つであり、当該地域の団結強化を目指した遊説であったとされる。退助は、遊説中に次のようなことを話したと言われる。

戊辰戦争時、会津藩のために戦ったのは僅《わず》かな藩士のみであり、領民たちが戦うことはなかった。そのため新政府軍に敗れ去った。今後の日本は、藩士のみならず国民全てで力を合わせ、国民皆《かい》兵《へい》を目指す改革をなさねばならぬ。

戊辰戦争時に、退助は武士以外が政治に参加する必要に気がついたということである。さすが退助、先見の明があると早合点《はやがてん》してはいけない。最近の研究によると、退助は戊辰戦争の時からこの主張を周りに披露《ひろう》していたのではなく、はじめて本逸話が公にされたのが、この東北遊説時であったとされる。さまざまな経験を踏まえ、東北遊説時に、退助は軍事の英雄から自由民権運動の指導者へ脱皮しようとしていたのであった。そして、その姿を確固たるものにしたのが、翌年の岐阜遭《そう》難《なん》事件である。

一八八二（明治十五）年、東海道遊説に退助は出発し、その過程で事件に遭遇《そうぐう》することになった。

退助、四六歳のことである。まず、愛知県での懇談《こんだん》において彼は、東北遊説時と同様に会津の逸話を述べ、戊辰戦争の経験を基に軍事の英雄から自由民権運動の指導者へ転身したことを説明していた。退助転身のエピソードが人々に広まり、それが定着していこうとしていた。

それを決定的にしたのが、岐阜遭難事件であった。退助が岐阜の中教院《ちゅうきょういん》で刺客《しかく》に襲われた事件である。この時に「板垣死すとも自由は死せず」という名言が創られた。傷は浅く、一命を取り留めた退助への見舞いは殺到し、事件は社会現象となった。こうしたなか、事件を巡る出版物が作られ、演劇が上演されるなど、退助は「自由の泰斗《たいと》」、「民権の木鐸《ぼくたく》」として多くの人々に知られるようになった。先の名言も創られ、自由民権運動の指導者としての姿が定着していった。

しかし、自由民権運動期に退助が山梨を訪れた事例を調べていくと、実は退助の転身は、これより前に徐々に起こっていたことが見えてきた。先の東北遊説の前年、一八八〇(明治十三)年に退助は山梨県を訪れていた。山梨県においても自由民権運動は盛り上がりを見せており、退助や中島信行《なかじまのぶゆき》が甲府へ招かれ、演説会を行ったのである。退助たちを招いたのは、山梨で自由民権運動の

襲われる板垣退助(当時の錦絵、国立劇場蔵)

一翼《いちよく》を担った『峡中新報』の関係者であった。

演説会で、退助が言うには、彼らが退助を招いたのは、戊辰戦争で軍功があったからでもなく、甲斐に軍隊を率いて来たからでもない。彼らが呼んだのは、退助が「自由ノ主義」を唱え、「改進ノ線路」に立ち、それは山梨の彼らと同じ姿であったからとする。

戊辰戦争の経験を踏まえ、自由民権運動の指導者としての立場を強調していた。このように、退助は東北遊説以前に戊辰戦争の英雄からの脱却を目指し、自由民権運動の指導者になろうとしていたのであった。さらに、退助は、彼らの厚遇《こうぐう》に報いるには、「余ハ死ヲ以テ自由ヲ得ル」覚悟だとも述べており、指導者としての姿を人々に焼き付けようとしていた。

おわりに

このように、一八八〇(明治十三)年の山梨、翌年の東北、さらに一年後の岐阜を経て、退助は戊辰戦争の英雄から自由民権運動の指導者になっていった。しかし、民権運動も終わりを迎えることになる。一八八四(同十七)年には自由党が解散し、全国的な高揚《こうよう》はなくなっていく。その後、退助は一八八九(同二二)年の大日本帝国憲法の発布《はっぷ》後には、貴族院《きぞくいん》議員などには就かず、政治活動を続けていくことになる。自由党の総理《そうり》などを務め政界に影響力を及ぼしていた。一八九八(同三一)年には、大隈重信《おおくましげのぶ》(一八三八―一九二二)を首相に戴《いただ》き、退助は内務大臣《ないむだいじん》を担い、日本初の政党内閣である隈板内閣《わいはんないかく》を成立させた。しかし、隈板内閣は僅《わず》か半年で倒れ、退助は翌年には政界からの引退を宣言する。六三歳のことであった。引退後の退助は、社会改良運動に取り組んでいたとされるが、その死を迎えるまで、明治維新や自由民権運動の志を忘れることなく、政治への情熱を保ち続けていたと言われる。戊辰戦争と自由民権運動、この二つの事柄は彼にとって終生、忘れることができない刻印《こくいん》となっていた。

最後に、戊辰戦争で退助とともに東北まで転戦《てんせん》した断金隊を巡るエピソードを紹介して終わりにしよう。一八九九(明治三二)年、退助が政界から身を引いた年のことである。山梨で『甲斐新聞』という新聞の発行がはじまった。主筆《しゅひつ》は、のちに甲府市長となる斎木逸造《さいきいつぞう》(一八七一―一九五五)であった。逸造は、若かりしころから中江兆民《なかえちょうみん》に惚《ほ》れ込み、東京で自由党の壮士《そうし》としても活躍した人物であった。東京から故郷に戻ってきた逸造は、山梨県における自由党の機関誌『甲斐新聞』に迎え入れられたのである。

そこで、逸造は断金隊の活躍を講談風の実録で新聞に連載をすることにした。逸造の郷里は、弱冠十五歳の断金隊隊士歌田《うただ》靭雄《ゆきお》を生んだ隣の村であった。その靭雄から断金隊に関わる史料の提供を受け、連載《れんさい》をはじめたのであった。靭雄が残した従軍日記は、現在の土佐藩戊辰戦争に関わる研究では欠かせない資料である。靭雄など旧断金隊の隊士六人から資料の提供を受け、逸造が直接退助から聞いた断金隊の活躍をまとめ、『甲斐

板垣退助の肖像
(1953〔昭和28〕年から74〔同49〕年まで発行された100円札の肖像画)

新聞』で三〇回の連載が行われた。逸造の記事は大きな反響があったとされ、『甲斐新聞』はのちに山梨県下、最大の発行部数を誇るようになったと言う。自由民権運動の季節は過ぎたが、このようにして板垣退助は戊辰戦争の英雄、自由民権運動の指導者として、人々に語られていった。斎木家は、武田家に仕えた由緒《ゆいしょ》ももっていたと言う。

⦿参考文献

明治元年「坂田家御用日記」(坂田家蔵、山梨県立博物館所蔵紙焼利用)
佐藤八郎「斎木逸造」(『郷土史にかがやく人々 集合編(Ⅲ)』(青少年のための山梨県人会議、一九八七年)
『甲府市史』(史料編 第六巻 近代)(甲府市役所、一九八九年)
高知市立自由民権記念館編『板垣退助』(高知市立自由民権記念館、一九九四年)
林英夫編『土佐藩戊辰戦争資料集成』(高知市民図書館、二〇〇〇年)
『山梨県史』(通史編四、近世二)(山梨県、二〇〇七年)
真辺将之「老年期の板垣退助と大隈重信」(『日本歴史』七七六、二〇一三年)
松沢裕作『自由民権運動』(岩波書店、二〇一六年)
中元崇智「板垣退助と戊辰戦争・自由民権運動」(『歴史評論』八一二、二〇一七年)
小宮一夫「板垣退助」(筒井清忠編『明治史講義人物編』筑摩書房、二〇一八年)
高知城歴史博物館編『明治元年の日本と土佐』(高知城歴史博物館、二〇一八年)
望月良親「近世の町役人と記録――甲府町年寄坂田信齋の明治維新」(『海南史学』五七、二〇一九年)
望月良親『日本近世社会と町役人』(勉誠出版、二〇二〇年)

「民」のために議員辞職した「東洋のルソー」

中江兆民

…なかえちょうみん…

小正展也

中江《なかえ》兆民《ちょうみん》（一八四七―一九〇一、戸籍名は篤助《とくすけ》、通称・篤介《とくすけ》）は一八四七（弘化《こうか》四）年十一月二七日に高知城下の足軽《あしがる》元助《もとすけ》の長男として生まれた。藩校文武館《ぶんぶかん》で漢学などを学んだ後、長崎・江戸などで英学や仏学を修め、一八七一（明治四）年十一月に横浜を出港した岩倉《いわくら》使節団随行《しせつだんずいこう》の政府留学生として、フランスに留学する。帰国後は仏学塾を開き教育活動をする一方で、ルソー作『社会契約論』（一七六二年）の漢文訳である『民約訳解《みんやくやくかい》』を発表し、「東洋のルソー」と呼ばれるようになった。一八八六（明治十九）年頃から本格的に政治活動を開始し、第一回総選挙（一八九〇年七月一日施行）で衆議院議員に当選するが、翌年二月「土佐派の裏切り」に憤慨《ふんがい》し辞職する。議員辞職後は主に実業家として活動し、一九〇一（明治三四）年三月の吐血後《とけつご》から書き出した『一年有半』『続一年有半』は大ベストセラーとなった。同年十二月十三日、食道癌《しょくどうがん》のため死去した。

はじめに

「東洋のルソー」こと中江兆民は、第一回総選挙で大阪四区（西成《にしなり》郡・東成《ひがしなり》郡・住吉郡）から衆議院議員に選出された。大阪四区の有権者は二〇一四名であったが、中江は一三五二票を獲得している。このように多くの有権者の支持を得て当選した中江であったが、第一議会(第一回帝国議会)途中で「土佐派の裏切り」に憤激し議員辞職してしまった。

中江の議員辞職は彼の人生のなかで最も「侠気」(権勢や強者に屈せず、弱者を助けて正義を行おうとする心。『大辞林』〔第三版〕)を感じさせる行動である。なぜ中江は議員辞職という行動をとったのだろうか。本稿では中江が議員に当選してから辞職するまでの行動や言説を追っていくことで、中江が議員辞職という行動をとった理由を明らかにしたいと思う。

「立憲自由新聞」主筆中江兆民

一八九〇(明治二三)年十一月二五日に召集された第一議会において、中江は弥生倶楽部《やよいクラブ》(立憲自由党〈以下、自由党とする〉と無所属の議員で組織された院内会派)に所属した。中江の属した弥生倶楽部は衆議院招集時に全三〇〇議席中、一三一議席を占める最大勢力であったが、寄り合い所帯という弱点を有していた。

弥生倶楽部の母体である自由党は一八九〇年九月十五日にできたばかりの新党である。総選挙後、大同倶楽部・愛国公党(板垣退助《いたがきたいすけ》派)・再興自由党(大井憲太郎《おおいけんたろう》派で中江も所属)・九州同志会・立憲改進党《りっけんかいしんとう》の五派は政党間の大連合(「進歩党連合」)を目指していたが、七月二五日に集会及政社法が突然公布されて政党間の連合や通信が禁止されて

中江兆民

しまった。そのため五派は合同するか否かの選択に迫られ、立憲改進党以外の四派が勢いに任せて合同した。このようにして成立した自由党は最初から内部にさまざまな問題を抱《かか》えていた。

中江は衆議院の役職（正副議長・常任委員〈予算・懲罰《ちょうばつ》・請願〉）や自由党・弥生倶楽部の役員には就《つ》かなかったが、一八九一（明治二四）年一月一日から「立憲自由新聞」（自由党の機関新聞の一つ）の主筆に就任し、言論の力でバラバラになりそうな自由党をサポートしようとした。

中江が「立憲自由新聞」などで繰り返し指摘したことの一つに、自由党所属議員の個人プレー問題がある。史上初の衆議院正副議長選挙は先例がない状況のなかで混乱した。第一議会前に中江は自由党として正副議長の候補者を予《あらかじ》め選定し、投票の際には自由党所属議員は選定した候補者に投票すべきだと主張していた（「謹《つつしみ》て衆議院議長並に副議長を推薦《すいせん》す」『中江兆民全集』〈十二〉、本稿における中江の論説の引用は全て同書）。しかし副議長選挙では自由党や友党である立憲改進党の候補者にきちんと票が行かず、政府寄りの大成会《たいせいかい》の候補が当選してしまう。中江はこのような結果になった副議長選挙を批判した（「三斗《さんと》の酢を飲め」）。

その後も中江は「立憲自由新聞」に「立憲自由党の急務」（一八九一年一月一、五～八日）という論説を書き、自由党所属議員が個人プレーに走らず党議に従って行動すべきだと訴えた。「立憲自由党の急務」が掲載されたのは、衆議院本会議で予算審議が開始される直前の時期である。中江は、自由党所属議員の個人プレーが予算審議を大混乱させることを大変危惧《きぐ》した。

では中江が危惧した予算審議はどのように進み、それに対して中江はどのように対応したのか。

査定案をめぐる自由党内の対立

一八九〇（明治二三）年十二月三日、政府はまず衆議院に明治二四年度の予算案を交付し（衆議院の予算先議権は帝国憲法第六五条による）、予算委員会における審議は十二月六日から開始された。予算委員は、予算案を受け取ってから十五日以内に審査を終えて本会議に報告しなければならなかったが、委員間の対立があったため期限内に報告できなかった。結局、予算委員会の報告書である査定案が議長宛に提出されたのは、十二月二七日であった。

査定案は、予算案の歳出《さいしゅつ》を約八〇六万円削減することを求めていた（約八〇六万円は予算案の歳出総額約九四一七万円の八・六％にあたる）。巨額な削減額となったのは、査定案が帝国憲法第六七条に関係する費目（以下、六七条費目とする）にまで踏み込んでいたためである。

帝国憲法第六七条は、「憲法上ノ大権ニ基《もと》ツケル既定ノ歳出及法律ノ結果ニ由《よ》リ又《また》ハ法律上政府ノ義務ニ属スル歳出ハ政府ノ同意ナクシテ帝国議会之ヲ廃除《はいじょ》シ又ハ削減スルコトヲ得ス」という条文であった。会計法補則（明治二三年法律第五七号）によると、①「憲法上ノ大権ニ基ツケル既定ノ歳出」は「文武官ノ俸給《ほうきゅう》」・「陸海軍軍事費」・「各庁ノ庁費及経常修繕費」など、②「法律ノ結果ニ由」る歳出は「裁判所 竝《ならびに》 会計検査院経費」・「恩給《おんきゅう》 扶助料《ふじょりょう》」など、③「法律上政府ノ義務ニ属スル歳出」は公債《こうさい》償還《しょうかん》費用などを指した。このように広範囲にわたる六七条費目を議会が廃除削減するには「政府ノ同意」を得る必要があったが、予算委員会の段階では政府の同意を得ることを先送りにして査定案が出された。

査定案が政府の同意を得ずに出されたことに対して、自由党の一部議員(竹内綱《たけうちつな》・大江卓《おおえたく》など)からも批判がなされた。竹内綱(一八四〇―一九二二、土佐出身、旧愛国公党・予算委員)は、盟主である板垣退助(一八三七―一九一九)の意向もあって、第一議会を解散なく無事に終わらせることを目標としていた。第一議会を無事に終了して日本が東洋初の立憲政治の成功者となることは、政府だけでなく議員の方でも強く意識していたが、とりわけ旧愛国公党系の議員達はその意識が強かった。また予算委員長の大江卓(一八四七―一九二一、土佐出身、旧大同倶楽部)は、後藤象二郎《ごとうしょうじろう》逓信《ていしん》大臣が岳父《がくふ》であった。そのため竹内・大江らは政府との妥協志向が強く査定案にも反対した。その結果、自由党所属議員の間で査定案についての賛否が分かれた。

一八九一(明治二四)年一月七日に弥生倶楽部の総会が弥生館で開かれ、議員である中江も出席した。総会では大江卓と竹内綱の修正案(五五〇万円減額説)、菊池侃二《きくちかんじ》(一八五〇―一九三二)の修正案(七三〇万円減額説)、松田正久《まつだまさひさ》(一八四五―一九一四)の「三派統合」案(査定案と大江・竹内の修正案と菊池の修正案を統合する案)も議題として出されたが、いずれも賛成者が少なく消滅した。査定案は出席者七八名中、四一名の賛成を得たので査定案支持が弥生倶楽部の方針として決定した(総会後、大江と竹内は一月十三日に自由党を離党する)。

この総会に出席した中江がどの案に賛成したのかは不明である。中江は一月九日付「立憲自由新聞」の「弥生館の議決」という論説で「若《も》し相談会にて消滅したる自己の意見を再び議場に持出すか、又は相談会にて多数に決したる意見に起立せざるが如《ごと》きこと有らば、是《こ》れ心術的に自ら脱党する者なり」と書き、自由党所属議員に一月八日の弥生倶楽部総会での決定に従うように訴えた。また一月十一日付「立憲自由新聞」の論説「大蔵大臣の演説」でも自由党所属議員が「大蔵大臣の一言」(一月九日に衆議院本会議で松方蔵相は査定案に同意しないと発言した)によって「査定額中一銭半銭《いっせんはんせん》移動するが如きこと」がないようにと釘《くぎ》を刺した。これらの論説を読むと中江は査定案を支持していたように見える。

予算修正案をめぐる自由党内のさらなる混乱

ところが、ここで我々にとって思いがけないことが起こる。「立憲自由新聞」で党議(=査定案)に従うことを説いていた中江が、松田吉三郎《まつだきちさぶろう》(一八五八―一九四三、自由党・元大同倶楽部)の発議した予算修正案である「歳出予算修正案」(以下、松田案とする)に賛成していたのである。

議院法第四一条により予算修正案には賛成者が三〇名以上必要であった。一月十六日に衆議院に提出された松田案には賛成者が三八名いたが、その内訳は中江・菊池侃二ら自由党三三名、無所属三名、大成会二名、立憲改進党一名となっていた(菊池らは「中軟派」と言われた)。

松田案の特徴は歳出を約七一七万円削減することをうたっていたが、査定案と違って六七条費目に抵触《ていしょく》しない節減策を採っていたことにあった。「時事新報」などによると、松田案は菊池が一月七日の弥生倶楽部総会で提起したものとほぼ同様のものであり、松田案が衆議院に提出されるのを察知した自由党幹部が何度か説得を試みたが、菊池らは提出を強行したらしい。

一月十八日頃から松田案の内容や賛成者名などが新聞報道され始めた。中江は一月二一日付「立憲自由新聞」に、「立憲自由党議員にして、脱党せず除名せられず、即ち党議に服従するを持続する者は、予算案に係り、飽《あく》までも弥生館の決議を重んじて、一出一入すること無く、確然《かくぜん》動かざる可《べ》きは云ふ迄《まで》も無し」と書き(「査定案是れ我党の旗幟《きし》」)、再び査定案支持を表明した。しかし松田案の賛成者に名を連ねたことの弁明は全くなされなかった。

中江の松田案賛成については新聞の虚報なのではないかとみる研究者もいるが、本稿ではその立場は採らない。松田案は六七条費目に抵触せずに多額の歳出削減を行えるので、政府による不同意の口実を与えないうえに自由党内の査定案を巡る対立を回避することができるという利点がある。このような利点を有するので、中江は予め松田案に賛成しておいたのではないかと考える。

自由党内の混乱の収束?

松田案の提出以外にも自由党の混乱は続いた。一月十八日付「自由新聞」(自由党の機関新聞の一つで板垣退助の影響力が強い)に査定案支持の党議の再議を求める社説が掲載された。この社説は即日、自由党の常議員会で問題とされ、常議員会は自由新聞社に対する談判《だんぱん》を行うことを決めた。

すると板垣は、一月十九日に自由党からの「分立」(=自由党からの分離)を表明し、自由党宛に「分立届」を提出した。中江は板垣の「分立」を止めようと関係者の間を奔走《ほんそう》する。ちょうどその頃、一月二〇日に国会議事堂が漏電《ろうでん》で全焼してしまった。そのため議会はやむなく停会となるが、自由党にとっては混乱を収拾する時間ができた。その後、板垣は中江や自由党幹部などの慰留《いりゅう》を受け入れ、自由党からの「分立」を止めた。

一月二九日から衆議院が再開されることとなり、予算案に対する方針を再決定するため一月二八日から三〇日まで自由党の代議士総会が開催された。査定案支持派の新井《あらい》章吾《しょうご》（一八五六—一九〇六）が査定案を党議とするように求める動議を出したのに対して、「中軟派」の菊池侃二が、①新井の動議の延期と、②委員を選定してそれぞれ出された予算修正案の再審査を行うことの二つを求めた。結局、菊池の延期説は賛成三六名・反対四二名で否決され、自由党は再び査定案支持を党議とした。

連日、代議士総会に出席していた板垣は、「今や我党議員の世論ハ多数を以て既に査定案を可決せり然《しか》る上ハ各議員諸君ハ是非《ぜひ》とも之を以て我党の党議と為《な》し一時の感情を一洗して飽迄《あくまで》一致の運動を希望」すると述べ、自由党所属議員は一致して党議に従うように求めた。そして「中軟派」は、板垣の説得もあり、松田案を議場から取り下げることを一月三一日に決めた。

中江は代議士総会での話し合いの結果、再び自由党が査定案支持で一致したことを高く評価した。そして自由党内の査定案をめぐる騒動が結果として「雨降り地固まる」の効果をもたらし、自由党所属議員が「協和一致して」「起立不起立整然として一身《ママ》同体の如く」行動するようになるだろうと楽観的な見通しを述べた（「自由党万歳」）。しかし後に中江の見通しは楽観的すぎたことが明らかとなる。

二月五日、松田案が議題としては消滅したことが、衆議院議長によって報告された。松田案の賛成者中十二名が賛成を取り消したので、議院法第四一条で定められている賛成者の規定数を満たせなくなったからである。「毎日新聞」によると、賛成を取り消した議員として中江の名前も挙げられている。

そして二月十日より衆議院では各省所管ごとの予算の決議を採っていった。最初に行われた外務省所管部分の決議については、各議員の投票行動が「国民新聞」で報道されている。それによると中江は外務省所管部分の決議で査定案に投票している。

「立憲自由新聞」は二月四日から二月十八日まで、政府によって発行停止を命じられていたので、松田案消滅から二月十八日までの中江の意見を窺《うかが》い知ることはできない。しかし中江の議場での行動を見れば、松田案消滅後は党議に従い査定案のみに賛成していたことが分かる。

兆民、議員辞職へ

二月十六日、衆議院本会議において松方正義《まつかたまさよし》(一八三五―一九二四)蔵相は、「不都合ナ議案ガ成立」したら政府はやむを得ず不同意を表明し、あわせて「適当ノ処分ヲ取ラザル」を得ないと演説した。議員達は、松方演説を査定案が衆議院を通過したら解散するという最後通牒《さいごつうちょう》だと受け取った。同時期の新聞各紙に山県有朋《やまがたありとも》内閣(第一次、一八八九年十二月二四日~九一年五月六日)は衆議院解散を決めたという記事が多数掲載されていたことも、議員達に解散を強く意識させた。しかし衆議院では各省所管の決議で査定案が勝利し続け、予算審議は最終局面に差しかかりつつあった。

そんななか、二月十八日に天野若円《あまのじゃくえん》(一八五一―一九〇九、大成会)の動議が提出された。天野動議は、衆議院で予算に関する確定議(最終的な議決)がなされる前に、六七条費目の廃除削減について政府の同意を求めることを提議するものであった。実は、天野動議と同様の動議は既に衆議院で二度否決されていたのだが、査定案反対派はある謀議《ぼうぎ》の進行を横目で見ながら三度目の動議提出を行った。

帝国議会が六七条費目の廃除削減について政府の同意を得る時期は、憲法などで明文化されておらず、当時の有力な解釈は、①衆議院の確定議前、②貴族院の確定議後、の二つであった。山県首相は二月十日に①の解釈に基づく演説を衆議院で行っている。そして天野動議も①の解釈に沿ったものであった。一方、査定案支持派(中江も含む)は、②の解釈を採っていた。

中江は、次のような論理で②の解釈を擁護《ようご》した。衆議院において予算を仮議決して(確定議前の議決だから仮議決となる)、その後に政府の同意を「促《うな》がす」のは立法府が行政府に媚《こ》びへつらうことと同等の行為であり、衆議院がこれほど「自ら屈する」行為はない。だから国務大臣の演説で衆議院が前議を翻《ひるがえ》すことはありえない。それに同意を求めたとしても、政府は元から同意を与えないはずである。衆議院が腰を屈《かが》めて査定案より少ない額(「三四五百万」)で再議決し、その結果を貴族院に送ったとしたら、貴族院は最早《もはや》予算案について口を出す余地はなく、貴族院はその時より「予算議権を」奪い去られたのと同じで、「憲法の明文にて与へられたる其議権は、数行の空文字と」なる。だから衆議院において予算案を議了して直ちに貴族院に送るのは、衆議院が「正に自ら重んずる」ことであり、同時に「貴族院を重ん」じ「憲法の明文を重んずる」ことである。衆議院議員の中で、この「明白平正の大理」が分からない者はいないだろう(二月二〇日付「立憲自由新聞」の「天野若円氏の緊急動議に就て」)。

中江は立法府と行政府の関係という視点から、②の解釈の正当性を主張し、同僚議員達に天野動議に反対するように訴えた。

二月二〇日、予算案の各省所管ごとの議決が終わりそうなタイミングで天野動議が緊急上程された。中江など査定案賛成派は反対したが、自由党内からも林有造《はやしゆうぞう》（一八四二―一九二一、土佐出身）などの旧愛国公党派などが賛成し、天野動議は可決された（「土佐派の裏切り」）。実は天野動議は板垣ら旧愛国公党派の工作でなされたものであった。

六七条費目の同意問題は爾後《じご》の立法府と行政府の力関係を占う重要なものであったが、「土佐派の裏切り」によって立法府が行政府に屈する先例を生んでしまった。翌二月二一日、中江は「立憲自由新聞」に論説「無血虫《むけつちゅう》の陳列場《ちんれつじょう》」を掲載し、同時に辞職理由をアルコール中毒のためとする議員辞職届を衆議院議長に提出した。「国民新聞」などによると、中江は議会が過去の議決を平気で破っても恥じないこと（暗に天野動議を指す）に憤慨《ふんがい》するあまり、議員として頭数の一人になるよりは新聞事業に専念した方が国家のためになるとして、辞職するのだと報じた。

しかし中江の辞職には、新聞報道とは異なる別の理由もあったと考えられる。一つは「土佐派の裏切り」への抗議としての辞職である。党議に従うべきことを繰り返し指摘してきた中江は、議員辞職によって「土佐派の裏切り」に加担《かたん》した議員へ最大級の抗議意志を表明したのではないか。

もう一つは「民」に対する責任をとるための辞職である。中江は「啖人鬼《たんじんき》を減ず、吸血魔《きゅうけつま》を減ず」（一月二八日）などの論説で、日本は明治維新以降の近代化で、政府=「官」が強大化し「官」が「民」を虐《しいた》げていると厳しく指摘していた。そのような中江からすると第一議会の予算問題は「官」と「民」の力関係を改めるチャンスであった。それが「土佐派の裏切り」で失敗したのである。「立憲自由新聞」主筆でもあった中江は「民」に対して「土佐派の裏切り」を防げなかった責任をとるためにも議員辞職を選んだのではないか。

これらは中江の行動や言説を追跡してきた筆者の解釈である。中江さん如何《いかが》でしょうか。

⦿参考文献

『帝国議会衆議院議事速記録』(一・二)(東京大学出版会、一九七九年)
『中江兆民全集』(十一・十二・十三)(岩波書店、一九八四～一九八五年)
村瀬信一「第一議会と自由党」(『史学雑誌』〔九五—一二〕、一九八六年)
米原謙『兆民とその時代』(昭和堂、一九八九年)
伊藤之雄「第一議会期の立憲自由党」(『名古屋大学文学部研究論集』〔史学三七〕、一九九一年)
佐々木隆『藩閥政府と立憲政治』(吉川弘文館、一九九二年)
飛鳥井雅道『中江兆民』(吉川弘文館、一九九九年)
坂野潤治『明治デモクラシー』(岩波書店、二〇〇五年)
原田敬一『帝国議会誕生』(文英堂、二〇〇六年)
佐々木隆『日本の歴史二一　明治人の力量』(「講談社学術文庫」、二〇一〇年)
松永昌三『中江兆民評伝』(上・下)(岩波書店、二〇一五年)

女子教育開拓に
生涯を捧げた信念の人

津田梅子

…つだうめこ…

安田寛子

女子英学塾(現、津田塾大学)の創立者津田梅子《つだうめこ》(一八六四—一九二九)は、一八六四年十二月三一日(元治元年十二月三日)、江戸牛込《うしごめ》南町にて洋学者津田仙《せん》(一八三七—一九〇八)と初子の次女として生まれた。満六歳で初の女子留学生の一人として、欧米各国を歴訪する岩倉《いわくら》使節団(一八七一(明治四)年横浜出港)に同行してアメリカに渡る。その後十一年の留学を全うし、帰国する直前の一八八二年三月頃、フィラデルフィアの大富豪ウィスター・モリス夫人と出会う。夫人は後に、梅子の大きな助けとなってくれる。十月三一日帰国の途につき、十一月二一日横浜に到着する。十八歳の誕生日を約ひと月後に控えての帰国であった。

一八八九(明治二二)年七月、勤め先の華族《かぞく》女学校に籍を置いたまま再渡米し、九月にブリンマー大学に入学、生物学専攻の選科生となる。一八九一年一月からの半年間は、ニューヨーク州オズウィーゴー師範《しはん》学校で教授法を学ぶ。一八九二年六月、ブリンマー大学の選科を終了した梅子は八月に帰国、九月から華族女学校教授に復職する。一八九八(明治三一)年五月、女子高等師範学校(現、お茶の水女子大学)教授兼任となり、六月にはコロラド州デンバーで開催される万国婦人クラブ大会に日本代表として出席するため渡米、同大会で講演を行う。一九〇〇(明治三三)年一月には、従六位に叙せられる。同年七月華族女学校、女子高等師範学校を辞任すると、女子英学塾の創立を申請し、九月十四日開校、十七日から授業を開始している。

一九一七(大正六)年、病に倒れ、以後入退院を繰り返し、長い療養生活に入るが、一九二八(昭和三)年十一月、勲五等に叙せられ、瑞宝章《ずいほうしょう》を受ける。

一九二九(昭和四)年八月十六日、鎌倉稲村ケ崎《いなむらがさき》の別荘で逝去《せいきょ》、青山墓地の津田家墓所に葬られる。六四年の生涯であった。一年後、塾は津田英学塾と改名され、一九三二(昭和七)年には新校舎が東京小平に完成、この時梅子の遺骨は構内の東北角に改葬されている。

日本初の女子留学生

津田梅子が一八七三(明治六)年にアメリカに留学することになったのは、北海道開拓使《かいたくし》による女子留学生募集に父親の津田仙が応募したことによる。当時北海道開拓使次官であった黒田清隆《くろだきよたか》は、訪米したとき、米国女性の教養と社会的地位の高さに驚き、女子教育の必要性を実感、駐米弁務官森有礼《もりありのり》の勧めもあって女子教育に関する意見書を政府に建議し、それが採用されたのである。往復の費用、学費、生活費の他、年八〇〇ドルの小遣い支給という好条件の募集であったが、留学期間十年、しかも遠いアメリカにまで大事な娘を送り出そうとする親は多くはなかった。第二次募集でようやく集まったのが、吉益亮子《よしますりょうこ》(この時十四歳、一八五七—八六)、上田貞子《うえださだこ》(同十四歳、一八五七—一九一六以後?)、山川捨松《やまかわすてまつ》(同十一歳、一八六〇—一九一九)、永井繁子《ながいしげこ》(同八歳、一八六二—一九二八)、津田梅子(同六歳)の五人の少女たちであった。応募したのは彼女たち本人ではなく、保護者である父や兄たちであったが、彼らはいずれも士族の出で、明治維新の「敗者」となった者たちであった。しかも、いち早く外国文化を摂取《せっしゅ》するという共通点をもっていた。五人のうち年長者二人は渡米十ヶ月足らずで帰国するものの、繁子は十年、梅子と捨松は十一年の留学期間を全うし、自分たちを「ザ・トリオ」と称して終生の友人となった。

梅子の父仙はオランダ語と英語を学び、一八六七(慶応《けいおう》三)年には勘定吟味役《かんじょうぎんみやく》小野友五郎の随員として福沢諭吉《ふくざわゆきち》らとともに欧米視察に加わっている。この経験は仙の考え方を大きく変えた。梅子の誕生時には、生まれた子が男児でなかったことに失望し、顔も見ずに家を飛び出し、その夜は帰宅しなかったほどであった。しかも、お七夜《しちや》を過ぎても子供に名前を付けようとしなかったため、母の初子が枕元にあった盆栽の梅の花に因《ちな》んで、むめ(梅)と名付けたという。しかし、帰国後は仙も梅子の教育に取り組む決意をし、まだ四歳にも満たなかった梅子に読み書きを始めさせている。そして北海道開拓使の事業の一環として女子留学生募集の話があることを知った仙は、これに応募し、わずか六歳の梅子を留学させることになるのである。ただし、梅子が渡米後間もない頃に書いた作文によると、当初は姉の琴子《ことこ》が行くはずだったが、琴子が嫌がったために梅子が代わりに行くことになったという。まだ幼かった子供の書いた作文であり、真偽《しんぎ》のほどはわからないが、もし本当であれば、これが分かれ道となって一人の女性の運命を大きく変えることになったのである。

少女たち五人は渡米前に皇后と謁見《えっけん》し、各々にちりめん一匹《いっぴき》、菓子一折と御沙汰書《ごさたしょ》が渡された。御沙汰書には、学問を成し遂げて帰国の上は婦女の模範ともなるよう心掛け、日夜勉学に励むようにとあった。その趣旨は父の仙やアメリカでの養い親となった日本公使館書記官チャールズ・ランマン(一八一九—九五)からしっかりと聞かされていたと思われる。ランマン夫妻は子供がいなかったこともあり、梅子を我が子のように慈しんだが、同時に梅子にその責任を諭《さと》し、「祖国の恵み」となるようにとの思いで育てた。梅子も自らに課せられた責任をよく理解し、勉学に励んだ。

渡米の翌々年、一八七三年七月、梅子はペンシルヴェニア州ブリッジポートのオールド・スウィーズ教会で洗礼を受ける。梅子自身が養父母のランマン夫妻に申し出て実現したものであった。留学前に渡された「洋学心得書」には改宗を堅く禁じる項目があったが、この年の二月に日本でキリスト教禁止令が解かれたことが契機となったと思われる。また、捨松の兄健次郎が、アメリカ女性は道徳を聖書から学ぶが、それができない日本女性がアメリカで生活するということは道徳教育を欠くことになる、と主張していたこともあり、禁が解けた上は自分もキリスト教徒となって立派な人間になりたいと考えたのではないかともいわれている。この信仰がその後の梅子の人生において心の支えになったろうこと

皇后謁見のあと撮影された記念写真

左から上田貞子、永井繁子、山川捨松、梅子、吉益亮子。

は想像に難くない。

一八八二年十月三一日、十一年の留学で広い教養と社会奉仕の精神を身につけた梅子は、御沙汰書にあったように日本女性の模範となるべく帰国の途《と》につく。しかし、梅子には大きな不安もあった。そんな複雑な思いを、梅子はランマン氏に言われてつけた旅日記に記している。旅日記は大陸横断から太平洋を航海して横浜に着岸する直前まで、四九頁にわたって記されているが、そこに梅子はそれまで長く思い描いてきた新しい生活が現実のものとして目の前に迫っていることへの不安を記す。七歳から十一年間もアメリカで過ごした梅子は、すっかり日本語を忘れてしまっていたし、家族との再会すら不安だったであろう。しかし、梅子は自分が日本人であり、自分の国を愛し、誇りを抱いていること、そして日本は、何が起ころうと、自分がどこへ行こうと、自分の国なのだとも記しており、日本人としての自覚と誇りをもって立ち向かっていくという強い決意がうかがえる。

帰国・失望・再留学

一八八二(明治十五)年十一月二一日、十一年ぶりに帰国した梅子は、当時の日本女性をはるかに超えた教養を身につけ、自分の考えをもった意志の強い女性に成長していた。そんな梅子は、帰国後さまざまなカルチャーショックを受けることになる。なかでも、日本とアメリカを比べて、日本女性が「いろんな意味で人生の一番つらい部分を背負って」いると感じて大きな衝撃を受けたという。そして、そのような日本女性たちの地位を高めるために何かをしたいという思いを強くする。梅子は自分が国費留学生であることやランマン氏のいう「国の恵み」としての責任を強く自覚しており、自らが得たものを他の女性たちに分かち与え、日本女性の地位向上に尽くしたいと考えたのである。

ところが、女子留学生たちを送り出した黒田率いる開拓使は、資産払い下げにまつわる不正が問題となって、梅子たちが帰国する少し前の一八八二年二月に解散しており、高い教養を身につけて帰国した梅子たちの能力を発揮《はっき》させるような場所は用意されていなかった。梅子は繁子の口利きで、一八八三(明治十六)年六月四日から七月十二日までの六週間だけ海岸女学校の英語教師の職に就いたものの、それ以外は父の仕事や家事の手伝いで過ごすしかなかった。しかし、それは勤勉で強い義務感をもつ梅子には辛い日々であった。

転機が訪れたのは、帰国から一年ほど経った一八八三年十一月三日のことである。この日梅子は、井上馨外務卿《がいむきょう》官邸で催された夜会《やかい》に参加し、ここで伊藤博文《いとうひろふみ》(一八四一―一九〇九)と再会する。伊藤はかつて梅子たち女子留学生がアメリカ丸で太平洋を渡った時、岩倉具視の副使として同船していた。繁子の回想録には、伊藤が船の中で彼女たちを慰め、サンフランシスコに上陸してからも時々部屋に来ては幽霊の話をして怖がらせたり、おとぎ話をして寝かしつけたりしてくれたことが記されている。当時幼かった梅子は、伊藤が名乗るまで気づかなかったようであるが、この再会が梅子の生活に大きな変化をもたらすことになる。

伊藤は梅子に、翌年の春から桃夭女塾《とうようじょじゅく》で英語を教えられるよう手配してくれた。桃夭女塾は女官を七年間勤めた後結婚した下田歌子《しもだうたこ》が、病気の夫を抱えて家庭に埋もれていたのを惜しんだ伊藤ら政界の有力者たちが支援して設立した学校であった。公家《くげ》や政界有力者の妻や娘に教育することを目指したもので、伊藤や山県有朋などの妻も最初の生徒の中にいた。合わせて伊藤は、梅子に妻や娘に英語を教えることも依頼した。

桃夭女塾の授業は一八八四（明治十七）年三月一日から始まり、梅子はようやく夢の実現への一歩を踏み出したのである。一方、伊藤は新たに学習院女子部を独立させ、華族女学校を設立し、それに桃夭女塾を合併させ官立とする計画を進めていた。学習院は一八七五（明治八）年二月に設立された華族勉学所に端を発する学校で、これが華族学校と改称され、さらに一八七七（明治十）年十月、明治天皇から賜った名が学習院であった。正式に学習院女子部が設けられたのはこの時である。一八八五（明治十八）年九月、梅子は年俸四二〇円の準奏任官で華族女学校教授補に任ぜられ、さらに十一月には年俸五〇〇円の奏任官に昇格、教授に任じられた。

しかし、梅子は、しとやかで人形のようにかわいいが、学問に対して生ぬるい学生たちにやがて物足りなさを感じるようになっていく。一方で、アメリカで高等教育を受けられなかったことが心残りで、再び留学したいという思いもあった。モリス夫人も再留学を勧めてくれ、経済援助まで申し出てくれていたが、経済援助を良しとしなかった梅子は決意しかねていた。その背中を押してくれたのは、アメリカで捨松が預けられていたベイコン家の末娘、アリス・ベイコン（一八五八—一九一八）である。アリスは捨松より二歳年上で、捨松の親友でもあった。ヴァージニア州のハンプトン・カレッジ（師範学校）で教鞭《きょうべん》をとっていたが、新たに英語教師を招くことになった華族女学校で働くために来日していた。これは梅子の推薦《すいせん》によるもので、捨松の口添えもあったようである。捨松や梅子といつかは日本で学校を作ろうと話していたアリスは、梅子の留学がその夢の実現にも役立つと考えたのであろう。梅子はようやく留学を決意し、それを受けてモリス夫人はブリンマー大学のローズ学長と交渉し、梅子の学費と寮費の免除の承諾を得てくれた。

一八八九（明治二二）年七月、梅子は華族女学校の許可を得て教授在任のまま再渡米する。ブリンマー大学は一八八五年創立のフィラデルフィア郊外にあるまだ新しい大学で、学部長をはじめ教授陣も非常に熱意に満ちていた。梅子の留学は二年と決められていたので、大学では選科生となり、生物学を研究する道を選ぶ。翌年には学生に実験を見せたり、学生の実験を手伝ったりする助手の仕事を与えられる。また、後にノーベル賞を受賞するトーマス・H・モーガン教授（一八六六―一九四五）からも共同研究に誘われており、梅子は生物学の研究者としても優秀だったことがわかる。このモーガン教授との共同研究の成果は「蛙《かえる》の卵の発生研

アリス・ベイコンを囲んで
左から梅子、アリス、繁子、捨松。

究」としてまとめられ、一八九四年、イギリスの科学雑誌に発表された。これは日本女性最初の科学論文である。

人生の選択

梅子に二ヶ月遅れて、アリスがアメリカに帰国する。アリスは引き続きハンプトン・カレッジで教える傍ら、在日中の見聞を『日本の少女と女性たち』と題してまとめ始める。その過程で梅子の助けが必要となり、一八九〇年の夏休みを待って梅子を自宅に招いた。そこで二人は日本女性について語り暮らしたという。この本の序文で、アリスは梅子が多くの時をさいて有益な考えを提供してくれたと述べているが、それは梅子にとっても日本女性の地位の低さ、女子教育の遅れなどを再認識する機会ともなったと思われる。そして、日本女性のために力を尽くしたいという思いを強くしたに違いない。

留学二年目の後半は教育・教授法の研究にあてるため、一八九一年一月、梅子はニューヨーク州のオズウィーゴー師範学校に向かった。オズウィーゴー師範学校はペスタロッチの教授法をいち早く取り入れていることで有名な学校であった。半年後には帰国する予定であったが、梅子は一年間の延期を願い出て、アメリカの女子教育の現状を勉強してくることを条件に認められる。結局梅子は渡米から三年後の一八九二(明治二五)年に帰国し、華族女学校に復職する。帰国に際してブリンマー大学からは残って研究を続けるように勧められたが、それを断っての帰国だった。自由なアメリカでの研究生活を諦《あきら》めるのは、梅子にとって辛い選択だったに違いない。

梅子はそれまで多くの選択を行ってきた。まず、わずか六歳で姉に代わって渡米したこと。前述のように真偽は不明ながら、少なくとも留学を受け入れたのは梅子の選択である。また、独身を貫いて教育の場に身を置き続けてきたこと。それまで縁談もあったし、繁子や捨松のように結婚するという選択肢はあった。しかし、梅子は愛のない結婚をするくらいならむしろ一生独身でいる方が良いと考えていた。梅子は人生の目的をもって生きられれば十分だった。

一方で、日本では独身でいることが家族の負担になり、不孝であるという通念があることも承知していた。日本の女性たちが、そのような圧力に負けて便宜的な結婚をしないようにするためには自立しなければならない。そのためには女性も高等教育を受け、人生の目的や職業をもつ必要があると考えていた。また、教育を受ける機会と喜びを、自分と同じように多くの日本女性たちに与えたいとも考えていた。そのことをモリス夫人に相談すると、夫人はフィラデルフィアの裕福な実業家の妻たちと委員会を立ち上げ、募金活動を開始した。委員会のメンバーの夫人たちは、アメリカでも自らは世代的に高等教育を受ける機会をもてなかった人々で、彼女たちの協力を得られたことは大きな収穫であった。梅子も在学二年目からは休みのほとんどをそのために費やし、帰国する頃には目標額の八〇〇〇ドルをほぼ達成していた。梅子は日本の女子教育という目的達成のため、研究の継続ではなく帰国する道を選んだのである。「日本女性のためのアメリカ女性の奨学金」と名付けられたこの奨学金は、多くの女子教育のリーダーを育てることになる。

ブリンマー大学で梅子は、生涯の友であり同志となる女性、アナ・ハーツホーン（一八六〇―一九五七）と出会っている。アナは梅子が帰国した翌年、父のヘンリーとともに来日し、普連土《ふれんど》学園で英文学を教えるが、この間に梅子はアナと友情を深めていく。一八九五（明治二八）年秋、アナは再びヘンリーとともに来日するが、ヘンリーは一八九七（明治三〇）年初頭に日本で亡くなる。それから間もなくして、梅子はアナに学校設立の計画を打ち明け、手伝って欲しいと頼む。アナによると、その計画はすでに周到《しゅうとう》に練られたものだったという。

それから半年ほど経った頃、帝国ホテルで日本女子大学校設立の趣旨発表会が開かれた。しかし、参加者二〇〇名余りのうち女性はわずか二名であった。それは、あくまでも男性が考える「女子教育」だったのである。しかし梅子は、女性に家庭内で能力を発揮させるためだけの教育ではなく、もっと広い社会での地位向上を目指すための教育を考えていた。だが、その実現にはまだ時間が必要だった。

一八九八（明治三一）年五月、梅子は女子高等師範学校教授を兼任するようになるが、翌六月にはコロラド州デンバーで開催された万国婦人クラブ大会に日本代表として、三度目の渡米をしている。大会でのスピーチを終えた梅子は、その後ランマン夫人や友人たちと過ごす時間をもつ一方で、イギリスの招待を受けて渡英し、教育機関の視察や聴講《ちょうこう》もしている。そして、この旅行で梅子は、ヘレン・ケラー、ヨーク大僧正、ナイチンゲールなど多くの人たちと面会し、力を得て帰国する。

「女子英学塾」の創立と侠気

一九〇〇(明治三三)年七月、梅子は華族女学校と女子高等師範学校の職を辞し、「女子英学塾」の創立を申請し、許可される。開校式で梅子は、「真の教育には物質上の設備以上に」、「教師の資格と熱心とそれに学生の研究心」が大切だと語り、自分も「全力を注いで自分のベストを尽くしたい」と述べている。費用は国内外からの寄付で賄《まかな》われ、その大半はアメリカからの寄付であった。そしてアリスやアナなど、多くの人たちが奉仕的に梅子を助けた。それは梅子の目指すものが人々の賛同を得たというだけではなく、梅子に多くの人を惹きつける魅力があったからであり、何より、梅子の強い信念に基づいた行動力があったからに他ならない。

その信念を支えていたのは何だったのだろうか。梅子は一八八三(明治十六)年四月一日付けで、繁子の夫、瓜生外吉《うりゅうそときち》(一八五七—一九三七)から受けた励ましについて記している。繁子と留学中に知り合って結婚した外吉は、梅子、捨松、繁子ら三人の立場をよく理解していて、「あなた方三人は誇りをもつべきである。頭を高く挙げて勇気をもち、自分たちが日本の教育を受けた女性よりはるかに高いところに立っていることを認識すべきだ。あなた方三人は選ばれた人なのだから」と励ましてくれたという。帰国後間もなかった頃のこの励ましは、梅子にとって心の支えとなったに違いないし、その後の人生で信念を貫く力となったのではないだろうか。

一九〇二(明治三五)年十一月、梅子は幼名の「むめ」から「梅子」と改名し、十二月には分家を構えている。これは、法的には許されていることだったが、独身女性が分家を構えることは珍しいこと

❖津田梅子年譜

西暦	和暦	年齢	事項
1864	元治元年		12月31日（元治元年12月3日）、江戸牛込南町にて洋学者津田仙・初子の次女として誕生、むめと命名。
1868	明治元年	4歳	父仙が梅子に読み書きを習わせる。
1871	4年	7歳	12月23日（明治4年11月12日）、岩倉遣外使節一行とともに初の女子留学生5人のうちの1人として横浜から出航。
1872	5年	8歳	2月29日、サンフランシスコを経てワシントンに到着。 10月、スティーブンスン・セミナリー（小学校）に入学。
1873	6年	9歳	7月、キリスト教の洗礼を受ける。
1878	11年	14歳	6月、スティーブンスン・セミナリー卒業。 9月、アーチャー・インスティテュートに入学。
1882	15年	18歳	6月、アーチャー・インスティテュート卒業。 10月31日、帰国の途につき、11月21日横浜に到着。
1883	16年	19歳	6月4日から6週間、海岸女学校で教える。
1884	17年	20歳	3月1日、桃夭女塾で教え始める。
1885	18年	21歳	9月、華族女学校教授補となる。
1886	19年	22歳	11月、華族女学校教授に昇格。
1889	22年	25歳	7月、華族女学校教授在官のまま再渡米。 9月、ブリンマー大学に入学し、生物学専攻の選科生となる。
1891	24年	27歳	1月から半年間、ニューヨーク州オズウィーゴー師範学校に教授法を学びに行く。
1892	25年	28歳	6月、ブリンマー大学で選科終了。 8月、「日本女性のためのアメリカ女性の奨学金」募金目標8000ドルをほぼ達成し、帰国。 9月、華族女学校教授に復職。
1898	31年	34歳	5月、女子高等師範学校（現、お茶の水女子大学）教授兼任となる。 6月、万国婦人クラブ大会（アメリカ・コロラド州デンバー）に日本代表として出席するため渡米、同大会で講演。
1899	32年	35歳	7月、アメリカを発ち帰国。
1900	33年	36歳	1月、従六位に叙せられる。 7月、華族女学校、女子高等師範学校を辞任し、女子英学塾（津田英学塾・津田塾大学）の創立を申請。 9月14日、女子英学塾開校式（17日授業開始）。
1902	35年	38歳	11月、梅子と改名し、12月、分家を構える。
1917	大正 6年	53歳	病に倒れ、以後入退院を繰り返す。
1928	昭和 3年	64歳	11月、勲五等に叙せられ、瑞宝章を受ける。
1929	4年		8月16日、鎌倉稲村ヶ崎の別荘にて逝去、青山墓地の津田家墓所に葬られる。
1932	7年		10月、小平の新校舎地東北角に改葬される。

であった。しかもこの時、身分を「士族」と登録している。父の仙が一八八一年に「士族」から「平民」に登録を変更しているにもかかわらずである。これには、仕事でも深いつながりのあった新渡戸稲《にとべいな》造《ぞう》の著作、『武士道』との関わりを考えずにはいられない。単に武士の子として生まれたからという以上の、強い意志を感じるのである。

わずか六歳で海を渡り、その後も多くの選択をするなかで強い自負と責任感をもち続け、ついに学校創立という大きな夢を果たした梅子が、この後も生涯を日本女性の教育に身を捧げるという強い意志の表明だったのではないかと思われるのである。

梅子が病に倒れるのは、その十五年後の一九一七(大正六)年のことである。それからの年月は、梅子にとってさぞかし無念なものだったに違いない。しかし、日本のため、日本の女性のためにという信念で女子教育に人生を捧げた梅子は、まさに「俠気」の女性であった。

⦿参考文献
山崎孝子『津田梅子』(吉川弘文館、一九六二年)
津田塾大学編『津田梅子文書』(津田塾大学、一九八〇年)
津田塾大学創立九〇周年記念事業出版委員会編『津田塾大学　津田梅子と塾の九〇年』(津田塾大学、一九九〇年)
古木宜志子『津田梅子』(「人と思想」一一六、清水書院、一九九二年)
亀田帛子『津田梅子　ひとりの名教師の軌跡』(双文社出版、二〇〇五年)

「個人尊重」と「愛国」の思想

与謝野晶子

…よさのあきこ…

三村昌司

与謝野晶子《よさのあきこ》は一八七八（明治十一）年十二月八日、堺県《さかいけん》（今の大阪府の一部）甲斐町《かいのちょう》で駿河屋《するがや》という菓子商をいとなむ鳳《ほう》宗七とつねの三女として生まれた。本名、志よう。一九〇〇（明治三三）年、与謝野寛《ひろし》（一八七三―一九三五）が主催する『明星《みょうじょう》』の同人となり、一九〇一年六月寛と駆け落ちし上京、妻と別れた寛と結婚する。一九〇一年八月『みだれ髪』を出版。初々しさと情熱、華麗さにあふれた作風が文芸界のみならず多くの女性から高く評価された。

日露戦争（一九〇四～〇五年）のさい、弟の出征を題材にした「君死にたまふことなかれ」は、大町桂月《おおまちけいげつ》（一八六九―一九二五）に「世を害するは、実にかかる思想なり」（『太陽』十巻十三号、一八九四年）などと批判され、再反論として「ひらきぶみ」を書いたことはよく知られている。

一九一二（明治四五）年に渡欧し、帰国後は『雑記帳』（一九一五年）、『人及び女として』（一九一六年）などの評論集を次々に刊行、評論活動を本格化させる。また一九一〇年代後半には、平塚らいてう（一八八六―一九七一）と「母性保護論争」を繰り広げた。与謝野は女性の自立には女性自ら経済力を獲得することが重要だと主張し、国家による妊娠・出産の保護を主張した平塚と対立した。

ヨーロッパから帰国したのちは、歌集、評論に加え、小説や童話の執筆、『新訳源氏物語』に代表される古典の口語訳にも力を入れ、多彩な執筆活動を展開した。また、一九二一(大正十)年には文化学院の創設に参加し、文化重視と男女平等の教育実現をめざした。

寛とのあいだには十一人の子を生み、子育てに追われながらも、文芸活動による収入が安定しない寛にかわって執筆活動で長く家計を支え続けた。

晩年になっても『新新訳源氏物語』(一九三八〜三九年)を刊行するなど活動を続けていたが、一九四二(昭和十七)年五月二九日、死去した。

与謝野晶子の「俠」

与謝野晶子といえば、一九〇四(明治三七)年に発表された「君死にたまふことなかれ」を思い浮かべる人は少なくないだろう。「すめらみことは、戦ひに/おほみづからは出でまさね」と詠んだこの詩は、天皇中心の国家主義を批判したものとして評価されることが少なくない。まさに、国家に真っ向から対立する「俠」の詩という位置づけである。さらにその後、与謝野が一貫して男女平等を主張しつづけたことから、彼女が国家への反発心——つまり「俠」——をずっともち続けていた、と考えられるかもしれない。

一方で、一九二〇年代以降の与謝野が帝国主義への接近をみせるということを知っている人もいるだろう。だとすれば、与謝野の「俠」は、時代とともに帝国主義に飲み込まれていったと理解すべきなのだろうか。

本稿では、与謝野の思想について、「君死にたまふことなかれ」から帝国主義的な言説を強める一九二〇年代以降を、ある程度連続した思想の変転として描いてみたい。そうすることで、与謝野晶子がみせた「俠」の内実がどのようなものだったのか、みえてくるはずである。

「君死にたまふことなかれ」

弟の出征を嘆いた「君死にたまふことなかれ」に対し、大町桂月が天皇中心の国家主義的立場から批判したことはよく知られている。大町の批判に対し与謝野は「ひらきぶみ」で、「あれは歌に候《そうろう》」と述べ、「まことの心」を詠んだものだと語った。つまり、この詩は自身の内面を描く文学であって、政治の問題ではないとすることで大町の批判をかわそうとしたのである。坂野潤治の評価をかりれば、この詩は社会主義者の「反戦詩」とは違う「厭戦詩《えんせんし》」ということになる。

ただ、ここで注目したいのは、与謝野がこの詩で世界を「個人や家」と「国家や天皇」というふたつの領域に構造化したことである。大町への返答で「まことの心」をもち出したことは先に述べたが、これは「心」という個々の人間がもつものを尊重する態度であった。また「堺の街のあきびとの／旧家をほこるあるじにて／親の名を継ぐ君なれば／君死にたまふことなかれ」と詠んだ箇所は、「家」が続くことを大切にする与謝野の意識がよくあらわれている。

さらに、その前段「人を殺して死ねよとや／二十四までをそだてしや」という箇所からは、単に自分の家が続けば良いという独善的な発想ではなく、人が人を殺すという戦争そのものに対する忌避《きひ》感《かん》を読み取れる。実際、「ひらきぶみ」においても、「少女と申す者誰も戦争《いくさ》ぎらひに候」と述べている。つまり、厭戦という感覚に加え、「人間はみな平等である」という考え方をうかがうことができる。このように、個人や家を大切にする姿勢を示したうえで、「すめらみことは、戦ひに／おほみづからは出でまさね」と天皇をそれらに対置したのである。

与謝野は、「君死にたまふことなかれ」で、「個人や家」と「国家や天皇」というふたつの領域に世界を構成し、それを対立的に配置した。では、与謝野において個人と国家の関係は、このあとどうなっていくのだろうか。

与謝野晶子の男女平等

与謝野の平等思想は、その後男女ともに「同じく人である」として男女平等の思想に広がっていく。与謝野の場合、出産という自らの経験に根ざしつつ「産む女性」を高く評価する。「産屋《うぶや》物語」(一九〇九年)では「国家が大切だの、学問がどうの、戦争がどうのと申しましても、女が人間を生むというこの大役に優るものはなかろうと存じます」と述べ、国家や学問、戦争よりも出産の価値を高く見積もっている。

しかし、このころの与謝野がたびたび批判するのは、国家そのものというよりも国家の名を借りて私欲を満たすような人間であった。「産褥《さんじょく》の記」(一九一一年)において、与謝野は「御国《おくに》の為《ため》」「社会上の名誉」を簡単に口にする人間(男)をやり玉に挙げる。そのような見方は、「(女性は)此様《このよう》な命掛《いのちがけ》の負担を果し乍《なが》ら、男の方の手で作られた経文や、道徳や、国法では、罪障《ざいしょう》の深い者の如《ごと》く、劣者弱者の如くに取り扱はれて居《い》る」(「産屋物語」)と述べるように、出産に直面しない男性への批判と通底していた。

だからといって、与謝野は女性を無批判に祭り上げるということもしなかった。「その実力もないのに男子と政治上や民法上の同権を得ようという意味ではなく、先づ智力において対等の強さを得ようとするのです」(「婦人改造と高等教育」一九一六年)として、女性に対してもまた自立のための「智力」育成を説いていた。

「個人」を起点とする世界観

与謝野は、人間はみな平等であるという思想を基底としつつ、「個人」を重視する思想を深めていく。「私は或《ある》一人の男の妻であり、或人人の友であり、世界人類の一人であり、日本臣民《しんみん》の一人である」(「母性偏重《へんちょう》を排す」一九一六年)という文章からは、「個人」を起点として、家族や社会、国家、人類を位置づけていることがわかる。そしてだからこそ、個人と国家のあいだに存在する矛盾や遮蔽《しゃへい》物《ぶつ》は、取り除かなければならないものとして厳しく批判されることになる。

一方、与謝野のいう「個人」は、単にその平等が主張されるだけにとどまらなかった。与謝野は「平等思想の中には人間の質の改造が含まれて居《い》ない」としたうえで、「文化主義を目的とするデモクラシイに由《よ》ってこそ、人類は初めて一人一人異る個性の特質を基礎として公平に人格的進化を遂げることが期待されます」(「国際的正義へ」一九一九年)と述べた。ここでいう「文化主義」は、たとえば詩歌への造詣《ぞうけい》(「詩歌を愛せぬ生活」一九一九年)や古典(「我国と露西亜《ろしあ》」一九二五年)、歴史(「教授要目の改定」一九三一年)への関心であった。まとめるならば、与謝野は単なる個人の平等にとどまらず、その個人ひとりひとりが文化的素養をもつことによって「個性」を発揮するようになり、それが「人格的進化」を達成すると論じたのである。与謝野は「宇宙に於《お》ける最上の価値はお互《たがい》の個性」(「自己に生きる婦人」一九二〇年)とも述べているように、「個性」尊重の立場も強く打ち出している。個人における平等と個性の尊重、このふたつが与謝野の世界観の起点となる「個人」であった。

与謝野晶子と「愛国」

しかし他方で、与謝野は「私達は国家を愛する」(「私達の愛国心」一九一七年)というように、愛国心を隠さない。時として愛国心はそれが強要されることで、個人の尊重と矛盾するようにも思われる。では与謝野において、「愛国者」であることと「個人」を尊重することは、どのような関係になっているのだろうか。

与謝野において、個人を起点とした国家を構成するためには、個人の平等が前提となっていた。その象徴が、男女普通選挙権の実現であった。与謝野は、男女普選について「民主主義の世界には男尊女卑主義の道徳は許されません」と語る。しかし、そのすぐあとで「国家に奉仕する義務の負担者として、愛国者として、創造能力を保有する個人として、婦人の分担する所は男子と全く平等の位地にあります」(「婦人も参政権を要求す」一九一九年)という。与謝野のなかでは、男であろうが女であろうが「愛国者」であり、だからこそ男女普選はもちろん徹底的に人は平等でなければならなかったのである。

では、「愛国」の対象となる「国家」とはどのようなものなのか。与謝野は「私達が国家を建設し支持する。私達と国家とは一体である。私達が国家を愛するのは私達自身の生活を愛するのである」と述べる(「私達の愛国心」一九一七年)。すなわち、個人が国家を「建設」するからこそ、個人は個々の生活を愛するように、国家も同じように愛することができるのである。加えて注目したいのは、与謝野が個々の「生活」をこういった議論の基点に置いていることである。与謝野のいう「個人」は抽象的な仮構物でなく、「生活」をする個人、実際に生きている一人一人の「個人」であった。与謝野は、長いあいだ日々の生活を、不安定な収入と多くの子育てに追われ懸命《けんめい》に生きていた。男性偏重を批判するときに持ち出された「出産」同様、ここでも自らの具体的な経験が議論の出発点になっている。

「個人」を起点として国家を考える与謝野の見方は、一九一八、一九(大正七、八)年に展開した「母性保護論争」でも発揮《はっき》された。「母性保護論争」は、よく知られているように、女性の経済的自立を与謝野が主張し、対する平塚らいてうが国家による母親の保護を訴え対立した論争である。個人を起点に国家を構成する与謝野の世界観からいえば、国家が女性を保護するというのは「個人を国家の奴隷《どれい》とする」(「私達の愛国心」)ことと同質だと思われたのだろう。

それでは、「君死にたまふことなかれ」で、個人や家と対照的な位置に置かれた天皇はどこにいってしまったのだろうか。

与謝野は明治天皇(一八五二—一九一二)に世界平和の調停者たる位置づけを与えていた。たとえば「雛壇《ひなだん》の下にて」(一九一九年)で与謝野は、第一次世界大戦後の世界を「利己主義から平和協力の人道主義」への移行と理解しつつ「『教育勅語《ちょくご》』に示された道徳を日本人としてのみ守らずに、世界人として守る自覚が必要になつて来ました」と主張する。個人を起点として、その延長線上に国家や世界が置かれるとき、個人が依拠する道徳として「教育勅語」が設定されたのである。「君死にたまふことなかれ」において与謝野は、個人・家と国家・天皇という二元的関係を作りだしていた。しかしこれを与謝野は脱し、天皇を個人や国家、世界を調和させる超越的な審級に設定した。それによって、理想的な平和協力の人道主義の実現をめざしたのである。

資本主義の展開のなかで

一九二〇年代以降に語られる与謝野の帝国主義的な言説も、ここまで述べた世界観と、資本主義の展開という状況のもとで理解できるように思われる。

「君死にたまふことなかれ」の時点で与謝野が戦争への嫌悪感をもっていたことはすでに述べたが、戦争を回避する「人道主義」を「私達の最高最善の理想」としてその後も語っていた(「私達の愛国心」)。第一次世界大戦後、その実現に期待をかけたのは、ウィルソン(アメリカ大統領、一八五六—

一九二四）の思想においてであった（「激動の中を行く」一九一九年）。そこで与謝野は、ウィルソンのいう「人道主義」「民主主義」を実現するために、「平等の機会と、平等の教育と、平等の経済的保障とに由って、すべて平等に最高の人格を完成する」必要性を提起した。

与謝野が「平等の経済的保障」を重視するのは、やはり観念的な立場からではなく、彼女の「生活」という実感に即していた。ゆえに、個々の「生活」を金銭的に苦しめる要因に対しては、厳しい批判を投げかけた。たとえば、与謝野は資本主義の発達により一部の人間に富が集中する事態に対し「個人の力が大小の資本家の利福の為めに隷属《れいぞく》せしめられる大勢を示すに至つて、資本主義の法外な威力に反抗する気分が世界大衆の間に起《おこ》つて来るのは当然の事」(「個人の力」一九二七年)と述べる。逆に、富裕層が公共的な事業に投資することは、人道主義にかなうことであり、それが「名誉心のため」だとしても肯定的にとらえるようになっている(「富豪の人道的貢献」一九一七年)。

一九二九(昭和四)年の世界恐慌以降は、さらにその見方を強めていく。「資本主義と資本家の別」(一九三〇年)では、「今は我国の資本主義が外国の資本主義に屈伏してはならない」「強力な共同の大敵は外国の大資本主義である事を知らねばならない」と述べ、「大敵」として「外国の大資本主義」を位置づける。その背後には、「現に怖ろしいほど収入を失つてゐる」という与謝野自身の生活状況があった。もし、彼女をとりまく状況が「飢餓線《きがせん》以下」にまで陥るようなことがあれば、与謝野は「国家の無能を責めたい」と語る(「緊縮時代の覚悟」一九三〇年)。与謝野の世界観の起点である個人の「生活」が危機に瀕《ひん》するにいたった場合、その阻害要因として「国家」も批判対象となるのである。さらに、資本主義そのものも、いずれは「自然死」し、必要な物資を人々に国家が分配する「国家社会主義のやうな新制度」が実現すると見通すにいたる（「厳粛な一考察」一九三〇年）。

文化と天皇への期待

とはいえ、与謝野は階級闘争や社会主義には冷淡な態度をとり続けた。ロシアに対してはたびたび批判的な見解をよせ、「プロレタリアの中の野心家が……新しい特権階級を建設したのに過ぎない」などと語った（「個人の力」）。ここでも個人を起点とした世界観の阻害要因として「プロレタリアの中の野心家」を位置づけ、階級闘争を批判する。

さらに、階級闘争や社会主義そのものも与謝野は擁護《ようご》しない。なぜならば、階級闘争は物質的平等にのみ目を向け、文化的素養を等閑視《とうかんし》するからであった（「階級闘争の非」一九三一年）。ましてや、マルクス主義はひとつの「権威」に服従する思想であり「個性自棄」だとして与謝野は切って捨てたのである（「すべて自己に立脚せよ」一九三一年）。

また与謝野は、政党に厳しい言葉をむけることも多かった。「国民の寄生虫」（「鏡心灯語」一九一五年）、「政権の争奪に力瘤《ちからこぶ》を入れる」（「最近の政界」一九二二年）、「政党人がどう云ふよい実績

52、53歳ころの与謝野晶子

を挙げたかと考へる時、私はいつも其《そ》れの甚だ乏しいのに驚く」(「霜白き朝」一九三二年)など、政党は政争に明け暮れるだけだとして批判を続けた。

資本主義の進展、既成政党の腐敗など、個人を起点とし「人道主義」を理想とする与謝野の世界観にとっての障害は多かった。それらを排斥した与謝野の世界観に残るものは、道徳律として機能する天皇と、個性伸張を達成するための「文化」であった。そのようななか、与謝野が自分の世界観を実現する現実の機会と期待したのが、一九三一(昭和六)年に起こった満州《まんしゅう》事変であった。与謝野は「満州事変以来の国民は、日本国民としての意識に目覚め」(「元日の言葉」一九三五年)たとし、また満州への進出は「極東の平和を保障」するもの、つまり「人道主義」実現の過程として捉えられた。そして日本の満州進出は領土的野心ではなく、中国軍閥《ぐんばつ》による日本人の生命財産の危機や中国国民に対する圧政を救うものとして位置づけられた(「一隅の観察」一九三一年、「満蒙《まんもう》新国家の建設」一九三二年)。

また、与謝野は「教育勅語」を「世界唯一の聖書」「世界人類の師表」と高く評価する(「皇道は展開す」一九三二年)。もともと、与謝野は「教育勅語」を「世界の人道と一致」するとして高い評価を与えていた(「治療と衛生」一九二〇年)。満州事変以降の状況において、与謝野は改めてそのことを、より高揚《こうよう》した文体で強調していくのである。

しかし、国際社会における日本の立場は、徐々に旗色《はたいろ》を悪くしていく。そのようななか、満州事変で高まった彼女の期待はどうなったか。残念ながら、『横浜貿易新聞』において長く掲載されていた彼女の評論は、一九三五(昭和十)年三月一〇日以降、理由も語られないままみられなくなる。

それでも、一九四〇(昭和十五)年に発表された「頌声《しょうせい》」で、与謝野は「新しき東亜細亜《アジア》の、盟主にて君のましまし」と詠んでいた。依然として天皇を人道主義実現のための超越的審級として期待し続けていたのか、孤立を深める日本の状況を打破するために、天皇に対する依存をいっそう強めていたのか。その真意を探ることは、史料上簡単ではない。ただ、「頌声」にあらわれる与謝野の言葉も、反戦主義から帝国主義へと「転向」した――つまり「俠」を捨てた――帰結と理解するのではなく、個人を起点とした彼女の世界観の極致として位置づけるべきではないかと思う。

⊙参考文献

内山秀夫・香内信子編『與謝野晶子評論著作集』(第一～二二巻)(龍溪書舎、二〇〇一～〇二年)
太田登『与謝野寛晶子論考――寛の才気・晶子の天分』(八木書店、二〇一三年)
鹿野政直・香内信子編『与謝野晶子評論集』(岩波書店、一九八五年)
鹿野政直「与謝野晶子――産む性としての自負」(『鹿野政直思想史論集』(第二巻)(岩波書店、二〇〇七年)
小嶋翔『近代日本における私生活と政治　与謝野晶子と平塚らいてう――自己探求の思想』(東北大学出版会、二〇一八年)
住友陽文『皇国日本のデモクラシー――個人創造の思想史』(有志舎、二〇一一年)
坂野潤治『大系日本の歴史十三　近代日本の出発』(小学館、一九八九年)

国民の盾となり、国民に殉じた男

高橋是清

…たかはしこれきよ…

落合 功

高橋是清《たかはしこれきよ》（一八五四—一九三六）の人生は波乱万丈である。留学先の米国では奴隷《どれい》として売り飛ばされた。若い時には投機《とうき》や銀山経営に手を出し失敗した。しかし、それでいながら日本銀行総裁、大蔵大臣、そして最後には総理大臣にまでのぼりつめた。国民からは「だるま」という名で親しまれ、金融危機など国内の多くの難局を乗り切った。積極財政を推進し、今では「日本のケインズ」などといわれることもある。他方で軍事費抑《よく》制《せい》を示して軍部に睨《にら》まれ、最期は二・二六事件（一九三六年）において青年将校の凶弾《きょうだん》に倒れた。軍部の言いなりにならず、国民生活を守るべく、国民の盾《たて》となった人物である。

失敗人生

若い頃の話をしよう。仙台藩の足軽《あしがる》の養子だったことから、一八六七（慶応《けいおう》三）年に仙台藩から米国留学を命じられている。戊辰《ぼしん》戦争（一八六八〜六九年）に巻き込まれなかったことは幸運だった。さぞかし学問に励んだかと思えばそうではない。酒をやり、バクチもやる。放蕩三昧《ほうとうざんまい》だった。一緒に米国留学した一人に富田鉄之助（一八三五—一九一六）がいた。この人物は二代目の日本銀行総裁に着任する。同じ仙台藩出身だが、真面目で実直な性格だったため、サンフランシスコに到着するや否や「高橋、君はこの船で帰れ」と、叱責《しっせき》し金を持たせて帰国を促した。ところが、高橋はその金でさえも酒代として使い果たし、さらには友人の金まで取り上げて飲み干してしまう。そして米国では、高橋はいつの間にか奴隷として売られていた。ほうほうの体で日本に戻っている。

日本に戻っても放蕩癖《ほうとうへき》は治らない。米国に行った英語力をかわれ、大学南校(今の東京大学の前身)の英語の教員に着任したのだが、長襦袢《ながじゅばん》を着て酒を飲みながら芝居を見ていたのを同僚に見つかり、大学を辞めなければならなくなった。その後、しばらくの間、芸者のお供として三味線持《しゃみせんも》ちをしている。

投機にも夢中になった。それもしばらくするとやめて、文部省、農商務省と官庁勤めを始める。農商務省では商標専売制度を研究するため欧米各国を歴訪した。農商務省初代の特許課長に着任する。しかし、こうした安定的な生活もつかの間、ペルーに有望な銀山があると聞くや、官僚を辞めて勇躍《ゆうやく》ペルーで銀山開発を始める。しかし、これも大失敗。群馬県内の鉱山開発を手掛けるも失敗する。とうとう持ち家を手放し、裏店《うらだな》住まいになっている。

高橋是清(国立国会図書館蔵)

しかし、高橋の才能は見捨てられたわけではない。一八九二(明治二五)年、高橋是清は日本銀行総裁(第三代)であった川田《かわだ》小《こ》一郎《いちろう》(一八三六—九六)の邸宅を訪ねると、日本銀行への入行を要請される。このときから高橋是清は金融史の舞台へと登場する。

金融政策、財政政策に命を捧ぐ

高橋は日本銀行に入行すると、翌年、新設された西部支店(山口県下関)の支店長に任じられた。そして二年後には横浜正金《しょうきん》銀行の横浜支店の支配人となる。

高橋是清が金融・政治の業界で名声を高めたのは日露《にちろ》戦争(一九〇四~〇五年)の時である。国運を左右するなか、高橋は戦費調達のため欧米に渡り、戦中から戦後にかけて六度にわたる外債《がいさい》募集を成功に導いた。この資金がなければ、戦争を遂行《すいこう》することは難しかったし、戦争を勝利に導くことも困難だっただろう。特にアメリカでは「同情と金儲《かねもう》けは別だ」と外国債の発行を断られ、欧州でも厳しい条件が提示されている。ロンドン市場では無謀《むぼう》な戦争で日本の勝ち目はないと、日本の外債価格は開戦の二か月で二五パーセントも下落したという。そんな厳しい状況のなか、持ち前の高橋の弁舌《べんぜつ》や幅広い人脈などにより外債発行を実現する。

大蔵大臣に七度

高橋是清は日本銀行総裁として一九一一(明治四四)年六月に着任するが、その後は立憲政友会《りっけんせいゆうかい》に入党し大蔵大臣として活躍する。総理大臣、農林大臣、商工大臣なども務めたが、何と言っても大蔵大臣に着任することが多かった。山本権兵衛《やまもとごんべえ》内閣（一九一三年二月二〇日～一四年四月十六日）の時に初めて大蔵大臣に着任する。このとき立憲政友会に入党した。入党したことで活躍の場は政界となり、それ以後、原敬《はらたかし》内閣（一九一八年九月二九日～二一年十一月十三日）、高橋是清内閣（一九二一年十一月十三日～二二年六月十二日、留任、総理と兼任）、田中義一《たなかぎいち》内閣（一九二七年四月二〇日～二七年六月二日、一時期）、犬養《いぬかい》毅《つよし》内閣（一九三一年十二月十三日～三二年五月二六日、一時期総理兼任）、斎藤《さいとう》実《まこと》内閣（一九三二年五月二六日～三四年七月八日）、岡田《おかだ》啓介《けいすけ》内閣（一九三四年十一月二七日～三六年二月二六日、途中から）と、自身が総理となったときも含めて七人の内閣の下で大蔵大臣を務めている〔（　）内は高橋の蔵相就任期間〕。

　山本権兵衛内閣の時、三島弥太郎（通庸《つうよう》の長男）が大蔵大臣の候補となっていた。しかし、三島は同じ薩摩藩閥《さつまはんばつ》であることなどを理由に断り、三島が日銀総裁を務めることになった。これにより日銀総裁だった高橋が大蔵大臣に就く。ただ、山本権兵衛内閣はジーメンス事件が起こり、わずか一年で総辞職する。「高橋財政」などといわれて自由に財政政策に辣腕《らつわん》をふるったのは、原敬内閣のときと、引き続き着任した自身が首相の時だけだった。このときは、鉄道敷設《ふせつ》法をはじめとしたインフラ整備による積極財政を推進した。ただ、このときは首相である原敬（一八五六―一九二一）が暗殺され、その直後に首相と兼任したため、首相としての立場を務めあげることができず、退陣せざるをえなかった。

　それ以降、高橋が蔵相に着任するときは決まって難局《なんきょく》の時である。田中義一内閣のときは昭和金融恐慌《きょうこう》の立て直しの時である。

この時は、一九二三（大正十二）年に起きた関東大震災《だいしんさい》の際に発行していた震災手形が支払いできずに不良債権化したことで、銀行経営は行き詰まりをみせていた。そんな折に、片岡直温《かたおかなおはる》蔵相が大蔵省予算委員会の場で「東京渡辺銀行が破綻《はたん》した」と発言したことで、一気に信用不安が広がった。全国各地の銀行で取り付け騒ぎが起こり、休業を余儀なくされた。それに加えて、鈴木商店の行き詰まり、台湾《タイワン》銀行の経営不振が露呈化《ろていか》し、その救済がなされている。

着任した二日後にはモラトリアム（債務の支払い延期令）を実施し、この間に大量の紙幣を発行して難を逃れている。犬養毅内閣の時も昭和恐慌を招いた時である。以後、一時退任するものの、自身が二・二六事件で凶弾に倒れるまで任を全うする。それは、自身の意志や名誉欲ではない。余人に代わる人がいなかったからである。

金融恐慌のどん底のなかで

高橋是清が二・二六事件によって殺害される原因は、予算をめぐる軍部との対立だが、その遠因は金解禁《きんかいきん》政策の失敗にあるといってよいだろう。金輸出解禁策（金解禁）とは、立憲民政党の浜口《はまぐち》雄《お》幸《さち》内閣（一九二九年七月二日～三一年四月十四日）のもと、一九三〇（昭和五）年一月井上準《いのうえじゅん》之助《のすけ》蔵相が推進した政策のことである。この金解禁政策自体は国際社会の要請のなか、必然であったが、世界恐慌というタイミングが悪かった。世界恐慌のあおりをうけ、各国は続々と金兌換《きんだかん》を中止した。そんななかで金解禁を実行した。日本が保有していた金は大量に海外へ流出した。同時に、日本政府は円高政策を維持し続けたため、輸出が停滞し景気を悪化させたのである。

金輸出解禁による失敗と世界恐慌のあおりを受け、日本は昭和恐慌に突入する。都市では企業が倒産し、失業者が増大した。農村でも繭相場《まゆそうば》が暴落し、飢饉《ききん》を招くことになる。

この日本経済のどん底を救ったのが高橋是清であった。一九三一(昭和六)年十二月、高橋是清は犬養毅内閣のもと大蔵大臣に就任する。高橋に期待された課題は、政敵である民政党を批判することではなく昭和恐慌からの脱出だった。単なる「景気が悪い」ということではなく、生活に困窮《こんきゅう》していた人々を救うために景気を回復しなければならないという命題が課せられていたのである。高橋はその日のうちに金輸出再禁止を行う。さらに四日後には緊急勅令《きんきゅうちょくれい》を発して、日本銀行券(紙幣)の金兌換を全面的に停止した。これにより日本は再び日本銀行による管理通貨制度へと移行する。

このとき高橋蔵相がとった政策は低為替政策(円安政策)、国内需要《じゅよう》の喚起《かんき》だった。そのために、高橋蔵相は二つの政策を実行した。一つは、低金利政策をとり企業の資金調達を容易にした。もう一つは銀行券の保証発行限度額を増額させ、金その他の準備資産の裏付けがなくても紙幣量を増大することを可能にした。これにより、財政出動による公共事業投資を推進する。そのうえで、赤字国債を発行し、国債を日本銀行に引き受けさせたのである。かくして、市場に出回る貨幣量を増やすことで円安へと導き、輸出を容易にした。これらの政策が功を奏し、一九三〇年代後半には世界恐慌、昭和恐慌のどん底から脱したとされる。それは、欧米の中でもドイツに次いで二番目に早かった。しかし、恐慌から劇的に回復した日本の姿を高橋は見ることはなかった。一九三六（昭和十一）年二月、二・二六事件によって高橋が青年将校に殺害されたためである。

この二・二六事件の研究をしている須崎慎一は、事件の引き金となったのは第一師団の満州《まんしゅう》（中国東北部）派遣情報だったが、「青年将校の一部が、決起《けっき》の理由として掲げるのが一九三五年（昭和十年）十一月二六日の高橋是清蔵相発言である」と述べている。まさに昭和十一年度予算を巡り激しい攻防が交わされるなかで発せられた一言が命取りとなったのである。

予算をめぐる攻防

昭和恐慌が漸次《ぜんじ》落ち着きを見せるなか、一九三四（昭和九）年七月、岡田啓介内閣（一九三四年七月八日～三六年三月九日）が発足する。このとき、高橋は大蔵次官を務めていた藤井真信《ふじいさだのぶ》蔵相に職を譲る。藤井は軍備予算を抑制し、赤字国債の償却《しょうきゃく》を目指すが、喀血《かっけつ》の病にむしばまれ、昭和十年度予算案が閣議決定されると蔵相を辞任する。結局、蔵相には高橋が再任された。藤井は退任した二ヶ月後に死去した。精神的に追いつめられていたのだろう。

蔵相就任直後、雑誌『エコノミスト』に「高橋財政への復帰」と題し、「高橋翁《おう》でなければと期待する一事がある。それは政府対軍部の力のバランスを回復し軍事費と財政の調整を確定的な軌道の上へのせることである」との記事が載った（『エコノミスト』昭和九年十二月十一日）。軍部が台頭するなか、抵抗できる政治家は高橋是清ただ一人だったのである。

当時の大蔵省にとって問題にしたのが公債発行額であった。一九三二年以降、一般会計における歳入総額のうち新規公債発行額は三割を超えていた。藤井蔵相の際に公債発行額は八億四〇〇〇万円から七億六〇〇〇万円へと減額しているが、こうしたことから昭和十一年度の予算編成方針には「公債発行ノ増加ヲ避クルノ緊切《きんせつ》ナルヲ念トシ」と、公債発行額を前年度よりさらに引き下げることを目標に掲げている。

昭和十一年度予算は、基準予算は十六億八〇〇〇万円で、他に各省からの新規要求額は国債費を含めて総額十一億数千万円であった。新規要求額のうち、陸軍は三億四〇〇〇万、海軍は三億円の予算請求をしていた。それに対し大蔵省の査定額は、陸軍、海軍それぞれ二億二〇〇〇万円、一億二〇〇〇万円にした。これに基準予算額を足すと、陸軍は四億八〇〇〇万円、海軍は五億三〇〇〇万円にものぼる。実に国家予算の半分以上を国防費に充てる計算であった。それでも陸海軍は不足だと主張する。その後、陸軍では一〇〇〇万円の復活折衝《せっしょう》が認められているが、それでも一億円の開きがあると主張する。海軍も同様に五〇〇〇万円を要求している。

軍部の立場からすれば「満州国」建国にともなう費用、ワシントン条約破棄、満州事変後の国際情勢への対応という状況のもと、国防の必要が高まったと主張し譲らない。それに対し、大蔵省の査定は、他省庁の場合、新規要求額に対し二割、三割程度しか認めていないのに、陸軍、海軍へは五割近く認めており、決して国防を軽んじているわけではないと、一歩も譲らなかったのである。

十一月二五日には、海軍、陸軍を除くとおおよそ予算は固まりつつあり総額二二億四〇〇〇万円で落ち着く様相をみせている。その後、岡田首相のもと閣議が開かれた。二六日の閣議で、陸軍と海軍はそれぞれ一〇〇〇万円の復活折衝が認められ、おおよそ要求通りになった。ただ、このとき高橋の命取りとなる発言が出たのである。

軍部をたしなむ

二六日の閣議における予算折衝は激しい議論が交わされた。海軍大臣、陸軍大臣は厳しく復活要求を主張した。これまで陸軍・海軍が復活要求をすると、たいていの場合認められていた。ところが高橋は譲らなかった。そこで、以下のような発言をする。長文だが引用しておこう（「東京日日新聞」昭和十年十一月二七日付け朝刊）。

わが国は由来資源乏しく、列国に比し国力極めて貧弱な国柄《くにがら》である。国の予算は当然この国力に重点を置き、これに相応した予算を作らねばならぬ。

わが国は今や産業・貿易において至るところに目ざましき躍進をなしている。これがため世界各国は日本に対し反目し、全く孤立無援の状態にある。

であるから、わが日本としてはよくその国情を反省すべきである。予算も国民の所得に応じて作らねば、やがて国力は疲弊し、国民は塗炭《とたん》の苦しみに陥り、いざ鎌倉という場合に敵国に対して応戦は出来ない。この場合の余裕は十分に培って置かねばならぬ。殊《こと》に最近のわが国内の情勢は年々災害を重ね、民力は疲弊して行くばかりでなく、社会政策的施設等につき、多大の考慮を要するときであるから、軍部はこの点につき、十分反省されるべきではないかと思う。今日の軍部に対しては言論機関も、いいたいことをいえないし、財界人も「これは困った事態だ」と、思いながらも何もいえない、一体この情勢を軍部両相はどう見てゐられるか。国内情勢はすでにかくのごとくである。これ以上軍部が無理押しをすればおそらく国民の怨嗟《えんさ》の府になるであろう。よくこの点を考えてもらいたい。自分は軍部予算に対し、なけなしの財源を漁《あさ》り、公債を増発して各一千万円づつ奮発《ぷんぱつ》したのである、これ以上は何としても出せない。わが輩《はい》の見るところでは各国とも決して日本に対し挑戦して来るものではないと思う、よってわが国としても、いたずらに外国を刺激するが如きことは慎むべきである

「東京日日新聞」では、この発言を掲載し、見出しには「疲弊し行く民力、熱情ほとばしる蔵相の言に　各閣僚も感動す」と記されている。「東京朝日新聞」でも、この発言を紹介している。ただ、趣旨は同じだが発言内容にしてはかなり異なっている。直接、発言を叙述したものではなく、人づてに聞いたものを発言としたのであろう。そして「東京朝日新聞」の見出しには「信用維持が急務蔵相、軍部をたしなむ」と記された。陸軍、海軍の軍部にとって高橋蔵相から叱られた様相を世間にさらされた形となり、両大臣は面目を潰《つぶ》された格好になった。これが、青年将校たちの感情を逆なでした。高橋蔵相は国防への意識が低いと捉《とら》えられ、怒りを買った。簡単に言えば、高橋是清は

「軍部の敵」と映ったのである。

翌二七日の閣議では、川島義之陸軍大臣は、予算折衝をせず、もっぱら地図を広げて国際情勢を熱く主張し、軍備充実の必要性を強く語り、高橋発言に反駁《はんばく》を加えている。その後、大蔵大臣と陸・海軍は歩み寄りをみせ、妥結《だけつ》に近づいたところでもうひと悶着《もんちゃく》が起きている。今度は参謀本部から強硬な反対が出された。このため陸軍相は苦境に陥っている。この時の様子は号外まで出されている。

連日の議論のなか、閣議で予算がまとまったのは、十一月三〇日の朝七時二〇分のことである。前日の朝十時半から二〇時間の議論を費やし、二二億七二〇〇万円の予算をまとめあげた。高橋蔵相はこの時八二歳であった。「三六時間閣議」などともいわれる歴史的な予算編成会議を、数百人という新聞記者、各省役人たちはかたずをのんで見守った。

結局、予算額は陸軍五億八〇〇万円、海軍には五億五一〇〇万円となった。他方、公債発行額についても大蔵省の目論見《もくろみ》通り六億八〇〇〇万円に食い止めた。公債発行額漸減の方針を堅持することができたのである。

二・二六事件

結局、言論による説得は虚《むな》しく軍部には届かなかった。高橋是清は二月二六日に赤坂の私邸にて青年将校に襲撃を受けた。大蔵大臣官邸には内側からのボタン一つで絶対開かない装置がほどこされているなど、万一の襲撃に備え色々な工夫がなされていたという。しかし、それらも徒労《とろう》に終わった。

高橋は殺害される直前、友人の望月に以下のように語ったという。


いや、これがもっと年齢が若くて、先へ行って御奉公ができるというなら考えるということもあるが、わしはもうこの年齢で、いま奉公をしなければするときはない。最後の御奉公と思って入閣したのだ。わしはもうこのまま死ぬ気だ。


その日は、新婚の娘が初めての里帰りだった。前日、高橋は子連れの唐獅子《からじし》を床《とこ》に飾り、朝が来るのを楽しみに床についた。しかし、待ちに待った朝、やって来たのは招かざる客だった。

アメリカで奴隷に売られても、酒におぼれて職を追われても、無一文になったとしても、何も動じることはなかった。そして金融危機などの国家の窮地に立たされても、策をもって日本を救うことができている。しかし、さしもの高橋も銃口の前ではなすすべも無かった。

高橋是清は、戦後(一九五一年)、五〇円紙幣の肖像として登場する。五〇円硬貨が登場する一九五八年まで発行され続けた。わずか七年弱の期間であったが、軍部に抵抗し、命を懸けた人物として忘れてはならない政治家ということなのであろう。

新たな財政指針

二・二六事件が冷めやらぬ三月九日、岡田啓介内閣から広田弘毅《ひろたこうき》内閣（一九三六年三月九日〜三七年二月二日）へと交代する。このときの大蔵大臣は馬場鍈一《ばばえいいち》（一八七九—一九三七）である。馬場は均衡財政《きんこうざいせい》論者であり、金解禁以降の農村の疲弊や満州事変以後のソ連との緊張などを目の当たりにし、積極財政論者になった。

馬場は、人事を刷新し、これまで高橋財政を支えてきた省内の官僚たちを異動する。そして、高橋是清が推進した公債漸減主義を放棄し、再び公債発行を推進し増税を行った。そして軍事費の増額を認めた。もはや、軍国主義の流れに誰も抗する人はいなくなった。

高橋是清のような物言う声は鳴りを潜め、軍靴《ぐんか》の音が次第に高くなっていく。

⦿参考文献

リチャード・J・スメサースト（鎮目雅人・早川大介・大貫摩里訳）『高橋是清』（東洋経済新報社、二〇一〇年）

特異な謀士の見せた人情派指揮官像

石原莞爾
…いしはらかんじ…

花岡敬太郎

石原莞爾《いしはらかんじ》(一八八九―一九四九)は、一八八九(明治二二)年、山形県の鶴岡《つるおか》で生まれた。一九〇二(明治三五)年、仙台陸軍地方幼年学校(通称、仙幼《せんよう》)に入学し、三年間学んだ後、中央幼年学校へ進級のため上京。体術や剣術など体を動かす科目の成績は今一つ振るわなかったが、それでも全体の成績は優秀であり、陸幼卒業時の成績は仙幼出身者の中では随一《ずいいち》であった。一九〇七(明治四〇)年には陸軍士官学校へ進学。上官に反抗的な態度をとるなど、修学姿勢が必ずしも良くなかったためか、卒業席次は六位であった。陸士卒業後、歩兵第六五連隊(会津若松《あいづわかまつ》)への所属をへて一九一五(大正四)年に陸軍大学校へ進学する。卒業後は、原隊に復帰。以後、教育総監部《そうかんぶ》、中支那《ちゅうしな》派遣隊司令部などに歴属《れいぞく》し、一九二三(大正一二)年にドイツへ留学、戦術や戦史などを学ぶ。帰国後は陸軍大学校において戦史の教鞭《きょうべん》をとり、一九二八(昭和三)年に関東軍の作戦参謀《さんぼう》として満州《まんしゅう》(中国東北部)へ赴く。一九三一(昭和六)年に勃発《ぼっぱつ》した満州事変では、実質的な首謀者として関東軍による満州の軍事的占領を主導する。帰国後は参謀本部作戦課長などを歴任し、一九三六(昭和一一)年の二・二六事件では事件鎮圧《ちんあつ》に貢献した。しかし、陸軍の中心人物であった東条英機《とうじょうひでき》(一八八四―一九四八)との折り合いが非常に悪く、一九四一(昭和一六)年に陸軍を罷免《ひめん》された。

満州事変の首謀者であるなど、アジア・太平洋戦争勃発(拡大)の引き金とも言える石原だが、「反東条」系の人物であると連合国軍最高司令官総司令部(GHQ)に見なされたことなどもあり、戦後戦犯訴追は受けなかった。一九四九(昭和二四)年に死去。享年六〇。

出色の秀才――「七番さん」

石原は山形県西田川郡鶴岡で石原啓介《けいすけ》・カネイ夫妻の次男として生まれた。旧庄内藩士の家系である父啓介は警察官であり、石原も幼少期は父の転勤に合わせ転居を繰り返す日々であった。小学校時代以来、一貫して学業成績は優秀であったが、一方で乱暴者でもあったようで、近所の子どもたちを集めて戦争ごっこをして遊ぶなど、ある意味では幼いころから〝軍人気質〟の少年だったと言えるかもしれない。一九〇二(明治三五)年に仙台陸軍地方幼年学校に入学。同年の仙幼の入試成績は振るわず、定員五〇名に対し、合格者はわずか二六名で、定員に足りない分の学生は東京をはじめとする他の地域の幼年学校合格者の中から補われた。当の石原の試験成績は良好であり、仙幼受験者全体の中で三番であった。

仙幼に入学した莞爾少年の成績は、一言でいえば「出色の異才」とでも言うべきものだったようだ。石原らが仙幼で学んでいた時期は、日露戦争直前の風雲急を告げる時期であり、学校全体の士気が高かったことも事実だったが、そのなかでも石原は、特に学科面でひと際抜きんでていた。陸軍幼年学校で学ぶ学課は一般の中学校と大差なく、強いて言うなら外国語(独・仏・露・英)や音楽・図画などの教育に多めに時間が割かれていた点が特徴であった。また、軍事学についてもまだ簡易な内容ではあったがカリキュラムに組み込まれており、石原はこういった学科面の成績は仙幼在学中三年間、一度も主席の座を譲ることなく、むしろ二位以下を大きく引き離すほどの秀才であった。論述形式の多かった幼年学校の各試験で、多くの生徒が一点でも多く稼《かせ》ごうとさまざまな事を答案用紙に書き込んでいくなか、莞爾少年の答案だけは極めて簡素であったという。それでいて常に最良の成績を修めていたわけであるから、いかに莞爾少年が的確に授業内容を理解していた秀才であったかがうかがい知れる。しかし、学科の優秀さと裏腹に、剣術や柔道、体操など体を使う科目については苦手であったようだ。現代目線で見れば、いかにも線の細い「ガリ勉」を彷彿《ほうふつ》とさせる成績傾向の石原だが、負けず嫌いで向こう見ずな面があり、苦手な剣術の授業でも「技で勝てぬならば」とがむしゃらに相手に突進していき逆に相手に嫌がられた。いたずら好きで皮肉屋、無精者《ぶしょうもの》であり、なかなかに茶目っ気のある奇行も在学中には見せていたようだ。そんな彼についたあだなが「七番さん」。これは当時の東北大学医学部大学病院において精神病患者が入院していた部屋番号が「七番」だったことにちなみ、秀才でありながら、負けず嫌いであり、その上奇矯《ききょう》な行動を繰り返す石原は自然と「七番さん」と呼ばれるようになったようである。

石原莞爾の不可解な思想変遷

仙幼での三年間を終えた石原は、引き続き東京の陸軍中央幼年学校（陸幼《りくよう》）へ進級する。石原の成績は仙幼時代から引き続き優秀であり、仙幼出身者の中では最上位であった。また東京に居を移したことで、多くの有力者との接点が生まれ、大隈重信《おおくましげのぶ》(一八三八―一九二二)や乃木希典《のぎまれすけ》(一八四九―一九一二)の知遇《ちぐう》を得、彼らの私邸を訪れ教えを受けている。また日蓮宗の僧侶である田中智学《たなかちがく》(一八六一―一九三九)と交流をもつようになったのもこのころからであり、後年、石原の思想的な基盤となった法華経《ほけきょう》信仰はこの田中との交流から始まる。一九〇七(明治四〇)年六月に陸幼を卒業した石原は、士官候補生として山形歩兵第三二連隊に配属されたのを経て、同年十二月に陸軍士官学校に入校する。陸士での卒業席次は六位、学業成績自体は三位であったが、苦手の体術系の点数の低さがネックとなったばかりでなく、仙幼以来の奇矯な行動に加え、上官への不遜《ふそん》な態度など品行面での評価が奮わなかったことが、思いがけない席次の低さとして表れてしまった。

陸士卒業後、石原は見習《みならい》士官として第三二連隊へ一度復帰するが、すぐに新設の第六五連隊付に異動となり、会津若松に赴任する。同地の歴史的背景などもあり、石原は新たな赴任先を養心練武《ようしんれんぶ》の理想の地と思っていたようである。石原本人はこの部隊での任務を気に入っていたようだが、連隊長の命もあり、一九一五(大正四)年、陸軍大学校に進学する。陸大でも秀才・石原の優秀さはいかんなく発揮《はっき》され、次席で卒業するほどの力量を見せる。一方で上官や目上の者に対しての歯に衣《きぬ》着《き》せぬ物言いや奇矯な振る舞いも相変わらずであった。陸大を首席で卒業した者には、天皇の前で自身の戦略観などを披露《ひろう》する御前講演《ごぜんこうえん》の役が与えられるのだが、仮に石原を首席で卒業させた場合、彼がこの大任を務める事になり、下手をすると天皇の前で忖度《そんたく》せずに日本陸軍の問題点を堂々と開《かい》陳《ちん》してしまうかもしれないと危惧され、あえて首席を回避させられたのではないかという逸話《いつわ》まである。こういった周囲の危惧の仕方や前述の陸幼時代の試験に臨む態度などから、石原の奇矯さは彼が変人であるためであるというより、彼が組織の事情や通念に斟酌《しんしゃく》せず物事の核心に直に迫っていく気骨をもっていたことがうかがい知れるだろう。

在外武官としてのドイツ留学などを経て、一九二八（昭和三）年に関東軍作戦主任参謀として満州へ赴任《ふにん》する。おそらく、石原莞爾という軍人の経歴のなかで、最も一般に知られている事績はこの満州赴任時代のできごと、つまり満州事変《まんしゅうじへん》といえるだろう。石原は、田中智学との邂逅《かいこう》以来法華経（日蓮宗）への信仰を深め、会津時代に田中智学主宰の国柱会《こくちゅうかい》に入会している。この国柱会の会是《かいぜ》を大まかに捉《とら》えるならば、日蓮宗の教義と国体を重ね合わせていくものであり、後々、大東亜《だいとうあ》共《きょう》栄圏《えいけん》構想のキーワードにもなる「八紘一宇《はっこういちう》」のスローガンも誤解を恐れずに言えば、国柱会の会是に端を発する。この法華経信仰に支えられた戦略構想をもとに石原は満蒙分離論《まんもうぶんりろん》を主張し、関東軍司令官板垣征四郎《いたがきせいしろう》（一八八五―一九四八）らと関東軍の軍事力による制圧で満州内での日本の主権確保を図った。一九三一（昭和六）年九月十八日、奉天《ほうてん》（瀋陽《しんよう》）郊外の柳条湖《りゅうじょうこ》付近で南満州鉄道（満鉄）の線路が爆破される。これを関東軍は満州を本拠とする軍閥《ぐんばつ》張学良《ちょうがくりょう》（一九〇一―二〇〇一）の策謀《さくぼう》であると即断、一気に軍事行動を開始し、わずか数ヶ月で満州全域を制圧する。無論《むろん》、この爆破事件自体が板垣や石原によって主導された自演であり、中国政府や国際連盟だけでなく日本政府も関東軍の軍事行動を否定し、第二次若槻礼次郎《わかつきれいじろう》内閣（一九三一年四月～同十二月）は「不拡大方針」を鮮明にしていた。こういった周囲の反発に対し、石原は満蒙分離論から満蒙独立論へと傾斜し、旧清国皇帝溥儀《ふぎ》（一九〇六―六七）を執政《しっせい》に擁立《ようりつ》し満州国建国へと突き進んでいった。この満蒙分離から満蒙独立にいたるまでの石原の思想的変遷については、それが思想的転換なのか極化なのかも含めて不可解な点が非常に多い。少なくとも石原が「最終戦争論」を唱えていた段階では、彼は満蒙分離論者であり、田中智学の国柱会の教えとも相応の親近性をもっていた。しかし、満蒙独立論を構想し満州国建国に傾いていくようになって以降、国柱会との距離も遠くなり日蓮の教義に対する独善的理解を深めていく。最終的には「最終戦争論」も法華経信仰も破棄していくことになるのだが、そういった思想的変遷の背景の多くはいまだ不可解なままといえる。

東条英機との対立

満州事変で石原がとった行動は、政府の不拡大方針に背く明確な違反行為であり、事変終結後石原は処罰を覚悟《かくご》した上で辞職を申し出ている。しかし、石原の辞表は受理されることなく、歩兵大佐に昇格し外務省嘱託《しょくたく》として、満州事変顛末《てんまつ》を巡る国際連盟会議に随員《ずいいん》する。一九三三（昭和八）年には歩兵第四連隊（仙台）隊長、三五（昭和十）年には参謀本部作戦課長へと昇進していった。満州事変の首謀者である石原が、お咎《とが》めを受けることなく昇進を重ねていったことは、増大する陸軍の政治的影響力に対し、政党政治側がそれを抑え込むだけの国民的支持をもっていなかったことを意味していた。政党政治の退潮は、政治勢力としての軍部の増長を許すことにもつながったが、当の石原本人がこの状況をどのように受け取っていたのかは評価が難しい。仙幼以来の友人で長く石原と行動をともにしていた横山臣平《よこやましんぺい》（一八八八―一九七七）によれば、石原はこういった政治勢力としての軍部の台頭をあまりこころよく思っていなかったようであり、実際、一九三六（昭和十一）年に起こった二・二六事件の際はクーデターの中心にいた陸軍皇道派《こうどうは》にも対立する統制派にも属さず、むしろ両派閥の領袖《りょうしゅう》である真崎甚三郎《まさきじんざぶろう》（一八七六―一九五六）とも東条英機のいずれとも仲が悪かったことなど、たしかに政治勢力としての軍部の中枢《ちゅうすう》とは一定の距離があった。一方で、二・二六事件の鎮圧後に組閣の大命を受けた、宇垣一成《うがきかずしげ》（一八六八―一九五六）に対し、石原は自身の参謀本部作戦課長という立場を利用し、陸軍首脳を突き上げ陸軍大臣の排出を阻害《そがい》することで組閣を流産させた。いわゆる軍部大臣現役武官制を利用した軍部による組閣妨害工作であり、この宇垣内閣流産の一件は、まさに軍ファシズムの象徴ともいえるできごととして今日認識されているといえるだろう。宇垣への大命降下は増長する陸軍の政治力を抑止《よくし》させる狙いがあったことは明白であり、この件に関して言えば、石原は政治勢力としての陸軍が抑え込まれることに対し、明確に反意を示していたことになる。

いずれにせよ、当時の陸軍における最大実力者であった東条英機との確執は、石原莞爾という軍人の立場に大きな影響を与えていた。石原と東条は、とくに満州国の経営方針をめぐって対立を深める。二・二六事件以降、石原は参謀副長として関東軍に復帰するなどしたが、原則として左《さ》遷《せん》人事を繰り返されることで徐々に陸軍の中央から遠ざけられ、アジア・太平洋戦争開戦直前の一九四一（昭和十六）三月に現役を退く。東条英機との険悪な関係は引退後も続き、一度は東条英機暗殺計画の加担者の一人と目されたこともあった。事実、この暗殺計画の首謀者《しゅぼうしゃ》二名はいずれも石原の実質的な弟子筋にあたる人物であり、最後まで東条との禍根《かこん》が消えることはなかった。しかし、この東条との根深い対立があったことで、石原は大戦後の戦犯訴追を逃れている。満州事変の首謀者であり、軍部大臣現役武官制の悪用によって宇垣内閣を流産させた張本人であるにも関わらず、戦後に戦犯訴追を逃れることができたのも、石原莞爾という軍人の特異な経歴を象徴していると言えるかもしれない。

人情派将校・石原莞爾

満州事変を首謀し、宇垣一成の組閣を流産させるなど軍人としてダーティなイメージの拭《ぬぐ》えない石原莞爾だが、彼の下に就いた現場の将兵たちにとっては、実は、人情味のある好指揮官の一面を多分に見せていた。石原は将校として現場の兵士たちの訓練態度や風紀に対しては非常に厳しかったが、一方で、兵士たちの住環境の充実にも気遣いを欠かさない人物でもあった。石原のそうした逸話は思いのほか多い。例えば、仙台の歩兵第四連隊長時代、満州事変直後という緊張した時期であったにも関わらず今一つ士気の奮わない連隊の訓練風景を目の当たりにし、石原はその連隊の課題点が「風呂」

石原完爾と東条英機（右が石原）
（山口重次『満洲建国の歴史』栄光出版社、1973年より）

と「食事」にあると考えた。日課の訓練を終え、汗まみれ・泥まみれになった兵士たちにとって、入浴が非常に重要な気分転換になりうることは想像に難くない。しかし、第四連隊の兵舎には大浴場が一つあるばかりで、その大浴場を中隊ごとに順番で使いまわしていた。必然的に順番が後回しになる中隊は薄汚れてぬるくなった浴場を使わざるを得なかった。石原はこの状況の改善を試み、経理をやりくりさせ大浴槽にモーター付きの浄化《じょうか》装置を設置したのである。これにより、第四連隊の大浴場は常時、清潔な湯に満たされ、兵士たちは鼻歌などを唄いながら温泉気分で入浴を楽しんだという。風紀が軟弱になると顔をしかめる将校もいたようだが、石原は湯につかる自由時間の心身の余裕が軍務の緊張感を妨げることなどないと一向に意に介さなかった。兵営の食事に関しても石原は改善を試みていた。「軍隊のメシはまずい」というのは当時の軍隊生活における定番ではあったが、かといって食うものをしっかり食わなければ兵士たちの体がもたず、特に夏場に兵士の食欲が奮わないのは深刻な問題でもあった。石原はこのまずい軍隊メシの改善に着手したのである。つまりプロの料理人を雇い入れたのだ。やったことは単純だが、食事の質は劇的に向上し、兵士たちの食欲不振の解消に大きな役割を果たした。「兵営生活は過酷なもの」という観念から、風呂や食事といった生活上の一大事を軽視する傾向が陸軍の兵営設計には付きまとっていたわけだが、石原はこういった考え方がむしろ良兵育成の妨げになると直感していたのである。

石原のこういった兵営改革が、兵士たちに対する「思いやり」だったのか、良兵育成のための合理的判断に過ぎなかったのか、あるいはその両方であったのかもしれないが、その辺りの線引きについては判断しかねる。しかし、改良した風呂の様子を視察した際、石原が突然風呂場に現われたことに驚き、敬礼《けいれい》しようとした兵士たちに対し、石原は「敬礼はせんでよい」と気さくに応対しており、兵士に対する一種の人情味があったことは恐らく忌憚《きたん》のない事実だろう。満州事変や宇垣内閣流産を主導した「謀士」の側面と、こういった兵営生活の改良を心掛ける上官の側面は一見すると背反する人物像に見える。事実、石原の軍事思想・国家観の特殊性に関してはさまざまな研究見解があり、いまだに一定の評価が固まっているとは言い難い。しかし、「七番さん」と呼ばれ、皮肉屋で無精者の変人の仕官見習い時代以来、石原は己の信念に基づき、自分自身の道をずいぶんと進んできたことは間違いないだろう。おそらく満州事変も兵営生活の改良もその信念の上では必然であり彼の中では何ら矛盾することのない一つの意志の道筋だったのかもしれない。毀誉褒貶《きよほうへん》の多少に拘《かかわ》らず己が道を進むその姿勢こそが、石原の最大の魅力だったといえるのではないだろうか。

⊙参考文献

横山臣平『秘録 石原莞爾』（芙蓉書房出版、一九九五年）

伊勢弘志『石原莞爾の変節と満州事変の錯誤――最終戦争論と日蓮主義信仰――』（芙蓉書房出版、二〇一五年）

川田稔『石原莞爾の世界戦略構想』（「祥伝社新書」、二〇一六年）

保阪正康『昭和の怪物 七つの謎』（「講談社現代新書」、二〇一八年）

【執筆者略歴】（掲載順）

小川 雄（おがわ ゆう）
一九七九年、神奈川県生まれ。二〇〇七年、日本大学大学院文学研究科日本史専攻博士後期課程満期退学。博士（文学）。現在、日本大学文理学部助教。主要著作：『徳川水軍関係文書』『徳川権力と海上軍事』『水軍と海賊の戦国史』

ヘンドリッキ・リンデラウフ（Hendrik Lindelauf）
ブラジル出身。二〇〇七年、セアラ州立大学社会科学部卒業。二〇〇八年、東京学芸大学日本近世史研究入学（国費留学生）。二〇一三年、東京学芸大学日本史修士課程卒業

下川 雅弘（しもかわ まさひろ）
一九七五年、京都府生まれ。二〇〇三年、日本大学大学院文学研究科日本史専攻満期退学。現在、駒沢女子大学人間総合学群人間文化学類教授。主要著作：『三好長慶』『室町幕府全将軍列伝』（以上共著）、「三好長慶の上洛と東寺からの礼銭」（『戦国史研究』五六）、「織田権力の摂津支配」（『織田権力の領域支配』）、「大坂の陣豊臣方関連史跡の創出」（『戦国期政治史論集』）

福留 真紀（ふくとめ まき）
一九七三年、東京都生まれ。お茶の水女子大学大学院博士後期課程修了。博士（人文科学）。現在、東京工業大学リベラルアーツ研究教育院准教授。主要著作：『徳川将軍側近の研究』『将軍側近 柳沢吉保―いかにして悪名は作られたか』『将軍と側近―室鳩巣の手紙を読む』『名門水野家の復活―御曹司と婿養子が紡いだ一〇〇年』『名門譜代大名・酒井忠挙の奮闘』、「大奥御年寄の養子縁組―綱吉政権期の御年寄松枝をめぐって―」（幕藩研究会編『論集 近世国家と幕府・藩』岩田書院）

佐藤 麻里（さとう まり）
一九八四年、神奈川県生まれ。二〇一二年、東京学芸大学大学院連合学校教育学研究科博士後期課程単位取得退学。現在、八王子市総務部公文書管理課公文書管理専門員。主要著作：「死を操作される将軍―近世後期将軍の『身体』を考える」『史海』五八、二〇一一年）、「将軍の死と『自粛』する江戸社会―都市江戸の鳴物停止・商売停止について」（『学校教育学研究論集』二四、二〇一一年）、「徳川将軍の葬送と江戸の町々」（『人民の歴史学』二〇六、二〇一五年）

篠原 杏奈（しのはら あんな）
一九九四年、群馬県生まれ。二〇一九年、東京学芸大学大学院教育学研究科修士課程修了。現在、千代田区立日比谷図書文化館学芸員。主要著作：「江戸・江戸周辺の伝馬と助郷」（大石学監修・東京学芸大学近世史研究会編『江戸周辺の社会史―「江戸町続」論のこころみ―』）、大石学監修『現代語 抄訳で楽しむ 東海道中膝栗毛と続膝栗毛』（分担執筆）

竹村 誠（たけむら まこと）
一九七八年、東京都生まれ。二〇〇四年、東京学芸大学大学院修士課程修了。現在、すみだ北斎美術館学芸員。主要著作・業績：大石学監修・竹村誠編『浮世絵と古地図でめぐる江戸名所散歩』（共著）、「御三卿一橋徳川家の関東領知役所における『伺書』―現用文書と非現用文書―」（大石学編『近世公文書論』）、「中野村・高円寺村・馬橋村三か村用水開削の経緯と成宗弁天」（『杉並区立郷土博物館研究紀要』第十五号）、「北斎の子・孫・曾孫―加瀬崎十郎・弥次郎・祖次郎について―」（『北斎研究』第五四号）。〔展覧会図録〕『北斎の橋 すみだの橋』（すみだ北斎美術館）

小柳 はる香（こやなぎ はるか）
一九九一年生まれ。二〇一五年、東京学芸大学大学院修了。修士。現在会社員。主要著作：「加賀へもたらされた西洋砲術の伝達過程に関する一考察」（『首都江戸と加賀藩』）

佐藤 宏之（さとう ひろゆき）
一九七五年、新潟県生まれ。二〇〇五年、一橋大学大学院単位取得退

学。博士（社会学）。現在、鹿児島大学学術研究院法文教育学域教育学系准教授。主要著作：『近世大名の権力編成と家意識』『自然災害と共に生きる——近世種子島の気候変動と地域社会』（以上、単著）、『NEW日本の歴史 〇七 江戸幕府の確立』（監修）、「実録のながれ——『越後騒動』の歴史・記憶・メディア——」（若尾政希編『書籍文化とその基底』平凡社、二〇一五年）、「薩摩藩士が残した日記から読み解く幕末の政局—『新納仲左衛門日記』と『邦永仲之進日記』——」（『姶良市誌史料 八』姶良市、二〇二〇年）

工藤 航平（くどう こうへい）
一九七六年、神奈川県生まれ。二〇一〇年、総合研究大学院大学博士課程修了。博士（文学）。現在、東京都公文書館専門員。主要著作：『近世蔵書文化論——地域〈知〉の形成と社会——』、「幕末期江戸周辺における地域文化の自立」（『関東近世史研究』第六五号）、「八丈島流人アーカイブズの概要調査報告——都有形文化財『八丈民政資料』の伝来と構造——」（『東京都公文書館調査研究年報〈WEB版〉』第五号）、「幕末維新期にみる地域教育態勢の展開」（荒武賢一朗編『近世史研究と現代社会——歴史研究から現代社会を考える——』）、「長崎市におけるNHK大河ドラマ『龍馬伝』の影響市民の歴史認識構築と地域文化の再生産—」（時代考証学会・大石学編『大河ドラマと市民の歴史意識』）

三浦 夏樹（みうら なつき）
一九七二年、高知県生まれ。駒澤大学文学部歴史学科卒業。現在、高知県立坂本龍馬記念館チーフ（学芸担当）。主要著作・業績：「海援隊・陸援隊創設の目的と位置付け」「土佐勤王党と坂本龍馬の脱藩事情」（担当企画展）「才谷屋と坂本龍馬」展、「土佐の天保庄屋同盟」展、「幕末の大地震」展、「海援隊・陸援隊」展、「——龍馬の望まなかった戦争——戊辰戦争——」展、「薩長同盟を陰で支えた男たち」展、「吉田東洋」展、「『漂巽紀略』に見る万次郎の世界」展、「外国人から見た幕末日本」展、二〇一〇年NHK大河ドラマ特別展「龍馬伝」展企画委員（全国巡回展）

正木 理恵（まさき りえ）
一九七八年、東京都生まれ。国文学研究資料館、都立中央図書館特別文庫室非常勤を経て、二〇二〇年、東京学芸大学大学院修了。主要著作・業績：〔担当展示〕「江戸の粋！歌舞伎」展。〔展示図録、展示パネル執筆〕「幕末の大奥と明治の皇城——和宮と昭憲皇太后——」展、「大江戸プリント——出版文化から見る江戸の世相——」展など（都立図書館東京文化財ウィーク参加企画展）。〔校正協力〕『学研歴史人物事典』シリーズなど。〔時代考証〕『パンク侍』（映画）、『黒書院の六兵衛』（テレビ）、『大奥』（マンガ）など。〔共同研究及び番組制作協力〕『英雄たちの選択スペシャル——大奥贈答品日記——』

行田 健晃（ぎょうだ たけあき）
一九九三年、東京都生まれ。二〇一七年、一橋大学大学院社会学研究科修士課程修了。修士（社会学）。現在、成蹊中学・高等学校専任教諭。主要著作：「所蔵品紹介 篤姫縁組につき内意書写」（『公益財団法人徳川記念財団 会報』第二七号）、「百姓と武力」（多摩地域史研究会編『多摩地域史研究』第一三号）、「融解する村・町の境界線」（大石学監修・東京学芸大学近世史研究会編『江戸周辺の社会史』）、「伊達宗城の動向と思想」（幕末明治福井一五〇年博実行委員会編『幕末明治福井一五〇年博 四賢侯の交流、歴史的役割に関する報告書』）、徳川記念財団・東京都江戸東京博物館編『企画展 天下泰平』（分担執筆）

小嶋 圭（こじま けい）
一九九〇年、群馬県生まれ。二〇一五年、東京学芸大学大学院修了。修士。現在、群馬県地域創成部文化財保護課主事。主要著作：「藩領民の江戸流入と藩邸——加賀藩政後期における走百姓問題から——」（大石学監修『首都江戸と加賀藩——江戸から地域へ・地域から江戸へ——』）、「近世における安中地域の構造的特質」（『群馬歴史民俗』第三六号）、「小栗上野介処刑事件の歴史的位置づけ——

「藩」の変容過程を視点に――」(『群馬歴史民俗』第四一号)

三野 行徳（みの ゆきのり）

一九七三年、奈良県県生まれ。二〇一二年、総合研究大学院大学・博士後期課程修了。博士（文学）。現在、国文学研究資料館プロジェクト研究員、国立歴史民俗博物館客員准教授。主要著作：「多摩の自治体史編さんと地域の歴史意識」(『関東近世史研究』第八一号)、「臼杵藩宗門方役所とキリシタン統制」(『国文学研究資料館紀要アーカイブズ研究篇』第一四号)、「明治維新と武家の北海道移住――有珠郡における新たな共同体形成――」(『旅の文化研究所研究報告』第二三号)、「維新期、旗本家・家臣団解体過程の検討」(『関東近世史研究』第七一号)、「大河ドラマのなかの新選組と幕末」(大石学・時代考証学会編『大河ドラマと市民の歴史意識』)

門松 秀樹（かどまつ ひでき）

一九七四年、神奈川県生まれ。二〇〇六年、慶應義塾大学大学院単位取得退学。博士（法学）。現在、東北公益文科大学准教授。主要著作：『開拓使と幕臣』『明治維新と幕臣』

望月 良親（もちづき よしちか）

一九八一年、山梨県生まれ。一橋大学大学院社会学研究科博士後期課程修了。博士（社会学）。現在、高知大学人文社会科学系教育学部門講師。主要著作：『日本近世社会と町役人』、「近世の町役人と記録――甲府町年寄坂田信齋の明治維新――」(『海南史学』五七、二〇一九年)、「近世長良川鵜飼観覧研究序説」(『岐阜市歴史博物館研究紀要』二四―一、二〇一八年)

小正 展也（こまさ のぶや）

一九七七年、鹿児島県生まれ。二〇一三年、名古屋大学大学院文学研究科博士後期課程単位取得退学。博士（歴史学）。現在、東京都総務局アシスタント職員。主要著作：「鹿児島政友会の成立に関する一考察」(『地方史研究』二九三号)、「日清戦後における福岡県の台湾産業調査事業についての一考察」(『史海』六〇号)、「元田直小伝」(『東京学芸大学大学史資料室報』三一号)、「高崎五六試論」(『東京学芸大学大学史資料室報』三号)、「矢島錦蔵小論」(『東京学芸大学大学史資料室報』四号)、「日清戦後の植民地台湾領有の影響」(羽賀祥二編『近代日本の地域と文化』)

安田 寛子（やすだ ひろこ）

一九五八年、三重県生まれ。二〇〇三年　法政大学大学院人文科学研究科日本史学専攻博士後期課程単位取得。現在、法政大学兼任講師。主要著作：「江戸鳥問屋の御用と鳥類流通構造」(『日本歴史』一一月・六七八号、二〇〇四年)、「慶弔儀礼をめぐる幕府と諸外国の対応」(『日本歴史』四月・第七〇七号、二〇〇七年)、「幕末の日光山をめぐる人々の意識」(大石学編『十九世紀の政権交代と社会変動』東京堂出版、二〇〇九年)、「行き倒れ人の取り扱いおよび埋葬に関する一考察」(大石学・時代考証学会編『大河ドラマと市民の歴史意識』岩田書院、二〇一三年)、「慶喜政権と鷹場制度解体の意義」(『法政史学』第八九号、二〇一八年)

三村 昌司（みむら しょうじ）

一九七六年生まれ。神戸大学大学院文化学研究科修了。博士（学術）。現在、防衛大学校人文社会科学群准教授。主要著作：『近世・近現代文書の保存・管理の歴史』(佐藤孝之と共同編著)(勉誠出版、二〇一九年)、「近代日本における多数決の導入」(『史潮』新八四号、二〇一八年)

落合 功（おちあい こう）

一九六六年、神奈川県生まれ。一九九五年、中央大学大学院修了。博士（史学）。現在、青山学院大学教授。主要著作：『評伝　大久保利通』『新版　入門日本金融史』『近代塩業と商品流通』『信用組合のルーツをたどる』『「徳川の平和」を考える』

花岡 敬太郎（はなおか けいたろう）

一九八三年、東京都生まれ。二〇一九年、明治大学大学院博士後期課程修了。博士（史学）。現在、明治大学大学院特別補助講師。主要著作：「特撮ヒーロー番組の制作過程に見る思考様式の変遷――戦後社会を規定する人びとの「記憶」――」（博士学位請求論文、二〇一九年）、「『ウルトラマン』『ウルトラセブン』のポリティクス」（駿台史学会編『駿台史学』第一五八号、二〇一六年）

2020年7月30日　第1刷発行

「侠《きょう》の歴史《れきし》」日本編《にほんへん》(下《げ》)

編著者

大石《おおいし》　学《まなぶ》

発行者

野村久一郎

印刷所

法規書籍印刷株式会社

発行所

株式会社 清水書院

〒102-0072

東京都千代田区飯田橋3-11-6

［電話］03-5213-7151㈹

［FAX］03-5213-7160

http://www.shimizushoin.co.jp

デザイン

鈴木一誌・吉見友希・仲村祐香

ISBN978-4-389-50121-1